INTELLEK
TUELLE
RECHTS
EXTRE
MISTEN

Armin Pfahl-Traughber

INTELLEK TUELLE RECHTS EXTRE MISTEN

Das Gefahrenpotenzial der Neuen Rechten

DIETZ

Bibliografische Information der Deutschen Nationalbibliothek
Die Deutsche Nationalbibliothek verzeichnet diese Publikation in der Deutschen Nationalbibliografie; detaillierte bibliografische Daten sind im Internet über http://dnb.dnb.de abrufbar.

ISBN 978-3-8012-0630-7
[Auch als E-Book erhältlich: ISBN 978-3-8012-7043-8]

Unveränderter Nachdruck der 1. Auflage

Verlag J. H. W. Dietz Nachf. GmbH
Dreizehnmorgenweg 24, 53175 Bonn
Tel. 0228/18 48 770 / info@dietz-verlag.de

Umschlag: Hermann Brandner, Köln
Typografie und Satz: Ralf Schnarrenberger, Hamburg
Druck und Verarbeitung: Bookpress, Olsztyn

Printed in Poland 2025

Besuchen Sie uns im Internet: www.dietz-verlag.de

VORWORT 11

1
EINLEITUNG UND ERKENNTNISINTERESSEN 13

1.1 Bedeutung der Neuen Rechten als politisches Thema 13
1.2 Erkenntnisinteressen hinsichtlich der Neuen Rechten 15
1.3 Arbeitsbegriffe »Extremismus« und »Rechtsextremismus« 16
1.4 Diffuse Begriffsverwendungen von »Neue Rechte« 17
1.5 Definition: Was die »Neue Rechte« ist 18
1.6 Erläuterung: Was die »Neue Rechte« nicht ist 19
1.7 Das angeblich »Neue« an der Neuen Rechten 21
1.8 »Konservativismus« und »Rechtsextremismus« im Verhältnis 22
1.9 Brückenspektrum als Handlungsort und Übergangsbereich 23
1.10 Forschungsentwicklung und -stand zur Neuen Rechten 25

2
KONSERVATIVE REVOLUTION DER WEIMARER REPUBLIK ALS VORBILD 27

2.1 »Konservative Revolution« als scheinbarer politischer Widerspruch 27
2.2 Eingrenzung der Forschungskontroverse über die Sammelbezeichnung 29
2.3 Akteure: Ernst Jünger, Carl Schmitt, Oswald Spengler 30
2.4 Akteure: Arthur Moeller van den Bruck, Edgar Julius Jung, Werner Best 31

2.5 Positionen: Ablehnung von Aufklärung und Vernunft 33
2.6 Positionen: Frontstellung gegen Menschenrechte und Pluralismus 34
2.7 Positionen: Bejahung eines (neuen) Nationalismus 35
2.8 Positionen: Einforderung einer diktatorischen Herrschaft 36
2.9 Konservative Revolution und Nationalsozialismus 38
2.10 Bilanzierende Einschätzung der Konservativen Revolution 39

3
ANDERE DENKER ALS INTELLEKTUELLE VORBILDER 41

3.1 Besondere Klassiker der Philosophie 41
3.2 Soziologische Befürworter einer Eliteherrschaft 43
3.3 Nationalrevolutionäre Intellektuelle der 1920er-Jahre 44
3.4 Akteure und Anhänger eines Euro-Faschismus 45
3.5 Konservative Nachkriegssoziologen 46
3.6 Nationalrevolutionäre Gruppen in den 1970er-Jahren 48
3.7 Exponenten der frühen französischen Neuen Rechten 49
3.8 Einzelne Intellektuelle mit spezifischer Orientierung 50
3.9 Art und Intensität der Rezeption der Vorbilder 51
3.10 Demokratietheoretische Einschätzung der Vorbilder 53

4
AKTEURE DER GEGENWÄRTIGEN NEUEN RECHTEN 55

4.1 Armin Mohler: Leitfigur der Neuen Rechten 55
4.2 Günter Maschke: Epigone von Carl Schmitt 57
4.3 Alain de Benoist: der französische Vordenker 58
4.4 Karlheinz Weißmann: Publizist und Theoretiker 59
4.5 Götz Kubitschek: Organisator und Stratege 60
4.6 Thor von Waldstein: Jurist und Schmittianer 62
4.7 Martin Lichtmesz: Publizist und Übersetzer 63
4.8 Benedikt Kaiser: »Produktpiraterie« bei linken Strategien 64
4.9 David Engels: Althistoriker und Spengler-Verehrer 66
4.10 Akteure der Neuen Rechten im Vergleich 67

5
EINRICHTUNGEN, PUBLIKATIONSORGANE UND VERLAGE 69

5.1 »Criticon« als frühes Publikationsforum 69
5.2 »Thule-Seminar« als gescheitertes Unternehmen 71
5.3 »Junge Freiheit« als »Konservative Revolution« 72
5.4 »Cato« als konservatives Theorieorgan 73
5.5 »Institut für Staatspolitik« als Thinktank 74
5.6 »Sezession« als Theorieorgan und Zeitschriftenprojekt 76
5.7 Buchprogramm des »Antaios-Verlags« 77
5.8 Besonderheiten der »Kaplaken«-Schriftenreihe 78
5.9 Buchprogramm des »Jungeuropa«-Verlags 80
5.10 Bilanzierende Einschätzung der Organisationsformen 81

6
POSITIONEN ZU VERSCHIEDENEN THEMEN 83

6.1 Berufung auf die Denker der Konservativen Revolution 83
6.2 Huldigung als politischer Klassiker: Carl Schmitt 85
6.3 Faszination für einen faschistischen Habitus 86
6.4 Dominanter Bedeutungsgehalt ethnischer Identität 87
6.5 »Bewusste Nation« als idealisiertes Ordnungsmodell 88
6.6 »Solidarischer Patriotismus« für die Wirtschaftspolitik 90
6.7 »Ethnopluralismus« als postulierter Gegensatz zum Rassismus 91
6.8 »Großer Austausch« als Diskurselement zur Migration 92
6.9 Selbstermächtigungen zum »Widerstand« 94
6.10 Diffusität der eigenen Staatskonzeption 95

7
STRATEGIEN FÜR DIE POLITISCHE WIRKUNG 97

7.1 Ausrichtung an »Kulturrevolution« und »Metapolitik« 97
7.2 Bedeutung der Theoriearbeit für die politische Wirkung 99
7.3 Begriffsbesetzungen und -umdeutungen als Praxis 100
7.4 Diskurs mit »Maskierung« und »Mimikry« 101
7.5 Erkenntnis des Feindes beziehungsweise Hauptfeindes 103

7.6 »Provokation« im öffentlichen Raum 104
7.7 »Lernen von links« für strategische Orientierungen 105
7.8 Einforderung einer »Mosaik-Rechten« als Option 106
7.9 Bruch aufgrund unterschiedlicher Strategien 108
7.10 »Fundamentalopposition« statt »Selbstverharmlosung« 109

8
AUSWIRKUNGEN UND KONTAKTE INS POLITISCHE UMFELD 111

8.1 Einstellung zum traditionellen Rechtsextremismus 111
8.2 Einfluss auf die AfD als parteipolitisches Instrument 113
8.3 Einfluss auf die parteinahe »Erasmus-Stiftung« 114
8.4 Gemeinsamkeiten mit der »Identitären Bewegung« 115
8.5 Auftritte bei »Legida«- und »Pegida«-Veranstaltungen 116
8.6 »Compact« als Publikationsorgan mit größerer Verbreitung 118
8.7 »Ein Prozent« als Unterstützungsnetzwerk 119
8.8 Beziehung zum »eigentümlich frei«-Komplex 120
8.9 Einschätzung und Einstellung zu Sarrazins Wirkung 122
8.10 Einschätzung der Kooperationen und Wirkung 123

9
DEMOKRATIE- UND EXTREMISMUSTHEORETISCHE EINSCHÄTZUNG 125

9.1 Anmerkungen zu Kategorien, Quellen und der Verallgemeinerbarkeit der Vorstellungen 125
9.2 Einstellung zu politischen Klassikern als Vorbildern 127
9.3 Allgemeine ideologische Grundlagen und ihre Implikationen 128
9.4 Einstellung zu Menschenrechten als Wertekonsens 129
9.5 Einstellung zu Homogenität als Strukturprinzip 131
9.6 Einstellung zum Pluralismus als Strukturprinzip 132
9.7 Einstellung zur Geschichtsdeutung des Nationalsozialismus 133
9.8 Einstellung zur Judenfeindschaft als Thema 135
9.9 Einstellung zur Gewalt als Handlungsstil 136
9.10 Einstellung zum Systemwechsel als Umsturz 137

10
SCHLUSSWORT UND ZUSAMMENFASSUNG 139

10.1 Bilanzierende Definition der Neuen Rechten 139
10.2 Extremismustheoretische Einschätzung der Neuen Rechten 141
10.3 Funktionen der Neuen Rechten im Selbstverständnis 142
10.4 Diffusität der Ideologie im politischen Programm 143
10.5 Diffusität der Positionen im öffentlichen Wirken 145
10.6 Bedeutung der Neuen Rechten im politischen »Rechtsruck« 146
10.7 Gesamtgesellschaftliche Bedeutung der Neuen Rechten 147
10.8 Extremistisches Gefahrenpotenzial der Neuen Rechten 148
10.9 Diskurs- und Ideologiekritik gegenüber der Neuen Rechten 150
10.10 Bilanzierende Einschätzung zur Neuen Rechten 151

NACHWORT 153

LITERATURVERZEICHNIS 155

ANMERKUNGEN 167

ÜBER DEN AUTOR 182

VORWORT

Das vorliegende Buch beschäftigt sich kritisch mit einer Gruppe rechtsextremistischer Intellektueller, die an der Ideologie der »Konservativen Revolution« orientiert ist und eine »Kulturrevolution von rechts« vorantreiben will. Dabei besteht gegenüber den Basiswerten einer modernen Demokratie eine deutliche Frontstellung, was die Betitelung der vorliegenden Monografie erklärt. Gegen mögliche (oder vielleicht gewollte) Fehldeutungen sei vorsorglich klargestellt:

Erstens: Es gibt noch andere rechtsextremistische Intellektuelle, die nicht der Neuen Rechten zugeordnet werden können. Diesbezüglich wird kein Anspruch auf Vollständigkeit erhoben. Zweitens: Es geht nicht um eine moralische oder politische Diskreditierung demokratisch-konservativer Gesellschafts- oder Staatskritik, die elementarer Bestandteil eines notwendigen Meinungspluralismus ist. Die vorgenommenen Einschätzungen richten sich erklärtermaßen gegen extremistische Positionen. Drittens: Die Ausführungen erfolgen aus der Blickrichtung der politikwissenschaftlichen Extremismusforschung im Sinne des Verfassers. Die vorliegenden Analysen können weder einer Behörde noch einer Hochschule, weder einer Partei noch einem Verein zugeordnet werden. Viertens: Es finden sich auch keine Empfehlungen oder Aussagen über angemessene Gegenstrategien, also den Handlungsoptionen gegen die Neue Rechte. Dies würde den thematischen Rahmen sprengen, denn es geht hauptsächlich um eine demokratietheoretisch motivierte Untersuchung. Fünftens: Gleichwohl wird für eine differenzierte und ideologiekritische Betrachtung der Neuen Rechten, ihres Personals und ihrer Positionen plädiert, denn nur so lassen sich wichtige Erkenntnisse über deren Inhalte und Wirkung ermitteln. In der Gesamtschau zeigt sich, dass das untersuchte Denken große Diffusität und demokratiefeindliche Prägungen aufweist.

Die vorliegenden Ausführungen gehen auf eine langjährige Beschäftigung mit dem Thema zurück, welche bei dem Autor bis in sein Studium zurückreicht. In dieser Zeit entstand eine Fülle an ganz unterschiedlichen Publikationen. Immer wieder wird bei den folgenden Darstellungen und Deutungen auf diese früheren Veröffentlichungen verwiesen, wo sich ausführlichere Aussagen und Belege zu den erläuterten Inhalten finden. Und, um noch einmal möglichen Missverständnissen vorzubeugen, sei betont, dass der jeweilige Hinweis auf weiterführende Literatur nicht als generelle Zustimmung des Autors zu den Aussagen dieser Werke verstanden werden darf.

Außerdem sei angemerkt: Die Akteure der Neuen Rechten verwenden meist die alte Rechtschreibung, entsprechend sind die ausgewählten Zitate von ihnen so verblieben. Und schließlich sei darauf hingewiesen: Alle Funktions- und Personenbezeichnungen meinen Menschen unterschiedlichster geschlechtlicher Identität in gleicher Weise.

1 EINLEITUNG UND ERKENNTNISINTERESSEN

Die folgenden Ausführungen widmen sich rechtsextremistischen Intellektuellen, die mit der Bezeichnung »Neue Rechte« erfasst, untersucht und zugeordnet werden. Dazu bedarf es zunächst einiger einleitender Erläuterungen. Sie beziehen sich auf die Bedeutung der Neuen Rechten als politisches Thema (1.1) und das diesbezügliche Erkenntnisinteresse (1.2). Darüber hinaus werden Arbeitsbegriffe wie »Extremismus« und »Rechtsextremismus« (1.3) definiert und die gelegentliche Diffusität von »Neue Rechte« als Terminus (1.4) problematisiert. Was die Neue Rechte ist (1.5) beziehungsweise nicht ist (1.6), steht danach im Zentrum. Dem folgt eine Erörterung der Frage, was denn das angeblich »Neue« an der Neuen Rechten (1.7) ist. Weitere Erläuterungen beziehen sich darauf, wie die Kategorien »Konservativismus« und »Rechtsextremismus« im Verhältnis zueinanderstehen (1.8) und was mit »Brückenspektrum« als Handlungsort und Übergangsbereich (1.9) gemeint ist. Zum Schluss wird ein Blick auf den Forschungsstand geworfen (1.10).[1]

1.1 Bedeutung der Neuen Rechten als politisches Thema

Für eine Demokratie können extremistische Gefahren aus unterschiedlichen Kontexten kommen. Meist bestehen sie in Gewalttaten, also Anschlägen und Attentaten gegen demokratische Einrichtungen und Repräsentanten. Betroffen davon können aber auch Angehörige der jeweils postulierten Feindbilder von Extremisten sein, etwa politisch Andersdenkende oder spezifische Minderheiten. Ein anderes Gefahrenpotenzial ergibt sich dadurch, dass eine extremistische Partei bedeutsame Wahlerfolge verbuchen kann. Dies belegt dann auch für die Gesamtgesellschaft, dass es in ihr relevante antidemokratische oder demokratieskeptische Potenziale gibt. Diese Einsicht lenkt das Interesse auf weitere Problemfaktoren: extremistische Einstellungen, die latent wie manifest in großen Teilen der Bevölkerung existieren. Es geht dabei oft um diffuse Mentalitäten, nicht nur um geschlossene Weltanschauungen – und um alle Zwischenstufen, die es bei Inhalten und Intensitätsgraden gibt.

Auch extremistische Auffassungen können eine politiktheoretische Unterfütterung haben. Diese Denkungsarten und Inhalte werden in der Regel nur dann gesellschaftlich relevant, wenn sie eine inhaltliche Begründung und damit eine normative Grundlage besitzen. Hier kommt Intellektuellen eine große Bedeutung zu. Sie haben im politischen Extremismus unterschiedliche Funktionen, die von der Entwicklung einschlägiger Positionen bis zur Mobilisierung von sozialer Zustimmung reichen. Mit einer attraktiven, begründet wirkenden Ideologie lassen sich auch Anhänger in höheren Bildungsschichten gewinnen, was für die breite gesellschaftliche Zustimmung überaus wichtig ist. So sollen die geistigen Grundlagen für den politischen Umsturz entstehen. Das Bewusstsein für ein derartiges Gefahrenpotenzial ist die Hauptmotivation dafür, die intellektuellen Entwicklungen und Positionierungen der Neuen Rechten stärker in den Blick zu nehmen. Aufgrund dieser Ansichten ist die Neue Rechte also ein wichtiges Thema.

Bei der Bezeichnung »Neue Rechte« geht es um ein Konstrukt, das auf bestimmte Intellektuelle, ihre Positionen und deren Widerhall in der Gesellschaft bezogen ist. Sie beabsichtigen weder, primär Gewalttaten durchzuführen, noch Wahlerfolge zu verbuchen. Derartige Entwicklungen mögen sie direkt oder indirekt unterstützen, aber ihr politisches Agieren muss auf einer anderen Ebene gesehen werden: Sie wollen einen politischen Umsturz »vordenken«. Mit dieser Haltung steht die Neue Rechte klar gegen die Normen und Regeln eines demokratischen Verfassungsstaates. Daher muss man auch von einer extremistischen Intellektuellengruppe sprechen. Sie entwickelt die ideologischen Grundprinzipien des eigenen politischen Lagers sowie strategische Optionen, die dann durch andere politische Akteure in die gesellschaftliche Praxis umgesetzt werden sollen. Genau diese erklärte Absicht macht die Bedeutung der Neuen Rechten aus. Ihrem »kulturrevolutionären« Selbstverständnis nach will sie einer kommenden Entwicklung, hier einem politischen »Rechtsruck«, ihren inhaltlichen Stempel aufdrücken.

1.2 Erkenntnisinteressen hinsichtlich der Neuen Rechten

Aus dieser Einsicht ergeben sich die Erkenntnisinteressen hinsichtlich der Neuen Rechten. Es geht zunächst um das Verständnis der Ideologie, wobei ideengeschichtliche Klassiker und deren zentrale Positionen betrachtet werden. Bei dieser Analyse wird untersucht, wie es um die demokratietheoretische Ausrichtung etwa gegenüber Menschenrechten oder Pluralismus steht. Beantwortet werden soll die Frage: Handelt es sich noch um rechtsdemokratische oder schon um rechtsextremistische Auffassungen und Zielsetzungen? Dieses konkrete Erkenntnisinteresse, hierzu eine inhaltliche Einschätzung vorzunehmen, erklärt sich durch die Normen eines demokratischen Verfassungsstaats: Demokratie und Individualitätsprinzip, Menschenrechte und Pluralismus, Rechtsstaatlichkeit und Volkssouveränität gelten als wichtige Wertvorstellungen. Sie prägen den Blick auf das zu untersuchende Phänomen. Allerdings gibt es zu dieser Analyseperspektive – das sei der Vollständigkeit halber gesagt – auch andere Positionen in den Sozialwissenschaften.[2]

Sie laufen aber mitunter auf einen Demokratierelativismus hinaus. Ihr Erkenntnisinteresse ist von anderen Perspektiven geprägt. Dies zu erörtern würde ebenfalls den inhaltlichen Rahmen dieser Studie sprengen. Gleichwohl muss die eigene analytische Blickrichtung hervorgehoben werden, da ansonsten bestimmte Fragestellungen oder Schwerpunktsetzungen nicht nachvollziehbar sein könnten. Aus der Warte der oben genannten sechs Wertvorstellungen werden die Exponenten der Neuen Rechten untersucht, womit nicht nur die Intellektuellen, sondern auch ihre Organisationen und Publikationsorgane gemeint sind. Die Analyse beschränkt sich aber nicht darauf, ihre Äußerungen und Haltungen hinsichtlich einer ideologischen Positionierung im demokratietheoretischen Sinne zu untersuchen. Bedeutsam sind außerdem die konkreten Handlungen, die einschlägige Ideen in eine engere oder weitere Öffentlichkeit bringen wollen. Denn dies ist das politische Ziel der Intellektuellen. Um die Etablierung einer neuen Massenbewegung geht es ihnen primär nicht.

Insofern fällt der Blick auf ihre Strategie, wobei unterschiedliche Aspekte im Focus stehen: die formale Darbietung extremistischer Ideologien ebenso wie die Kontakte zu politischen Milieus, das Konzept einer »Kulturrevolution von rechts« ebenso wie die Kopie von als »links« geltenden Organisationsformen und Vorgehensweisen. Erst daraus entsteht ein differenziertes Bild, das die Breite politischer Handlungsmöglichkeiten veranschaulicht. Hierbei muss sich die Aufmerksamkeit auch über die Neue Rechte hinaus richten, denn nur so lassen sich Erkenntnisse darüber finden, welche Einflussgewinne denn tatsächlich aus ihren Vorgehensweisen resultierten. Nur so ist es auch möglich, ihr Gefahrenpotenzial realistisch einzuschätzen. Die gegenwärtige Neue Rechte hat die Seminarräume verlassen. Sie beschränkt sich nicht mehr, wie vor Jahren, darauf, Ideen für zukünftige Zeiten zu entwickeln. Ihre Intellektuellen wollen den sich ankündigenden »Rechtsruck« ideologisch und strategisch mitprägen.

1.3 Arbeitsbegriffe »Extremismus« und »Rechtsextremismus«

Angesichts des formulierten Erkenntnisinteresses bedarf es zunächst einer Erläuterung, was mit »Extremismus« beziehungsweise »Rechtsextremismus« gemeint ist. Es gibt hierzu in der Forschung unterschiedliche Positionen, worauf aber nicht näher eingegangen werden kann. Indessen sollen kurze Arbeitsdefinitionen für die vorliegende Darstellung präsentiert werden: Der Ausgangspunkt für das Extremismusverständnis besteht in der Grundauffassung, dass Abwahlmöglichkeit und Gewaltenkontrolle, Menschenrechte und Pluralismus, Rechtsstaatlichkeit und Volkssouveränität anerkennens- und verteidigenswert sind. Demnach ist mit dem Begriff »Extremismus« die Negierung dieser Werte verbunden, deren Ausgangspunkt die individuelle Freiheit ist und nicht der vorhandene Staat, wie viele fälschlich annehmen. Der Staat ist aus demokratietheoretischer Blickrichtung als institutioneller Garant von Grundrechten anzusehen und damit als demokratischer Verfassungsstaat.

Die politische Ablehnung der genannten Prinzipien kann unter ideologisch unterschiedlichen Vorzeichen erfolgen. Wird ethnische Identität höher gewertet oder absolut gesetzt, steht dies nicht mehr nur allgemein für Extremismus, sondern explizit für Rechtsextremismus. Dabei ist folgender Gesichtspunkt von besonderem Interesse: Es geht nicht allein darum, dass eine ethnische oder kulturelle Identität eine politische Wertschätzung erfährt. Es geht darum, dass mit dieser Auffassung eine deutliche Negierung oder zumindest Relativierung der übrigen Werte einhergeht. Dies macht in der Gesamtschau deutlich: Zwischen einem demokratischen Nationalpatriotismus und einem extremistischen Nationalismus bestehen grundlegende Unterschiede. Dass in den Diskursen mitunter die Grenzen zu verschwimmen scheinen, macht die Einschätzung der Neuen Rechten nicht leicht, aber auch nicht unmöglich.

Beim Extremismusverständnis kursieren noch weitere Fehlschlüsse. Erstens: Die Bezeichnung Extremismus schließt unterschiedliche Handlungsstile ein. Dies bedeutet, dass nicht jeder Extremist auch ein Gewalttäter sein muss. Es gibt Akteure, die sich formal an die allgemein bestehenden Gesetze halten und Gewalt vermeiden und gleichwohl Menschenrechte und Pluralismus negieren. Gerade wenn es um Intellektuelle geht, ist diese Einsicht relevant. Solchen Akteuren wird keine Gewalttätigkeit unterstellt, gelegentlich bedienen sie aber Diskurse mit einer Gewaltmentalität. Zweitens: In ideologischer Hinsicht sind mit dem Begriff Rechtsextremismus nicht nur die politischen Anhänger des historischen Nationalsozialismus gemeint, es gibt auch nicht nationalsozialistische Rechtsextremisten. Diese berufen sich auf andere Ideologiefamilien, wozu auch die Konservative Revolution der Weimarer Republik zählt.[3]

1.4 Diffuse Begriffsverwendungen von »Neue Rechte«

Die folgende Definition von »Neue Rechte« wird deshalb notwendig, weil über das Verständnis dieses Terminus große Konfusion herrscht. Nicht nur in den Medien, auch in wissenschaftlichen Publikationen geht es oft durcheinander. Blickt man auf die Begriffsnutzung in den letzten Jahrzehnten zurück, entsteht der Eindruck, dass »neue Rechte« beziehungsweise »Neue Rechte« als »Verlegenheitsbegriff« für bislang unbekannte Phänomene genutzt wurde, als man eine Entwicklung auf der politischen Rechten als »neu« wahrnahm. Es fand sich kein geeigneter Begriff. So wurde zum Beispiel Ende der 1980er-Jahre die Partei »Die Republikaner« ebenso als neue Rechte tituliert wie Mitte der 2010er-Jahre die »Pegida«-Bewegung. Es blieb aber unklar, was in ideologischer Hinsicht das politisch »Rechte« war, und wie und was das jeweils »neue« daran gewesen sein sollte. Heute wird die »Alternative für Deutschland« (AfD) gelegentlich ähnlich diffus als »neue Rechte« oder »Neue Rechte« bezeichnet.

Damit blieben aber viele Fragen, die für das Thema wichtig sind, unbeantwortet: Geht es um eine demokratische oder extremistische Rechte? Handelt es sich um eine elitäre oder populistische Rechte? Oder: Hat man es mit einer gewaltbejahenden oder legalistischen Rechten zu tun? Ebenfalls unklar blieb, was das »neue« beziehungsweise »Neue« sein sollte. Meist galt die Bezeichnung »neu« dem bloßen Erscheinungszeitpunkt. Wenn inhaltliche Aspekte dieses Terminus hervorgehoben wurden, dann meist mit einer Referenz zum historischen Nationalsozialismus. Alle »rechten« Ausrichtungen, die sich nicht auf das »Dritte Reich« oder die NS-Bewegung stützten, galten dann als »neu«. Indessen gab es bereits vor 1933 unterschiedliche Formen von politisch »Rechten«. Dazu gehörte die noch ausführlicher zu thematisierende Konservative Revolution, die allerdings weder inhaltlich noch zeitlich als »neu« gelten kann. Gleiches trifft für den »Deutschnationalismus« der »Deutschnationalen Volkspartei« (DNVP) in der Weimarer Republik zu.

Eine Berufung auf deren Ideologie, etwa in den 1960er-Jahren durch die damalige »Nationaldemokratische Partei Deutschlands« (NPD), kann ebenfalls weder inhaltlich noch zeitlich mit dem Etikett »neu« versehen werden. Daher bedarf es einer trennscharfen Definition. Sie ist auch deshalb nötig, weil manche Autoren von einem »Scharnier«[4] zwischen Konservativismus und Rechtsextremismus sprechen. Gegen diese Auffassung können zwei grundlegende Einwände formuliert werden: Erstens: Die Idee eines »Scharniers« bezieht sich auf eine Funktion und nicht auf ein Objekt. Zweitens: Es muss kein ausschließender Gegensatz zwischen Konservativismus und Rechtsextremismus bestehen. Beides wird später noch erläutert.

1.5 Definition: Was die »Neue Rechte« ist

Angesichts der diffusen Begriffsverwendungen soll »Neue Rechte« trennscharf definiert werden. Dazu bieten sich drei Analysekriterien an, die zur Einschätzung aller politischen Projekte dienen können: Ideologie, Organisation und Strategie.[5] Der erstgenannte Aspekt stellt auf die inhaltliche Ausrichtung ab: Ideologisch gesehen sind die Vertreter der Neuen Rechten gegenwärtige Anhänger der Konservativen Revolution der Weimarer Republik. Dabei handelte es sich um eine Gruppe von einzelnen Intellektuellen mit einer antidemokratischen und prodiktatorischen Zielsetzung. Die Akteure und Bekundungen der Konservativen Revolution werden weiter unten gesondert in den Blick genommen, denn sie bilden den inhaltlichen Bezugspunkt für das politische Denken der Neuen Rechten.

Das zweite Analysekriterium ist die Organisationsform. Bekanntlich können politische Akteure als Gruppen, Parteien oder Vereine wirken, wobei man es mit einem festeren Personenkreis zu tun hat. Meist bestehen auch formale Mitgliedschaften, etwa durch ein Parteibuch. Davon kann bei der Neuen Rechten nicht die Rede sein. Es geht um eine lose Gruppe von Intellektuellen, die sich hinsichtlich besonderer Grundprinzipien einig sind, aber auch ideologische Unterschiede aufweisen können. Sie publizieren Artikel, Aufsätze und Bücher, referieren bei Konferenzen und Seminaren und knüpfen zu politischen Organisationen persönliche Verbindungen. Insofern handelt es sich um eine informelle Denkfabrik, die kein örtliches Forum oder Zentrum haben muss. Allerdings hat das »Institut für Staatspolitik« (IfS) und der Komplex um es eine Veränderung herbeigeführt, denn nun gibt es eine entwickelte Organisationsstruktur, was auch daran erkennbar ist, dass diese mit fest angestelltem Personal arbeitet und reale Vernetzungen existieren.

Das dritte Analysemerkmal ist die Strategie. Sie besteht bei der Neuen Rechten in der Ausrichtung an einem »Kampf um die Köpfe«, einer »Kulturrevolution von rechts« oder einer »Metapolitik des Widerstands«. Alle Bezeichnungen bedeuten, dass durch geistige Anregungen konkrete Wirkungen auf der politischen Ebene entfaltet werden sollen. Es geht demnach weder primär darum, Bestandteil einer Massenbewegung zu sein, noch darum, mit einer Partei hohe Wahlerfolge zu erzielen. Beide Bereiche können Handlungsfelder für die Neue Rechte sein. Sie beabsichtigen aber in erster Linie, für einen angestrebten politischen Umbruchprozess die geistigen Voraussetzungen zu schaffen. Damit geht die Annahme einher, dass eine geistige Hegemonie längerfristig eine politische Hegemonie ermöglicht. Die konkreten Änderungen sollten andere politische Protagonisten vollziehen, gleichwohl würden sie dabei den Erwartungen der Neuen Rechten folgen. Diese könnten aber auch inhaltlich und strategisch in den politischen Prozess eingreifen.

1.6 Erläuterung: Was die »Neue Rechte« nicht ist

Eine bewusst trennscharf angelegte Definition von »Neue Rechte« muss konkrete Spezifika ins Zentrum stellen. Dabei besteht eventuell das Problem, dass die Kontexte der Neuen Rechten nicht berücksichtigt werden. So könnte etwa die Neue Rechte als isoliertes Projekt missverstanden werden, wenn man sich nur auf deren Ideologie, Personal und Wirken fixiert. Derartige Fehldeutungen lassen sich vermeiden, indem man das konkrete Umfeld in die Untersuchung einbezogen wird. Denn für die Analyse der Neuen Rechten muss noch ein viertes Untersuchungskriterium hinzukommen: die Wirkung. Gleichwohl dürfen bei deren Analyse nicht die jeweiligen Kooperationspartner mit der Neuen Rechten selbst identifiziert werden, erkennt man doch ansonsten nicht die Besonderheiten der gemeinten Intellektuellen als geistige Strömung. Insofern bedarf es nicht nur der Klarheit darüber »Was die ›Neue Rechte‹ ist«, sondern auch Klarheit darüber »Was die ›Neue Rechte‹ nicht ist«.

Für die Definition können die genannten Merkmale, die auf Ideologie, Organisation und Strategie bezogen sind, als konkrete Unterscheidungsmerkmale dienen. Einzelne Beispiele mögen das Gemeinte genauer veranschaulichen: Das »Compact«-Magazin gehört demnach nicht zur Neuen Rechten, da man es mit einem Publikationsorgan ohne intellektuellen Zuschnitt zu tun hat. Die »Identitären« zählen ebenfalls nicht zur Neuen Rechten, obwohl sie eine ähnliche ideologische Ausrichtung haben, sich aber nicht als Intellektuellengruppe, sondern als Jugendbewegung verstehen. Der Publizist Thilo Sarrazin kann ebenso wenig der Neuen Rechten zugeordnet werden. Er entfaltet durch seine Buchveröffentlichungen zwar eine gewisse Wirkung, teilt aber nicht das Gedankengut der Konservativen Revolution. Die vorgenommene Differenzierung schließt nicht aus, dass es in den genannten Fällen zu Kooperationen mit der Neuen Rechten kommen kann. Auch diese wird noch ein gesondertes Thema sein.

Des Weiteren impliziert diese Definition und Unterscheidung ebenfalls nicht, dass die übrigen Akteure demokratietheoretisch betrachtet unproblematische Protagonisten sind. Inwieweit es sich bei ihnen ebenfalls um rechtsextremistische Bestrebungen handelt, wäre inhaltlich eine andere Frage. In dem angesprochenen politischen Lager existieren organisatorisch wie strategisch ganz unterschiedliche Phänomene nebeneinander. Deren Besonderheiten gilt es zunächst zu erkennen. Erst danach können Analysen sich der Frage zuwenden, wie die einzelnen Akteure in einem bestimmten Kontext wirken. Das mag an einem bekannten Sprichwort veranschaulicht werden: So wie es ein Fehler ist, vor einzelnen Bäumen einen

Wald nicht mehr zu sehen, so problematisch ist es, in diesem Wald die einzelnen Bäume nicht mehr wahrzunehmen. Einzelne Bäume stehen in diesem Bild für die Neue Rechte. Man kann aber erst mit der Aufmerksamkeit für einzelne Bäume das Gesamtphänomen des Waldes erkennen.

1.7 Das angeblich »Neue« an der Neuen Rechten

In der vorliegenden Analyse wird immer »Neue Rechte« und nicht »neue Rechte« geschrieben, geht es doch um eine Eigenbezeichnung. Dies bedeutet aber nicht – entgegen eines anderen Eindrucks –, dass die Neue Rechte inhaltlich oder zeitlich neu sein muss. Die Bezeichnung suggeriert – wie in der Werbung –, dass man es mit einem besseren und innovativeren Produkt zu tun habe. Dieser gewollte Effekt, in der Öffentlichkeit oder im eignen Umfeld attraktiver zu wirken, kann dabei sogar einen wahren Kern haben. Bevor auf diese Gesichtspunkte in einer vergleichenden Perspektive eingegangen wird, sollen zunächst ein paar Einwände gegen das beanspruchte »Neue« erhoben werden.

Erstens: Die ideologischen Anknüpfungspunkte der Neuen Rechten finden sich bereits bei der Konservativen Revolution in der Weimarer Republik. Deren damalige Auffassungen und ablehnende Haltung gegen eine liberale Demokratie werden letztendlich nur in einem aktuellen Gewand auf Themen der Gegenwart übertragen. Dies gilt auch für andere rezipierte Klassiker.

Zweitens: Auch hinsichtlich der handlungsbezogenen Ausrichtung hat man es nicht mit einer strategischen Innovation zu tun. Denn schon die Anhänger der Konservativen Revolution lehnten eine Orientierung an der Parteipolitik beziehungsweise einer Protestbewegung ab. Sie gingen davon aus, dass sie mit ihrer Ideologie der Politik die Richtung weisen könnten. So positionierten sich die Intellektuellen der Konservativen Revolution auch gegenüber der NSDAP als Partei, wobei sie nach 1933 hinsichtlich ihrer eigenen Interessen und Vorstellungen scheiterten. Gleichwohl erfolgte ein Anpassungsprozess einiger – nicht aller – ihrer Denker an die neuen politischen Rahmenbedingungen, was an den jeweiligen Karrieren im NS-Machtapparat ablesbar ist. Indessen obsiegte nicht die Konservative Revolution, sondern der Nationalsozialismus. Wie es sich in der Gegenwart mit der Neuen Rechten und der Parteipolitik verhält, soll später noch erörtert werden. Bilanzierend lässt sich daher konstatieren, dass der Anspruch der

Neuen Rechten auf einen geistigen Kampf qualitativ keineswegs neu war und ist.

Mit Blick auf die in Deutschland wie in Frankreich bestehende »alte Rechte« kann jedoch eine partielle Veränderung konstatiert werden. Alain de Benoist, der in beiden Ländern für die Neue Rechte bedeutsam war und ist, formulierte dazu in einem programmatischen Text: »Die alte Rechte ist tot. Sie hat es wohl verdient. Sie ist daran zugrunde gegangen, daß sie von ihrem Erbe gelebt hat, von ihren Privilegien und von ihren Erinnerungen. Sie ist daran zugrunde gegangen, daß sie weder *Wille* noch *Ziel* hatte.« Benoist kritisierte die Fixierung auf historische Systeme, woraus sich keine Orientierung für eine Zukunft ergebe. Demgemäß habe die »alte Rechte« auch kein politisches Ziel. Außerdem bemerkte er: »Ohne präzise Theorie kein wirksames Handeln.«[6] Damit verwies Benoist darauf, dass eine entwickelte Ideologie auf der Rechten nicht auszumachen war. Außerdem forderte er, für politische Kämpfe den kulturellen Bereich zu beachten, wobei die Grundlagen dafür durch Theoriearbeit zu schaffen seien. Das wäre dann etwas »Neues« an der Neuen Rechten.

1.8 »Konservativismus« und »Rechtsextremismus« im Verhältnis

Bei der Auseinandersetzung mit der Neuen Rechten wird nicht selten die Position vertreten, dass es sich um einen politischen Akteur zwischen Konservativismus und Rechtsextremismus handele. Damit mag man einen politischen Handlungsort benennen, aber nicht einen ideologischen Standpunkt. Was mit dem erstgenannten Aspekt gemeint ist, soll noch gesondert thematisiert werden. Zunächst geht es um den Konservativismus und Rechtsextremismus im Verhältnis zueinander. Dazu kann festgestellt werden, dass sich die Bezeichnungen auf unterschiedlichen Ebenen bewegen und somit ihr Kontext nicht bestimmbar ist. Dies wäre nur dann möglich, wenn beide Erscheinungsformen der gleichen Bedeutungskategorie angehören würden. Hier hat man es aber mit zwei unterschiedlichen Bereichen zu tun: Beim Konservativismus[7] handelt es sich – wie beim Liberalismus und Sozialismus – um eine der großen politischen Theorien, beim Rechtsextremismus hingegen um eine antidemokratische Variante mit besonderer ideologischer Zielsetzung.

Der Konservativismus stellt auf die Bewahrung von Bewehrtem ab, zumindest lautet so die Bekundung des jeweiligen Selbstverständnisses. In der Geschichte der letzten Jahrhunderte änderte sich allerdings das jeweilige Vorbild. War es zu Beginn die Gesellschaftsordnung einer christlich geprägten Monarchie im diktatorischen Sinne, so war dies später eine Gesellschaftsordnung auf der Grundlage traditioneller Normen im demokratischen Sinne. Diese allgemeine Bemerkung zur Entwicklung des Konservativismus[8] macht bereits deutlich, dass es in demokratietheoretischer Hinsicht unterschiedliche Modelle gab. Anders formuliert: Mit dem Konservativismus ging ebenso eine antidemokratische wie auch eine demokratische Orientierung einher. Allein von daher kann es sich beim Konservativismus nicht um einen Gegenbegriff zum Rechtsextremismus handeln. Denn dieser ist ein Phänomen, das antidemokratische Auffassungen mit einer rechten Orientierung verbindet. Jedoch gab und gibt es auch solche Ansichten im Konservativismus der unterschiedlichsten Länder zu verschiedenen Zeiten.

Zwar akzeptieren die meisten Anhänger dieser ideologischen Prägung mehrheitlich demokratische Vorstellungen. Davon kann für Deutschland aber erst seit Mitte des 20. Jahrhunderts gesprochen werden, war doch der Konservativismus auch in der Weimarer Republik überwiegend antidemokratisch. Die erwähnte Konservative Revolution steht exemplarisch für eine derartige grundsätzliche Negierung des politischen Ordnungsmodells einer modernen Republik. Da aber diese Einstellung auch als eine Form von Rechtsextremismus gilt, kann es keinen grundlegenden Gegensatz zwischen Konservativismus und Rechtsextremismus geben. Eher kommen Differenzierungen infrage wie »antidemokratischer« und »demokratischer Konservativismus«[9] oder »konservativer« und »nicht-konservativer Rechtsextremismus«. Die Neue Rechte in Deutschland, die hier im Zentrum steht, ist dem antidemokratischen Konservativismus beziehungsweise konservativen Rechtsextremismus zuzuordnen.

1.9 Brückenspektrum als Handlungsort und Übergangsbereich

Von dieser extremismus- und ideologietheoretischen Einordnung ist die des Handlungsortes und der Wirkungsweise zu unterscheiden. Denn beides bildet ein »Brückenspektrum« zwischen demokratischem und extremistischem Konservativismus beziehungsweise zwischen demokratischer und extremistischer Rechter. Um diesen Aspekt besser zu veranschaulichen, muss zunächst auf eine Grundannahme verwiesen werden. Sie geht idealtypisch davon aus, dass zwischen einem demokratischen und einem extremistischen Konservativismus beziehungsweise einer demokratischen und einer extremistischen Rechten in Theorie und Praxis eine klare Trennlinie besteht. Insbesondere dem Konservativismus müsste ein demokratisches Selbstverständnis so wichtig sein, dass er mit Anhängern der extremistischen Richtung nicht kooperiert. Gleichwohl bestehen in anderen Fragen wieder Gemeinsamkeiten, sonst wäre ja kein politisches Selbstverständnis als jeweils Konservativer oder Rechter möglich.

Die damit angesprochene inhaltliche Schnittmenge von Konservativismus und Rechtsextremismus kann sich etwa auf Begriffe wie »Heimat«, »Identität«, »Nation«, »Ordnung« oder »Tradition« als jeweilige Wertefundamente beziehen. Damit einhergehende Auffassungen lassen sich in einem demokratischen wie extremistischen Sinne verstehen. In einer gefestigten Demokratie dominieren meist die erstgenannten Deutungen, und man hat es mit einem demokratischen Konservativismus beziehungsweise einer demokratischen Rechten zu tun. Dort nehmen extremistische Konservative und Rechte nur eine marginale Rolle am rechten Rand des politischen Spektrums ein. Um nun aber in die breite Mehrheitsgesellschaft hineinwirken zu können, benötigen sie die erwähnten »Brücken« als Handlungs- und Übergangsbereiche. Dies sind meist politische Publikationsorgane oder Vereine. Als Beispiel für eine »Brücke« könnte die AfD in ihrer Frühphase dienen oder das frühere konservative Publikationsorgan »Criticon«.

Beide politischen Akteure werden später noch genauer thematisiert. Sie bildeten »Begegnungsstätten« für demokratische und extremistische Konservative beziehungsweise Rechte, wodurch die Grenze zwischen demokratischen und extremistischen Positionen überschritten wurde. Mit der Bezeichnung »Brückenspektrum« ist genau dieser Handlungs- und Wirkungsbereich gemeint. Er kann politisch auch eine andere Gestalt annehmen, wofür etwa die frühe Entwicklungsphase von »Pegida« als Protestbewegung steht. Die Formulierung »Neue Rechte« ist auf einen bestimmten politischen Protagonisten bezogen und sollte daher nicht auf einen Handlungs- oder Übergangsbereich übertragen werden, wo die politisch Aktiven nicht nur *einer* speziellen Richtung angehören. Daher empfiehlt es sich, inhaltlich offener, von einem »Brückenspektrum« zu sprechen. Dieses steht für einen Entwicklungsprozess, der mit »Erosion der Abgrenzung« oder »Entgrenzung des Extremismus« verbunden ist.[10]

1.10 Forschungsentwicklung und -stand zur Neuen Rechten

Seit den 1970er-Jahren erschienen immer wieder Monografien, die eine »Neue Rechte« thematisierten. Ihre Autoren definierten »Neue Rechte« aber nicht in einem einheitlichen Sinne. So legte etwa 1975 Günter Bartsch ein Buch »Revolution von rechts? Ideologie und Organisation der Neuen Rechten« vor, worin es um die nationalrevolutionären Gruppen und Intellektuellen der damaligen Zeit ging.[11] Darüber hinaus war Bartschs informative Darstellung durch eine eher affirmative Haltung des Verfassers geprägt. Andere, spätere Arbeiten nahmen die Neue Rechte als »Grauzone« oder »Scharnier« in den Blick, so Susanne Mantino oder Wolfgang Gessenharter in den 1990er-Jahren.[12] Doch damit wurden die jeweiligen Akteure ideologisch und organisatorisch nicht klar erfasst und unterschieden.

Das zu leisten, war der Anspruch des Autors dieses Buch in seiner früheren Monografie »Konservative Revolution und Neue Rechte. Rechtsextremistische Intellektuelle gegen den demokratischen Verfassungsstaat« von 1998. Darin ging es um die Intellektuellen der historischen Konservativen Revolution der Weimarer Zeit, die für die gegenwärtigen Intellektuellen der Neuen Rechten ein Vorbild sind. Im Zentrum der Arbeit stand deren Ablehnung der Normen und Regeln des demokratischen Verfassungsstaates. Darüber hinaus wurde in vergleichender Perspektive versucht, das Gefahrenpotenzial beider Intellektuellengruppen für den demokratischen Verfassungsstaat herauszuarbeiten.[13] Danach gab es in der Forschung zunächst keine eingehenderen Auseinandersetzungen mit der Neuen Rechten mehr. Eine Ausnahme bildeten die zahlreichen Beiträge von Helmut Kellershohn. Er analysierte die kontinuierliche Entwicklung dieser Intellektuellen anhand von Selbstzeugnissen.[14]

Erst nachdem auch in Deutschland ein politischer »Rechtsruck« auszumachen war, wurden eigenständige Darstellungen zur Neuen Rechten wieder für ein breiteres Publikum veröffentlicht. Dazu gehörte insbesondere das 2017 erschienene Buch »Die autoritäre Revolte. Die Neue Rechte und der Untergang des Abendlandes« von Volker Weiß, das ebenfalls ihre ideengeschichtliche Entwicklung nachzeichnete und die Nähe zur Parteipolitik kenntnisreich thematisierte.[15] Indessen fehlte hier eine systematische Definition der Neuen Rechten und eine Einschätzung ihrer Positionen. Ähnlich verhielt es sich mit dem ebenfalls 2017 erschienenen Band »Die Angstmacher. 1968 und die Neuen Rechten« von Thomas Wagner. Auch hier wurde die ideengeschichtliche und politische Entwicklung kenntnisreich nachgezeichnet.[16] Das genaue Begriffsverständnis und die demokratietheoretische Positionierung blieben aber ebenfalls unklar.

2 KONSERVATIVE REVOLUTION DER WEIMARER REPUBLIK ALS VORBILD

Da die Konservative Revolution für die Neue Rechte ihr primäres Vorbild ist, bedarf es auch einer Darstellung und Einschätzung dieser Intellektuellenströmung in der Weimarer Republik. Hierbei steht deren Frontstellung gegen die Normen und Regeln des damaligen demokratischen Verfassungsstaates im Zentrum. Zunächst soll die Bezeichnung »Konservative Revolution« als scheinbarer politischer Widerspruch (2.1) erläutert und eine inhaltliche Eingrenzung angesichts einer Forschungskontroverse um die Sammelbezeichnung (2.2) vorgenommen werden. Im Anschluss daran folgen biografisch-politische Kurzporträts ihrer bedeutendsten Akteure (2.3, 2.4). Danach stehen die antidemokratischen Positionen im inhaltlichen Zentrum: Ablehnung von Aufklärung und Vernunft, Frontstellung gegen Menschenrechte und Pluralismus, Bejahung eines (neuen) Nationalismus und Einforderung einer diktatorischen Herrschaft (2.5–2.8). Abschließend folgt eine vergleichende Betrachtung mit dem Nationalsozialismus (2.9) sowie eine bilanzierende Einschätzung (2.10).

2.1 »Konservative Revolution« als scheinbarer politischer Widerspruch

Die Bezeichnung »Konservative Revolution« wirkt widersprüchlich. Denn »konservativ« meint eigentlich bewahren, »revolutionär« eigentlich umwälzen. Insofern hat man es mit einem antagonistisch erscheinenden Begriffspaar zu tun. Dessen Einklang ergibt sich aus der historisch-politischen Rahmensituation, die für den deutschen Konservativismus mit der Weimarer Republik entstanden war. Denn vor 1918 bejahten die Anhänger des konservativen politischen Lagers die bestehende Staatsordnung. Zwar gab es gelegentlich Einwände gegen den Kaiser oder Kritik am Parlamentarismus. Auch sah man Gefahren in den Gewerkschaften und der Sozialdemokratie. In der Gesamtschau akzeptierten die Konservativen aber das Wilhelminische Kaiserreich. Eine Bewahrung der gegebenen Verhältnisse war somit ihr Ziel. Nach 1918 bestand indessen mit der Weimarer Republik ein demokratischer Verfassungsstaat. Die antidemokratisch ausgerichteten Konservativen akzeptierten diese bestehende neue politische Ordnung nicht mehr.

So beabsichtigte man einerseits, die parlamentarische Demokratie zu überwinden, andererseits aber auch, nicht mehr zur monarchistischen Vergangenheit zurückzukehren. Früher geltende Auffassungen sollten wieder zur gesellschaftlichen Realität werden. Dies bekundeten die Akteure der Konservativen Revolution deutlich, was anhand von exemplarischen Aussagen veranschaulicht werden soll. Bezogen auf die Frontstellung, die ein erhoffter »Zukunftsstaat« gegen die politische Gegenwart wie Vergangenheit einnehmen sollte, bemerkte Ernst Jünger: »Das bedeutet einen Staat, der von dem von Weimar, aber auch von dem alten Kaiserreich durchaus verschieden ist. Es bedeutet den modernen nationalistischen Staat.«[17] Und Arthur Moeller van den Bruck meinte: »Wir wollen diese revolutionären Ideen mit den konservativen verbinden, die sich immer wiederherstellen, und wollen sie konservativ-revolutionär dahin treiben, wo wir Zustände erreichen, bei denen wir wieder leben können.« Es gelte »Dinge zu schaffen, die zu erhalten sich lohnt«.[18]

Die fundamentale Ablehnung der Normen und Regeln des damaligen demokratischen Verfassungsstaates macht folgende Auffassung von Edgar Julius Jung deutlich, in der das politische Selbstverständnis klar hervortritt: »Konservative Revolution nennen wir die Wiederinachtsetzung aller jener elementaren Gesetze und Werte, ohne welche der Mensch den Zusammenhang mit der Natur und mit Gott verliert und keine wahre Ordnung aufbauen kann. An die Stelle der Gleichheit tritt die innere Wertigkeit, an die Stelle der mechanischen Wahl das organische Führerwachstum, an die Stelle des bürokratischen Zwangs die innere Verantwortung echter Selbstverwaltung, an die Stelle des Massenglücks das Recht der Volkspersönlichkeit.«[19] Mit einer »Konservativen Revolution« sollten also alte Werte neue Wirkung entfalten: »Führerwachstum«, »Gott«, »Natur«, »Ordnung«, »Volkspersönlichkeit«. Deren Etablierung in einer neuen Staatsordnung setzte die Überwindung der Weimarer Republik voraus.

2.2 Eingrenzung der Forschungskontroverse über die Sammelbezeichnung

Diese Ausrichtung führte dazu, dass die Bezeichnung »Konservative Revolution« auch in der wissenschaftlichen Literatur genutzt wurde. Entscheidend für deren Etablierung war Armin Mohler. Er legte 1949 seine politikwissenschaftliche Dissertation vor: »Die Konservative Revolution in Deutschland 1918–1932«, wobei es sich weniger um eine Analyse, sondern mehr um eine Materialzusammenstellung handelte. Auch Mohler nahm keine klare Begriffsbestimmung vor. Ganz allgemein bemerkte er: Zur Konservativen Revolution »gehört, wie schon die paradoxe Koppelung der beiden Wörter zeigt, nur, wer die Grundlagen des Jahrhunderts des Fortschritts angreift und doch nicht irgendein Ancien Régime wiederherstellen will.«[20] Es sollte um eine Ablehnung der Französischen Revolution und eine Negierung früherer politischer Ordnungssysteme gehen. Damit fehlten der Definition aber die inhaltliche Klarheit und Trennschärfe.

Die Akteure der Konservativen Revolution bildeten für Mohler keinen monolithischen Block, er erkannte fünf Gruppen: erstens die »Bündischen«, die aus der Jugendbewegung der »Wandervögel« entstanden waren, zweitens die »Jungkonservativen«, welche die Errichtung eines neuen »Reichs« erstrebten, drittens die »Landvolkbewegung«, die aus einem Bauernaufstand in Schleswig-Holstein hervorgegangen war, viertens die »Nationalrevolutionäre«, die extrem linke und rechte Ideologieelemente miteinander verbinden wollten, und fünftens die »Völkischen«, die sich über den »Rassegedanken« und die »Volksgemeinschaft« definierten. Diese Akteure unterschieden sich aber stark in ihrer Ideologie und den Organisationsformen, was eine Sammelbezeichnung nicht überzeugend erscheinen ließ. Dies sah der Soziologe Stefan Breuer ebenso und verwies auf Differenzen in den Einstellungen zu »Nation«, »Rasse«, »Reich«, »Staat« oder »Volk«. »Konservative Revolution« solle daher »aus der Liste der politischen Strömungen des 20. Jh. gestrichen werden.«[21]

Beide Deutungen haben Schwächen: Dabei ist Breuer insoweit zuzustimmen, dass es allen fünf Gruppen an ausreichenden ideologischen Gemeinsamkeiten mangelt. Die Nationalsozialisten wurden nicht aufgenommen, dafür aber die »Völkischen«. Da aus ihnen aber bedeutende Anteile der Nationalsozialisten hervorgingen, ist allein dies bereits ein Argument gegen die von Mohler nahegelegte Sammelbezeichnung. Dazu passen auch nicht die »Bündischen« oder die »Landvolkbewegung«, die eben Bewegungen und keine Intellektuellengruppen waren. Dies trifft mehr auf die »Jungkonservativen« und die »Nationalrevolutionäre« zu. Sie können als zwei Flügel der Konservativen Revolution gelten, und dafür wäre eine Sammelbezeichnung auch sinnvoll. Den »Jungkonservativen« war eine konservative Prägung eigen, den »Nationalrevolutionären« in ihrem Selbstverständnis jedoch weniger. Deshalb wird der Begriff »Jungkonservative« hier fortan als Synonym für Konservative Revolution verwendet.

2.3 Akteure: Ernst Jünger, Carl Schmitt, Oswald Spengler

Die bedeutendsten Akteure der Jungkonservativen oder Konservativen Revolution sollen nun in biografisch-politischen Kurzporträts vorgestellt werden. Den Anfang macht der Schriftsteller Ernst Jünger (1895–1998)[22], der auch eine antibürgerliche und nationalrevolutionäre Prägung aufwies. Seine Kriegstagebücher machten ihn bereits zu Beginn der 1920er-Jahre berühmt. Jünger wurde einer der bedeutendsten politischen Publizisten, wobei er einen angeblich neuen Nationalismus einforderte. Jünger legte indessen keine Programmschrift vor. Er publizierte eher kürzere Abhandlungen, die aber durchaus seine Grundpositionen zu erkennen gaben. Dieses direkte politische Engagement ging ab Ende der 1920er-Jahre zurück. Inwieweit seine folgenden Bücher als politische Statements gelten können, ist in der Forschung aufgrund ihrer literarischen Prägung umstritten. Jünger rückte auch in der Nachkriegszeit nicht von seinen antidemokratischen Positionen ab. Gleichwohl wurde der renommierte Schriftsteller mit vielen Ehrungen überhäuft und von hochrangigen Politikern besucht.

Carl Schmitt (1888–1985)[23] gilt als bedeutendster deutscher Staatsrechtler im 20. Jahrhundert, wobei es sich bei dieser Aussage nur um eine formale Feststellung handelt. Bereits Anfang der 1920er-Jahre begann seine akademische Karriere, was an der Berufung auf verschiedene Lehrstühle wie am Einfluss seiner Schriften ablesbar ist. Darin wurde die Ablehnung von Institutionen der Republik ebenso deutlich wie die Einforderung einer autoritären Staatsordnung. Seine Auffassung, Entscheidungen aus einer Machtposition heraus zu treffen, durchzog die Schriften von Schmitt. Daher ist der frühe Eintritt in die NSDAP nicht verwunderlich, wenngleich er kein ideologischer Nationalsozialist war. Für die staatsrechtliche Begründung einer totalitären Herrschaft kam Schmitt aber ein herausragender Stellenwert zu. Dies führte nach 1945 jedoch nicht dazu, dass sein Einfluss schwand, selbst wenn er keinen Lehrstuhl mehr erhielt. Seine eingängigen Formulierungen zu staatsrechtlichen Problemstellungen entfalteten weiterhin eine enorme Wirkung.

Zu den auch heute noch bekannten Akteuren der Konservativen Revolution zählte ferner der Geschichts- und Kulturphilosoph Oswald Spengler (1880–1936)[24], der mit seinem bekanntesten Buch ein geflügeltes Wort prägte: »Der Untergang des Abendlandes« (1918/1922).[25] Darin beschrieb er die Entwicklung verschiedener Hochkulturen, woraus eine »Morphologie der Weltgeschichte« abgeleitet werden sollte. Dieser Ansatz, der auch Kritik und Spott motivierte, machte Spengler schon in der Weimarer Republik berühmt. Seine Auffassung, wonach ein »Cäsarismus« die Demokratie ablösen würde, fand hierbei nur geringen Widerspruch. Durch die ganzen 1920er-Jahre hindurch erschienen diverse eindeutig politische Schriften, die von seiner Ablehnung des Liberalismus, Parteiensystems und Parlamentarismus geprägt waren. Seine antirepublikanische Grundhaltung führte allerdings nicht dazu, dass die Nationalsozialisten Spengler vereinnahmen konnten. Er bewahrte zu ihnen eine elitäre Distanz und hatte keine persönlichen Karriereinteressen.

2.4 Akteure: Arthur Moeller van den Bruck, Edgar Julius Jung, Werner Best

Die drei zuvor behandelten Akteure der Konservativen Revolution sind auch heute noch relativ bekannt, was über die nun folgenden drei nicht gesagt werden kann. Der Publizist Arthur Moeller van den Bruck (1876–1925)[26], kann als ideologischer und organisatorischer Begründer der Jungkonservativen beziehungsweise Konservativen Revolution gelten. Direkt nach dem Ende des Ersten Weltkriegs legte er mehrere Schriften vor, um seine Ideen publik zu machen. Auch die Gründung von einschlägigen politischen Klubs und Publikationsorganen geht auf Moeller van den Bruck zurück, wie die Zeitschrift »Das Gewissen« oder der »Juni-Klub«. So entstand nicht nur unter Intellektuellen ein informelles Netzwerk, Unterstützung kam auch aus Politik und Wirtschaft. Bedeutsam war die von Moeller van den Bruck vorgelegte programmatische Schrift »Das Dritte Reich« von 1923. Die NS-Diktatur erlebte Moller van den Bruck aber nicht mehr.

Auch Edgar Julius Jung (1894–1934)[27] legte eine programmatische Schrift unter einem bemerkenswerten Titel vor: »Die Herrschaft der Minderwertigen. Ihr Zerfall und ihre Ablösung durch ein Neues Reich« (1927). Die Formulierung veranschaulicht gut, welche Grundauffassung Jung gegenüber der Republik vertrat und welches politische Ziel er anstrebte. Anfang der 1920er-Jahre nahm Jung noch an paramilitärischen Operationen teil, die gegen die französischen Besatzungsstreitkräfte und kooperierende Politiker gerichtet waren. Danach wandte er sich einer mehr intellektuellen Betätigung zu und fand über den erwähnten »Juni-Klub« politische Verbindungen zu konservativen Politikern. Später arbeitete Jung als Redenschreiber für den Reichskanzler Franz von Papen, was ihn nach 1933 in Konflikt mit den Nationalsozialisten brachte und 1934 im Zuge des sogenannten Röhm-Putsches zu seinem Tod führte. Daher gilt Jung mitunter als früher Repräsentant eines konservativen Widerstands. Er befürwortete aber selbst eine Diktatur, sie sollte nur über eine andere politische Struktur verfügen als das reale »Dritte Reich«.

Schließlich sei Werner Best (1903–1989)[28] genannt. Er zählte in der zweiten Hälfte der 1920er-Jahre zur Konservativen Revolution, hatte zu Jünger und Jung persönliche Kontakte. Best entwickelte die Formel von einem »heroischen Realismus«, die für eine kämpferische Haltung selbst angesichts einer absehbaren Niederlage stehen sollte. Er ist nicht als bedeutsamer Denker von Interesse, sondern aufgrund seiner späteren Entwicklung. Denn der studierte Jurist machte ab 1930 erst in der NSDAP Karriere und später im NS-Staat und in der SS. Dabei wollte Best die NS-Politik theoretisch begründen und nahm – etwa als »Großraumtheoretiker« – eine besondere Rolle ein. Als Mitbegründer von Gestapo und Reichssicherheitshauptamt (RSHA) trug Best für die eskalierende Judenverfolgung persönliche Mitverantwortung. Er wurde 1942 im besetzten Dänemark offizieller »Reichsbevollmächtigter«, womit ein früherer Angehöriger der Konservativen Revolution eine hohe politische Stellung einnehmen konnte.

2.5 Positionen: Ablehnung von Aufklärung und Vernunft

Der Ausgangspunkt für das Denken der Konservativen Revolution ist, dass Aufklärung und Vernunft negiert und Kampf und Leben verherrlicht werden. Darin deutet sich auch eine Ablehnung der ideengeschichtlichen und normativen Basis moderner Demokratievorstellungen an, denn sie gelten den Akteuren der Konservativen Revolution als bloße Konstrukte einer wirklichkeitsfremden Rationalität. So bekundete etwa Ernst Jünger: »Der moderne Nationalismus, das Grundgefühl eines neuen, der zu oft vorgekauten Phrasen der Aufklärung bis zum Erbrechen überdrüssig gewordenen Geschlechtes, will das Besondere.«[29] Worin eben genau diese Alternative bestehen soll, wurde nicht klar ausformuliert. Er unterstellte der Aufklärung häufiger Phrasenhaftigkeit, wobei er selbst oft phrasenhaft wiederholte: »Wenn wir an das Besondere glauben und an den Vorrang der besonderen Notwendigkeiten vor den allgemeinen, so bewegt uns dazu vor allem ein Gefühl des Ekels gegenüber den zu oft vorgekauten Phrasen der Aufklärung.«[30]

Der Mangel an inhaltlicher Auseinandersetzung und die Beschränkung auf Verachtungsbekundungen veranschaulichen auch die folgenden Aussagen von Arthur Moeller van den Bruck: »Der Kampf gegen die Aufklärung, den wir aufnehmen, wird ein Kampf gegen den Liberalismus auf der ganzen Linie sein.« So wurde gegen Naturrecht und Vertragstheorien polemisiert, die Moeller van den Bruck als Grundlagen der Republik verabscheute: »Das Naturrecht vergewaltigte die Natur: und allerdings möchte die Auffassung vom Staate als einem Vertragsinstitute einem Zeitalter entsprechen, in dem die Völker ihre Natur verloren, auf die man sich eben deshalb so laut berief.«[31] Am Anfang der Argumentationskette steht demnach die Aufklärung und deren Negierung und am Ende die Frontstellung gegen die Republik. Das hat durchaus eine gewisse Folgerichtigkeit, denn aus den abgelehnten Grundprinzipien ergeben sich im Umkehrschluss die konstitutiven Normen und Regeln eines demokratischen Systems.

Man kann daher nicht von bloßen philosophischen Einwänden sprechen, die sich gegen eine rationalistische Ethik wenden, es ging um politische Konsequenzen. Vor diesem Hintergrund wurde der Gegensatz von Leben und Verstand beschworen. So schrieb etwa Oswald Spengler: »Der Verstand, das System, der Begriff töten, indem sie ›erkennen‹. Sie machen das Erkannte zum starren Gegenstand, der sich messen und teilen läßt. Das Anschauen beseelt. Es verleibt das Einzelne einer lebendigen, innerlich gefühlten Einheit. Ein Dichten und Geschichtsforschung sind verwandt, rechnen und erkennen sind es auch.« Damit setzte der Autor seine Geschichtsphilosophie mit Lyrik auf eine Stufe. Er beschwor demgegenüber das Leben, ohne diese Prioritätensetzung genauer zu rechtfertigen. Auch hier wurden allgemeine Bekundungen aneinandergereiht: »Das Leben ist das erste und letzte [...] Es ist die Tatsache innerhalb der Welt als Geschichte. [...] Es handelt sich in der Geschichte um das Leben und immer nur um das Leben [...]«[32]

2.6 Positionen: Frontstellung gegen Menschenrechte und Pluralismus

Derartige Grundauffassungen führten zu weiteren Frontstellungen gegen Menschenrechte und Pluralismus. Die Ablehnung der Menschenrechte ging mit einem antiindividualistischen Kollektivismus einher, wobei der Einzelne nur als Teil der Gemeinschaft oder der Nation eine Wertigkeit haben sollte. So forderte Oswald Spengler: »Kein ›Ich‹, sondern ein ›Wir‹, ein Gemeingefühl, in dem jeder mit seinem gesamten Dasein aufgeht. Auf den einzelnen kommt es nicht an, er hat sich dem Ganzen zu opfern.«[33] Und Edgar Julius Jung bemerkte: Der Einzelmensch erfahre »in seinem Dasein erst höheren Sinn und tiefere Weite [...] als Glied der Gemeinschaft« und er erhält »erst Wert [...] aus seinem Dienste an der Gemeinschaft«. Darüber hinaus meinte Jung: »Glückseligkeit, Freiheit, Gleichheit, Menschenrechte, Fortschritt, das sind die chaosgeschwängerten Trugbilder. Wenn der verlogene Gedanke der Menschenrechte ausgetilgt ist, wird vielleicht wieder Platz für Menschenliebe.«[34]

Dieser Antiindividualismus ging in einen Antiliberalismus über, in deren Kombination ein innerer Zusammenhang bestand. Dabei sahen Spengler und Jung einen Gegensatz zwischen Gemeinschaft und Gesellschaft, die sich in ihrem Grad von Individualität, die mit Autonomie und Freiheit einhergeht, konstitutiv voneinander unterschieden. Arthur Moeller van den Bruck bemerkte: »Der Liberalismus behauptet, daß er alles, was er tut, für das Volk tut. Aber gerade er schaltet das Volk aus und setzt ein Ich an die Stelle. Der Liberalismus ist der Ausdruck einer Gesellschaft, die nicht mehr Gemeinschaft ist.«[35] Mit der Gleichheit im Individualismus schwinde auch die Rangordnung in der Volksgemeinschaft. Denn sie sollte von Ungleichheit geprägt sein, da Gleichheit gegen die Natur stehe. Aus dieser Auffassung resultierte auch die Ablehnung der Menschenrechte. »Wir anerkennen«, so formulierte es Jung, »die natürliche Ungleichheit der Menschen und lehnen das Trugbild der gleichen ›Menschenrechte‹ ab.«[36]

Mit der Ablehnung der Gesellschaft ging auch die des Pluralismus einher. Denn dieser geht davon aus, dass die Existenz unterschiedlicher Interessengruppen legitim und wünschenswert ist. Demgegenüber forderten die Denker der Konservativen Revolution, dass eine politische Einheit von Regierenden und Regierten bestehen müsse. Dies schließt Abweichungen und Opposition ebenso aus wie Gewaltenkontrolle und Vielfalt. Trotzdem sah man gerade in einer solchen Auffassung die »wahre Demokratie«. So beschwor Carl Schmitt: »Zur Demokratie gehört [...] notwendig erstens Homogenität und zweitens – nötigenfalls – die Ausscheidung oder Vernichtung des Heterogenen. [...] Die politische Kraft einer Demokratie zeigt sich darin, daß sie das Fremde und Ungleiche, die Homogenität bedrohende zu beseitigen oder fernzuhalten weiß.«[37] Diese Auffassungen stehen nicht nur für ein identitäres Gesellschaftsbild, sie sprechen hinsichtlich einer Opposition auch nicht nur von Repression, sondern von ihrer möglichen Vernichtung.

2.7 Positionen: Bejahung eines (neuen) Nationalismus

Doch was sollte die Alternative der Konservativen Revolution sein, die man den Normen und Regeln eines demokratischen Verfassungsstaates gegenüberstellen wollte? Dazu finden sich nur allgemeine und diffuse Aussagen, sowohl bezogen auf die eigene Ideologie als auch auf das erhoffte System. Was die Ideologie betrifft, so wurde ein (neuer) Nationalismus bejaht. Ernst Jünger bemerkte: »Nationalist sein, heißt die Notwendigkeit der Nation vertreten wollen mit allen Mitteln, die in Frage kommen können. Es heißt, die Idee der Nation als einen obersten Wert setzen, dem alle anderen Werte unterzuordnen sind.«[38] Jünger gibt keine inhaltliche Erläuterung, sondern legt lediglich eine Rangordnung fest. Er schrieb aber auch: »Das Wort Nationalismus [...] ist keineswegs [...] der Ausdruck für einen obersten Wert.«[39] Demnach bestand noch nicht einmal in diesem Punkt inhaltliche Klarheit. Ansonsten hieß es allgemein, dass »Blut«, »Krieg« und »Mutterboden« für den Nationalismus das Wesen sei.[40]

Auch andere Autoren der Konservativen Revolution präsentierten keine klareren Vorstellungen. Indessen beschworen sie die Bedeutung der deutschen Nation, wobei nicht nur allgemein die Nation als höchster politischer Wert gelten sollte. Es ging erklärtermaßen um die deutsche Nation. Edgar Julius Jung schrieb: »Die Besonderheit des Deutschtums ist aber eine seelische Kraft, die bisher schon der zivilisatorischen Entwicklung widerstrebte, nun aber, zur vollen Entfaltung gelangend, ihr ein willensmäßiger Halt entgegenruft. So wird das deutsche Volk des 20. Jahrhunderts Verkünder eines neuen Menschheitsideals.« Es ging also um einen Gegenbegriff zur Zivilisation, wobei dessen relevante Eigenschaften nicht begründet, sondern bloß postuliert wurden. So schrieb Jung: »Diese geistige Mittellage des deutschen Volkes berechtigt zu der Anschauung, daß die Deutschen unter den Völkern des abendländischen Kulturkreises das seelisch umfassendste und reichste sind.«[41]

Zwar wird in diesen Ausführungen eine Wertschätzung des »deutschen Volkes« deutlich, gleichwohl galt sie nicht den deutschen Bürgern, sondern einem imaginierten Konstrukt, denn ansonsten hätten für die Bürger politische Beteiligungsmöglichkeiten eingefordert werden können, was man aber gerade nicht wollte, weil das angestrebte Ziel die Herrschaft einer Elite war. Als realer politischer Faktor sollten weder die »deutsche Nation« noch das »deutsche Volk« relevant sein. So wurden etwa die gesellschaftlichen Gegebenheiten hinsichtlich des Gleichheitsideals von Oswald Spengler mit folgenden Worten beklagt: »Man verlernt das gute Gewissen des eigenen Ranges und verlernt es, Unterordnung selbstverständlich entgegen zu nehmen, aber in demselben Grade verlernen es, erst in Folge davon, die unteren Schichten diese Unterordnung zu leisten und als notwendig und berechtigt anzuerkennen [...] Aber die Gesellschaft beruht auf der Ungleichheit der Menschen [...]«[42] Demnach sollte die beschworene Nation mehrheitlich von »Unterordnung« geprägt sein.

2.8 Positionen: Einforderung einer diktatorischen Herrschaft

Auch wenn die Denker der Konservativen Revolution mitunter programmatische Schriften verfassten, so findet sich in ihnen kein entwickeltes Modell einer angestrebten Alternative zum Weimarer »System«. Will man daher die Frage beantworten, welche politische Ordnung sie anstrebten, sind analytische Umwege nötig. Aus der Bejahung bestimmter Normen und aus der Huldigung politischer Vorbilder ergibt sich eine Art Weltbild. Es hat zwar keine klaren Konturen, weder bezogen auf die inhaltliche Begründung von Normen noch auf die Beschreibung von prägenden Institutionen. Gleichwohl entsteht dabei das Bild einer autoritären, möglicherweise sogar totalitären Diktatur. Eine wichtige Differenz beider Typen besteht mit darin, inwieweit für die Herrschaftssicherung die Massen mobilisiert werden sollten. Gegen diese Möglichkeit stand die Elitenfixierung der Konservativen Revolution, wobei es auch hier keine klare Positionierung hinsichtlich der angestrebten Systemalternative gab.

Idealtypisch lassen sich bei der Frage, inwieweit die Bevölkerung eine Rolle spielen sollte oder nicht, zwei Varianten unterscheiden. Die erste sieht sich als Demokratie, wobei die Bezeichnung in einem identitären Sinne umgedeutet wird. Was dies für den Pluralismus bedeutet, hatte, wie erwähnt, Carl Schmitt deutlich formuliert. Er ging aber noch einen Schritt weiter, da zwischen Demokratie und Diktatur nicht notwendigerweise ein Widerspruch bestehen sollte. Ganz im Gegenteil, so Schmitt, könne eine Diktatur eine größere Massenzustimmung als der Parlamentarismus haben. Als Beispiel dafür wurde die Herrschaft von Lenin und Mussolini genannt. Er bemerkte außerdem: »Der Wille des Volkes kann durch Zuruf, durch *acclamatio*, durch selbstverständliches, unwidersprochenes Dasein ebenso gut und besser demokratisch geäußert werden als durch den statistischen Apparat, den man seit einem halben Jahrhundert mit einer so minutiösen Sorgfalt ausgebildet hat.«[43] Eine Diktatur würde so durch bloße Duldung demokratisch legitimiert.

Demgegenüber bildete eine cäsaristische Diktatur für Oswald Spengler ein systemisches Vorbild, wobei auch er deren Institutionen und Legitimationsgrundlagen nicht in ein entwickeltes Modell integrierte. Aus seiner Geschichtsphilosophie ergab sich für Spengler ein notwendiger Weg, der in die Ablösung der parlamentarischen Herrschaft münden würde: »Die Herauskunft des Cäsarismus bricht die Diktatur des Geldes und ihrer politischen Waffe, der Demokratie.« Eine solche Entwicklung begrüßte Spengler. Er schrieb: »Der Cäsarismus der Zukunft wird nicht überreden, sondern mit der Waffe siegen [...] Der Cäsarismus der Zukunft kämpft nur um Macht, für ein Reich und gegen jede Art von Partei. [...] [D]er vollendete Cäsarismus ist Diktatur, aber nicht die Diktatur einer Partei, sondern die eines Mannes gegen alle Parteien, vor allem die eigene.«[44] Genauere Äußerungen gab es hierzu nicht, doch galt wohl nicht Hitler, sondern eher Mussolini dem Philosophen als politisches Vorbild.

2.9 Konservative Revolution und Nationalsozialismus

Die vorstehenden Ausführungen über die Einstellungen von Konservativer Revolution und Nationalsozialismus veranschaulichen, dass es hier ebenso Gemeinsamkeiten und Nähen wie auch Konflikte und Unterschiede gab. Aufgrund der historisch-politischen Bedeutung der Frage, wie die Konservative Revolution zum Nationalsozialismus stand, soll hier eine Einschätzung bezogen auf unterschiedliche Gesichtspunkte vorgenommen werden. Dabei geht es zunächst nur um die Ideologie und ihre Feindbilder als negative Komponente: Hier lassen sich viele Gemeinsamkeiten erkennen. Man lehnte jeweils Aufklärung, Individualismus, Kosmopolitismus, Liberalismus, Parlamentarismus, Parteiensystem und Pluralismus ab. Antisemitismus war zwar ebenfalls bei der Konservativen Revolution präsent, hatte dort aber nicht eine so hohe Bedeutung wie im Nationalsozialismus. Eine Gemeinsamkeit bestand darin, dass in der Überwindung der Weimarer Republik ein politisches Ziel gesehen wurde.

Bei den positiven Aspekten von Ideologie, also dem inhaltlichen Selbstverständnis, lassen sich manche Unterschiede ausmachen. Sie bestanden allerdings in Detailfragen bei einer identischen Grundausrichtung. So war bei der Konservativen Revolution der Nationalismus nicht so stark mit dem Rassismus verbunden. Die Nationalsozialisten vertraten einen Rassismus, der an einer biologischen Kategorisierung orientiert war und soziale Merkmale nicht wahrnehmen wollte. An einer Elite eines Geistes war man in der NSDAP wiederum weniger interessiert. Damit deutet sich eine Differenz auf anderer Ebene an, nämlich die zwischen Intellektuellen und Massenbewegung. Die Denker der Konservativen Revolution blickten mit elitärer Skepsis um sich, die einfachen Massen sahen sie als bloßen Pöbel an, und als solcher galten ihnen auch die Straßenkämpfer der SA. Hitler nahm man als »Schreihals«, nicht als elitäre Führungsfigur wahr. Gleichwohl galt er als nötiger Akteur für einen nationalistischen Umsturz.

Eine Aussage von Edgar Julius Jung vom Juni 1932 macht die Einstellung der Konservativen Revolution zum Nationalsozialismus deutlich: »Die geistigen Voraussetzungen für die deutsche Revolution wurden außerhalb des Nationalsozialismus geschaffen. Der Nationalsozialismus hat gewissermaßen das Referat ›Volksbewegung‹ in dieser großen Werksgemeinschaft übernommen. Er hat es grandios ausgebaut und ist zu einer stolzen Macht geworden. Wir freuen uns darüber nicht nur, sondern wir haben das Unsrige zu diesem Wachstum beigetragen. In unsagbarer Kleinarbeit, besonders in den gebildeten Schichten haben wir die Voraussetzungen für jenen Tag geschaffen, an dem das deutsche Volk den nationalsozialistischen Kandidaten seine Stimme gab. Diese Arbeit war heroisch, weil sie auf den Erfolg, auf die äußere Resonanz verzichtete.«[45] In der Aussage wird deutlich und treffend vermittelt, welche Bedeutung die Denker der Konservativen Revolution für die Machterlangung der Nationalsozialisten im gesellschaftlichen Raum hatten.

2.10 Bilanzierende Einschätzung der Konservativen Revolution

Die obigen Ausführungen sind auch für eine bilanzierende Einschätzung der Konservativen Revolution wichtig. Ganz allgemein darf festgestellt werden, dass es ihren Akteuren nicht nur darum ging, Mängel und Schwächen der Weimarer Republik politisch zu überwinden. Es ging den Denkern der Konservativen Revolution darum, die Normen und Regeln des damaligen demokratischen Verfassungsstaates zu zerstören. Die erwähnten politischen Auffassungen machen in aller Deutlichkeit klar, dass in Demokratie und Menschenrechten, Parlamentarismus und Pluralismus grundsätzlich verwerfliche Vorstellungen gesehen wurden. Diese Einsicht erlaubt auch für die Gegenwart politische Rückschlüsse. Denn eine Berufung auf die Konservative Revolution kann nicht damit einhergehen, eine moderne Demokratie als politisches Ordnungsmodell zu akzeptieren.[46] Bestärkt wird ein solcher Eindruck noch durch Positionen, die auf eine autoritäre Diktatur als politisches System hinauslaufen würden.

Diese allgemeine Absicht sollte durch geistiges Wirken vorangetrieben werden. Die Anhänger der Konservativen Revolution reflektierten in ihren Schriften nur wenig darüber, welche genauen Strategien sie zur Umsetzung ihrer politischen Ziele nutzen sollten. Indessen macht die Aussage von Jung deutlich, dass eine geistige Revolution einer politischen Veränderung vorausgehen müsse. Insbesondere die gebildete Elite wollte man für ein solches Projekt gewinnen. Demnach ging es den Akteuren der Konservativen Revolution gar nicht um eine Massenakzeptanz, die von einer Bewegung oder einer Partei angestrebt werden sollte. Man glaubte, als intellektuelle Avantgarde alle folgenden Entwicklungen zumindest indirekt lenken zu können. Es gab also durchaus genauere Vorstellungen über die konkrete Rollenverteilung im politischen Veränderungsprozess. Dass der elitäre Anspruch der Konservativen Revolution in der politischen Praxis scheitern könnte, war für ihre Intellektuellen in der Schlussphase der Weimarer Republik offenkundig noch nicht vorstellbar.

Die genaue Bedeutung, welche die Konservative Revolution für den Niedergang des damaligen demokratischen Verfassungsstaates hatte, lässt sich mangels passenden Maßstabes schwerlich einschätzen. Angemessen dürfte indessen die Aussage sein, dass von ihr ein ideologischer Weg zu einer Diktatur bereitet wurde. Dem widersprechen die ideologischen Differenzen gegenüber dem Nationalsozialismus keineswegs. Das antidemokratische Denken der Konservativen Revolution beförderte eine antidemokratische Praxis. Gleichwohl wäre die Behauptung, darin habe ein hauptsächlicher oder zentraler Faktor der nationalsozialistischen Herrschaftsaneignung bestanden, angesichts der Komplexität des historisch-politischen Prozesses unangemessen. Dafür waren andere Akteure der extremistischen Rechten ebenso wie die Einflüsse aus gesellschaftlichen Rahmenbedingungen relevanter. Insofern lieferte die Konservative Revolution nur *einen* Baustein für die auf Weimar folgende Diktatur, der aber für einen Ausschnitt der damaligen Gesellschaft von Bedeutung war: für das gehobene Bildungsmilieu im konservativen Lager der Weimarer Republik.

3

ANDERE DENKER ALS INTELLEKTUELLE VORBILDER

Neben den Angehörigen der Konservativen Revolution gibt es für die Neue Rechte noch andere intellektuelle Vorbilder. Die im Folgenden genannten Denker müssen nicht allen Protagonisten der Neuen Rechten bekannt sein. Gleichwohl rezipieren einige ihrer Akteure sie mal mehr, mal weniger als Vordenker. Dazu zählen bestimmte Klassiker der Philosophie (3.1), soziologische Befürworter einer Eliteherrschaft (3.2), nationalrevolutionäre Intellektuelle der 1920er-Jahre (3.3), aber auch teilweise Anhänger eines Euro-Faschismus (3.4). Darüber hinaus berufen sich diese Intellektuellen auf konservative Nachkriegssoziologen (3.5), nationalrevolutionäre Gruppen der 1970er-Jahre (3.6), aber auch auf Exponenten der frühen französischen Neuen Rechten (3.7) und einzelne Intellektuelle mit einer eigenen spezifischen Orientierung (3.8). Es gibt hier keine Einheitlichkeit (3.9). Die demokratietheoretischen Auffassungen dieser Vorbilder sagen aber etwas über die demokratietheoretische Ausrichtung der Neuen Rechten aus (3.10).

3.1 Besondere Klassiker der Philosophie

Gern berufen sich die Akteure der Neuen Rechten auf klassische Philosophen, wohl in der Annahme, damit ihre eigenen Auffassungen in der gesellschaftlichen Wirkung aufwerten zu können. Zu diesen Philosophen gehört Johann Gottlieb Fichte (1762–1814)[47], der als Begründer eines »subjektiven Idealismus« und hierbei als Kants Schüler gilt. Bedeutsam sind seine »Reden an die deutsche Nation« (1808). Sie waren gegen die seinerzeitige französische Besatzung gerichtet und wollten ein deutsches Nationalgefühl begründen. Allein diese Absicht verdient bereits Interesse, wird darin doch deutlich, dass es sich hier nicht um ein historisches Erbe, sondern um ein politisches Konstrukt handelte. Auf die Deutschen bezogen postulierte Fichte deren Überlegenheit über andere Völker, aber nicht aufgrund ihrer Ethnie, sondern ihrer Sprache. Fichte behauptete die Existenz eines »deutschen Wesens«, womit ein geistiges Fundament für den späteren deutschen Nationalismus gelegt wurde, der es in seiner Weise interpretierte. Die Deutschen waren nach Fichte ein »Urvolk, das Volk schlechtweg«[48].

Auch auf Friedrich Nietzsche (1844-1900)[49] beruft sich die Neue Rechte gern, wobei ebenfalls eine selektive Deutung ausgemacht werden kann. Dafür ist das Denken dieses Philosophen besonders anfällig, wie die jeweiligen inhaltlichen Deutungen aus unterschiedlichen politischen Richtungen zeigen. Bedeutsam für die Akteure der Neuen Rechten ist dessen Moralkritik und Naturverständnis. Sie durchziehen das Denken von Nietzsche und münden in eine frühe Form des Sozialdarwinismus. Das Schwache müsse vor dem Starken weichen, so lautete eines seiner Leitmotive. Er wandte sich damit aber auch gegen Antisemitismus und Nationalismus, galten ihm dessen Apologeten doch als Schwächlinge.[50] Genau dieser Aspekt wurde bei der späteren Deutung, etwa durch die Nationalsozialisten, verkannt. Gleichwohl bestand in seinem Denken eine antihumanistische Grundposition, was etwa seine Aversion gegen das Christentums veranschaulicht. Nietzsche verurteilte es als Moralvorstellung mit Nächstenliebe und als Religion für Schwache.[51]

Auch Martin Heidegger (1889-1976)[52] dient manchen Neuen Rechten als geistiges Vorbild. Sein Buch »Sein und Zeit« (1927)[53] gilt allgemein als bedeutendes philosophisches Werk, wenngleich dessen fragmentarischer Charakter und seine eigentümliche Sprache zu unterschiedlichen Wahrnehmungen führten. Grundsätzlich ging es Heidegger darin um die Begründung einer Fundamentalontologie, die Grundpositionen der bisherigen Philosophiegeschichte verwarf. Laut Heidegger hätten frühere Denker das Seiende mit dem Sein verwechselt. Für ihn aber war die Bestimmung der menschlichen Existenzgrundlagen entscheidend, eben die Daseinssorge und das Sterbebewusstsein. Inwieweit in diesen philosophischen Auffassungen auch politische Implikationen enthalten waren, ist in der Forschung umstritten. Heidegger stand indessen der Konservativen Revolution nahe und engagierte sich früh und intensiv in Institutionen des

NS-Staates.[54] Eine selbstkritische Auseinandersetzung mit diesen Handlungen und Konsequenzen unterließ er bis zu seinem Tode.

3.2 Soziologische Befürworter einer Eliteherrschaft

Auch italienische Vertreter der Elitesoziologie können als Klassiker der Neuen Rechten gelten. Dazu gehört – mit Einschränkungen – etwa Gaetano Mosca (1858–1941)[55], der Begründer dieser Forschungsrichtung. In seinem Buch »Die politische Klasse« (1896)[56] formulierte er folgende Grundgedanken: Es gebe in allen Gesellschaften eine herrschende und eine beherrschte Klasse, wobei die erstgenannte zu einer Machtmonopolisierung neige und die letztgenannte ihr gegenüber in einem unterwürfigen Verhältnis stehe. Dies müsse als soziales Gesetz des menschlichen Lebens über die Zeit angesehen werden. Daran änderten auch der Parlamentarismus und das Wahlrecht nichts, denn die Gewählten wären eine herrschende Minderheit und damit dominant über dem Volk stehend. Eine derartige Eliteherrschaft entspreche insofern der historischen Kontinuität. Mit skeptischer Einstellung akzeptierte Mosca aber den Parlamentarismus. Er hielt auch Distanz zum italienischen Faschismus, die Abschaffung der Gewaltenteilung wurde von ihm öffentlich kritisiert.

Eine andere Haltung nahm dazu Vilfredo Pareto (1848–1923)[57] ein. Er ist bis in die Gegenwart als Ökonom bekannt, wofür beliebte Bezeichnungen wie etwa das »Pareto-Optimum« sprechen. In seiner soziologischen Handlungstheorie unterschied Pareto zwei ideologische Phänomene, wobei hier nur die »Derivationen« als pseudologische Erklärungen hervorgehoben werden sollen. Damit waren gruppenbezogene oder individuelle Emotionen gemeint, die als objektive und rationale Werte vermittelt würden. Seine ideologiekritischen Anmerkungen richtete er gegen die aufstrebende Arbeiterbewegung, aber nicht gegen bürgerliche Positionen. Darüber hinaus entstand das Geschichtsbild von einem »Kreislauf der Eliten«, wonach immer eine herrschende Elite von einer oppositionellen Elite abgewechselt werde. Die Bevölkerung würde die Entwicklung allenfalls legitimieren. Hierbei handelte es sich um eine affirmative Beschreibung von Pareto, der für den italienischen Faschismus noch am Lebensende als politischer Stichwortgeber wirken wollte.

Diese Absicht war bei einem weiteren Elitesoziologen noch stärker ausgeprägt: Robert Michels (1876–1936)[58] gehörte zunächst der linken Sozialdemokratie an. In seinem Buch »Zur Soziologie des Parteiwesens in der modernen Demokratie« (1911)[59] hatte er das innerparteiliche Leben in der SPD untersucht. Dabei kam Michels zu folgender Schlussfolgerung: Einer menschlichen Organisationsform seien oligarchische Tendenzen eigen. Demnach erfolge eine Elitebildung bereits allein durch eine Organisationsbildung. Während diese Beobachtung von Michels zunächst noch kritisch gesehen wurde, ging er später zu deren Legitimation und Verherrlichung über. Denn der 1907 nach Italien ausgewanderte Michels entwickelte sich dort nach 1922 zu einem Mussolini-Verehrer.[60] Für alle drei Elitesoziologen gilt: Sie beschrieben die Herrschaft einer Minderheit nicht nur neutral, sie galt ihnen vielmehr als politische Notwendigkeit. Genau das, ihr grundlegender Autoritarismus, macht sie zu Klassikern der Neuen Rechten.

3.3 Nationalrevolutionäre Intellektuelle der 1920er-Jahre

Während die Jungkonservativen generell zur Konservativen Revolution gezählt werden, erfolgt eine solche Einordnung der Nationalrevolutionäre nur gelegentlich. Auch hier wird die Auffassung vertreten, dass es zwar Gemeinsamkeiten zwischen Jungkonservativen und Nationalrevolutionären, aber auch gewichtige Unterschiede gab. Allgemein stehen die Nationalrevolutionäre für Positionen und Themen, die auch im entgegengesetzten »linken« Lager kursierten. Dazu gehörte die Ausrichtung gegen »Imperialismus« und »Kapitalismus«. Man positionierte sich formal zugunsten der von den »Großmächten« unterdrückten »Völker«. Entscheidend war aber die Berufung auf »Nation« und »Volk«, worin ein Unterschied zu den Jungkonservativen bestand. Diese pflegten einen wertenden Nationalismus, der den Deutschen einen höheren Stellenwert als anderen Völkern zuschrieb. Demgegenüber bekundeten die Nationalrevolutionäre eher einen gleichrangigen Nationalismus. Darüber hinaus bestand eine stärkere Distanz zur bürgerlichen Gesellschaft und zum Kapitalismus.

Gleichwohl gelten manche Denker der Nationalrevolutionäre der heutigen Neuen Rechten als geistige Vorbilder. Die bekannteste Figur aus diesem politischen Lager war der einflussreiche Publizist Ernst Niekisch (1889–1967)[61]. Er hatte sich im Arbeiter- und Soldatenrat ebenso wie in der SPD und USPD engagiert, was seine auch organisatorisch linke Verortung deutlich macht. Dennoch lehnte Niekisch den Klassenkampfgedanken ab, weil dieser für eine Spaltung des Volkes stehe. Er wollte vielmehr Nationalismus und Sozialismus zusammendenken, auch außenpolitisch als Kooperation mit der Sowjetunion gegen die Westmächte. Diese politische Ausrichtung findet sich auch im »Nationalbolschewismus«[62], der im weitgehenden Einklang mit den Nationalrevolutionären stand. Einerseits beschwor man Autoritarismus und Nationalismus, andererseits Militarisierung und Planwirtschaft. Damit gab es auch eine grundlegende Frontstellung gegen die konstitutiven Normen und Regeln der Weimarer Republik.

Niekisch warb für seine politischen Positionen im »Widerstand«, einer Zeitschrift für nationalrevolutionäre Politik, wo auch Ernst Jünger schrieb. Er teilte indessen nicht die kapitalismuskritischen Auffassungen und kann deshalb nicht als ein Nationalrevolutionär gelten. Niekisch bemühte sich darüber hinaus um eine »Querfront«, also ein Bündnis linker und rechter Gegner der Republik. Aufgrund ihrer ideologischen Differenzen kam es aber nicht zu einer festeren Kooperation und so isolierten sich die Nationalrevolutionäre um Niekisch. Dies galt auch für die Entwicklung einer späteren Strömung, die »Gruppe Sozialrevolutionärer Nationalisten«, die 1930 von dem Journalisten Karl Otto Paetel (1906–1975) gegründet wurde. Das gelegentliche Aufgreifen von als links geltenden Einstellungen in der Neuen Rechten leitet sich also mit daraus ab, dass sie an eine nationalbolschewistische beziehungsweise nationalrevolutionäre Ideologietradition anknüpfen möchte.

3.4 Akteure und Anhänger eines Euro-Faschismus

Auch Akteure eines Euro-Faschismus gehören zu den Klassikern mancher Neuer Rechter. Gemeint sind damit die Anhänger eines Denkens, die ein faschistisches Europa, aber kein großgermanisches Reich etablieren wollten. Insbesondere der Europabezug bildet hier ein wichtiges Unterscheidungsmerkmal. Ein bedeutsamer Akteur des Euro-Faschismus war der britische Faschist Oswald Mosley (1896–1980)[63], der zunächst Karriere in der Konservativen Partei und danach in der Labour Partei machen konnte. Allerdings scheiterte er zum Beispiel mit seinen wirtschaftspolitischen Absichten. Daraufhin gründete Mosley 1931 eine »New Party« und suchte nach neuen Perspektiven. Diese fand er im italienischen Faschismus und deutschen Nationalsozialismus. Daran angelehnt entstand die »British Union of Fascists«, die aber nie relevante Wahlerfolge erzielen konnte. Nach 1945 betätigte sich der weiterhin bekennende Euro-Faschist Mosley für rechtsextremistische Publikationsorgane, etwa das deutsche Monatsmagazin »Nation Europa«.

Ein weiterer Akteur eines intellektuellen Euro-Faschismus war Pierre Drieu la Rochelle (1893–1945)[64], ein bekannter französischer Schriftsteller der 1930er- und 1940er-Jahre. Mit zahlreichen Erzählungen, Essays, Gedichten, Romanen und Theaterstücken hinterließ er ein umfangreiches literarisches Werk. Darin offenbarte sich eine Neigung zum Dandytum mit dekadenten Komponenten, was auch die autobiografischen Züge der Romane vermittelten. Drieu la Rochelle näherte sich ab 1934 immer mehr dem Faschismus an, der aber in Frankreich keine relevante Strömung bilden konnte. Indessen prägte er sein späteres Verhalten. Denn nach 1940 arbeitete Drieu la Rochelle eng mit der deutschen Besatzungsmacht zusammen und gehörte damit zu den kulturellen Kollaborateuren. Zwar bestanden ideologische Gemeinsamkeiten mit dem Nationalsozialismus, aber in einem anderen inhaltlichen Verständnis. Dies zeigte sich bei Drieu la Rochelle in seinem Plädoyer für die faschistischen »Vereinigten Staaten von Europa«.

Als Beispiel für den Euro-Faschismus kann schließlich auch Julius Evola (1898–1974)[65] genannt werden. Er betätigte sich zunächst eher als Esoteriker und Künstler und erst später als Kulturphilosoph und Rassentheoretiker. Darüber hinaus bekannte Evola sich nicht distanzlos zum italienischen Faschismus, kritisierte er ihn doch sogar noch von weiter rechts. Diese Auffassung erklärt sich dadurch, dass er rigoros gegen die Moderne und für die Tradition eintrat. Eine cäsaristische Herrschaft wie im Römischen Reich sollte wiederbelebt werden. Diese Auffassung erklärt Buchtitel wie »Heidnischer Imperialismus« (1928), »Revolte gegen die moderne Welt« (1934), »Grundrisse der faschistischen Rassenlehre« (1941) oder »Den Tiger reiten« (1961).[66] Die Beschwörung des Kämpferischen und die Einforderung des Unbedingten waren auch nach 1945 ideologische Aspekte, die Zustimmung fanden. Denn die jungen militanten Neofaschisten sahen in Evola ein geistiges Vorbild. Diese besondere Aura erklärt auch, warum gegenwärtig einige Angehörige der Neuen Rechten von ihm fasziniert sind.

3.5 Konservative Nachkriegssoziologen

Zu den Klassikern der Neuen Rechten gehören ferner Soziologen, die aus der »Leipziger Schule« stammten und im Nachkriegsdeutschland breitere Bekanntheit hatten. Mit dieser Bezeichnung ging jedoch kein spezifisches Sozialwissenschaftsverständnis einher. Es handelte sich dabei um Hans Freyer (1887–1969)[67] und sein wissenschaftliches Umfeld, das an der Universität Leipzig wirkte. Freyer selbst stand in der Weimarer Republik der Konservativen Revolution nahe, hatte aber dort keine große Rolle als eigenständiger Denker gespielt. Nach 1933 konnte er aufgrund seiner politischen Anpassung akademische Karriere machen, war aber kein ideologischer Nationalsozialist und trat auch nicht der NSDAP bei. Gleichwohl legitimierte Freyer in seiner Schrift »Pallas Athene. Ethik des politischen Volkes« (1935)[68] eine diktatorische Herrschaft, wonach ein Führer durch Gewalt und Herrschaft den Willen des Volkes verkörpern müsse. Mit dieser allgemeinen Ausrichtung hat Freyer auch später nicht inhaltlich gebrochen oder sich von ihr selbstkritisch distanziert.

Zu Freyers Anhängern gehörte Arnold Gehlen (1904–1976)[69], der im Nachkriegsdeutschland einflussreichste konservative Soziologe. Bereits früh war er der NSDAP beigetreten, aber nie ein ideologisch überzeugter Nationalsozialist gewesen. Indessen legitimierten seine Auffassungen bereits damals eine diktatorische Herrschaft und konnten auch später in einem abgeschwächten Sinne so verstanden werden. Ausgangspunkt seiner Betrachtungen in seinem Hauptwerk »Der Mensch, seine Natur und seine Stellung in der Welt« (1940)[70] war ein Menschenbild, wonach »Institutionen« für »Mängelwesen« unabdingbar nötig seien. Ein solcher Bedarf an Institutionen besteht auch in einem demokratischen Verfassungsstaat. Doch haben Institutionen dort konstitutive Grenzen und können die Menschenrechte nicht negieren. Derartige Einschränkungen fanden sich in Gehlens entwickelter Institutionenlehre nicht, was ihre Diktaturkompatibilität sowohl für die NS-Zeit wie die Nachkriegszeit veranschaulicht.

Auch der nach 1949 einflussreiche Helmut Schelsky (1912–1984)[71] entstammte der »Leipziger Schule«. Er war bereits vor 1933 diversen NS-Organisationen beigetreten, versuchte später aber, dies als »Jugendsünden« zu entschuldigen. Schelsky prägte Begriffe, die in den 1950er- und 1960er-Jahren für das soziale Miteinander und dessen Verständnis wichtig wurden. Dazu gehörte etwa »skeptische Generation« für die Jugend oder »nivellierte Mittelstandsgesellschaft« für die Sozialstruktur. In Kollegenkreisen galt Schelsky seinerzeit als liberal und reformerisch. Indessen teilte er durchaus die Annahmen von Gehlen und dessen Institutionenlehre. Dezidiertere politische Äußerungen erfolgten erst in den 1970er-Jahren, wo etwa das Buch

»Die Arbeit tun die anderen. Klassenkampf und Priesterherrschaft der Intellektuellen« (1975)[72] erschien. Darin wurde eine vehemente Kritik an den damaligen Linksintellektuellen formuliert, die in Einklang stand mit Gehlens einflussreicher Schrift »Moral und Hypermoral« (1969)[73].

3.6 Nationalrevolutionäre Gruppen in den 1970er-Jahren

Anfang der 1970er-Jahre kam es im bundesdeutschen Rechtsextremismus zu einer nationalrevolutionären Renaissance.[74] Auch die gegenwärtige Neue Rechte bezieht sich heute teilweise auf diese vergessene Strömung. Um besser zu verstehen, um wen es hier geht, muss an einige der folgenden Ereignisse erinnert werden: Bereits Mitte der 1960er-Jahre entstanden nationalrevolutionäre Publikationsorgane wie etwa »Fragmente« oder »Junges Forum«. Darin deutete sich der inhaltliche Bruch mit dem traditionellen Rechtsextremismus an. Diese Entwicklung wurde jedoch zunächst nicht näher zur Kenntnis genommen, weil deren Akteure ihre politische Hoffnung auf die »Nationaldemokratische Partei Deutschlands« (NPD) und deren seinerzeitige Wahlerfolge setzen. Als die NPD 1969 aber nicht in den Bundestag einziehen konnte und innere Konflikte ausbrachen, strebten jüngere rechte Intellektuelle eine Neuorientierung an. Damit ging die Forderung einher: »Von der Linken lernen.«[75] Dieser Aufruf, der in der bedeutsamen rechtsextremistischen Monatszeitschrift »Nation Europa« erschien, bildete für die nationalrevolutionäre Renaissance den eigentlichen Startschuss.

Bereits zuvor gab es eigenständige Basisgruppen in den unterschiedlichsten Regionen, aber ohne intensivere Vernetzung. Aus ihnen entstand 1972 eine »Nationalrevolutionäre Aufbauorganisation«, die einen Formierungsprozess einschlägiger Protagonisten vorantreiben wollte. Bald gab es aber inhaltliche und strategische Konflikte. Dabei ging es mal um das Bild der Bundesrepublik, mal um die Einstellung zum Irlandkonflikt, mal um das Kadermodell als Organisationsprinzip, mal um Positionen in der Wirtschaftspolitik. Bezogen auf den letztgenannten Aspekt entstanden ein »solidaristischer« und ein »sozialistischer« Flügel, wodurch es bereits früh zu einer organisatorischen Spaltung kam. Die Erstgenannten gründeten 1974 die »Solidaristische Volksbewegung«, die Letztgenannten die »Sache des Volkes/Nationalevolutionäre Aufbauorganisation«. Aber auch in diesen neuen Gruppen brachen wieder interne Konflikte aus, welche die politische Entwicklung blockierten und zum organisatorischen Scheitern führten.

Folglich setzte ein Erosionsprozess in der zweiten Hälfte der 1970er-Jahre ein, der dann zur Auflösung dieser Gruppen führte. Ohnehin hatten ihnen wohl nie mehr als rund tausend Personen angehört. Als organisatorische Akteure konnten sie keine relevante Bedeutung entfalten. Allerdings fanden ihre ideologischen Ansätze und Neuorientierungen durchaus Resonanz, so etwa beim »Ethnopluralismus«, was bis in die Gegenwart gilt. Gerade die Deutungen zu »ethnischer Identität« sollten selbst im traditionellen Rechtsextremismus ihre Wirkung entfalten. Auch die angebliche Distanz zum biologistischen »Rassismus«-Verständnis ließ dies erkennen, wofür aber eher publizistische Arbeiten und weniger organisatorische Entwicklungen relevant waren. Bedeutung kam hier der 1979 gegründeten Zeitschrift »Wir selbst« zu, die ebenso eine »patriotische Linke« ansprechen wollte.[76] Dies gelang ihr aber kaum. 2002 wurden der Druck eingestellt und die Nationalrevolutionäre zu einem historischen Thema.

3.7 Exponenten der frühen französischen Neuen Rechten

Für die deutsche Neue Rechte war und ist die französische Neue Rechte ideologisch, organisatorisch und strategisch prägend. Insbesondere Alain de Benoist kam in den 1970er- und 1980er-Jahren mit seinen politischen Publikationen hohe Relevanz zu, was noch durch die gesonderte Darstellung seiner Person weiter unten hervorgehoben werden soll. Darüber hinaus war indirekt ein anderer früher Exponent der französischen Neuen Rechten wichtig: der Aktivist und Publizist Dominique Venner (1925-2013).[77] Er entstammte einer faschistisch orientierten Familie, die mit den deutschen Besatzern kollaboriert hatte, womit Venners ideologische Orientierung früh erkennbar war. Für den Algerienkrieg meldete sich Venner freiwillig, er wollte für die Beibehaltung der Kolonie streiten und konnte später nie akzeptieren, dass Algerien seine Selbstständigkeit erlangte. Dabei richtete sich Venners Engagement gegen die französische Regierung, die eben diese Entkolonialisierung akzeptiert hatte und von ihm sogar mit terroristischen Methoden bekämpft wurde.

Dies führte zu einer knapp zweijährigen Haftstrafe. Danach wandte er sich von gewalttätigen Aktionen ab und dem organisatorischen und publizistischen Wirken zu. Ein erster Ausdruck dessen war die Schrift »Für eine positive Kritik« von 1962, die noch gesondert thematisiert werden soll. Venner gründete unterschiedlichste Organisationen und Publikationsorgane. Meist existierten sie nur für wenige Jahre und zogen jüngere Rechtsextremisten an. Aus ihnen ging die frühe französische Neue Rechte hervor, die folglich eine reformierte Fortsetzung des traditionellen Rechtsextremismus war. Benoist und Venner kooperierten kurze Zeit. Ab dem Beginn der 1970er-Jahre zog sich Venner jedoch aus der Politik zurück und schrieb fortan über historische Themen. Noch einmal machte er 2013 öffentlich auf sich aufmerksam: In der Kathedrale von Notre Dame in Paris verübte er Selbstmord, der mit politischen Äußerungen verbunden war.

Bedeutsam für die Neue Rechte war die erwähnte Schrift »Für eine positive Kritik«, die als strategisches Hauptwerk und damit als politischer Nachlass von Venner gilt. Darin differenzierte er gemäßigte »Nationale« und revolutionäre »Nationalisten«, wobei aus den Einwänden gegen die Erstgenannten die für die Letztgenannten relevanten Spezifika deutlich wurden: Man müsse mit eigenen Ideen den politischen Kampf führen und dafür eine neue Organisation ins Leben rufen. Gleichwohl würde es keine spontane Revolution geben können, vielmehr solle diese durch ein revolutionäres Bewusstsein geistig vorbereitet werden. Der revolutionäre Kampf sei in erster Linie ein psychologischer. »Ohne revolutionäre Doktrin ist eine Revolution unmöglich!« Diese müsse gegen Liberalismus und Marxismus gerichtet sein. Auch die Demokratie wurde offen abgelehnt, sie sei das neue Opium für das Volk. Auf der Grundlage eines neuen Nationalismus sollten dezentrale Strukturen entstehen, als nachahmenswerte Beispiele für die breite Masse.[78]

3.8 Einzelne Intellektuelle mit spezifischer Orientierung

Relevant sind hier noch einzelne Intellektuelle mit spezifischer Orientierung. Dabei geht es um drei Personen, die formal viele Unterschiede aufweisen. Sie finden lediglich deshalb eine gemeinsame Erwähnung, da sie für die Neue Rechte bedeutsame geistige Vorbilder sind. Die beiden ersten Personen waren bekannte Schriftsteller, die aber noch mehr durch ihr politisches Engagement auf sich aufmerksam machten. Gemeint ist zunächst Ezra Pound (1885–1972)[79], der im 20. Jahrhundert einer der bedeutendsten Lyriker der USA war. Sein »The Cantos« gilt als Klassiker für die literarische Moderne. Nach längeren Aufenthalten in England und Frankreich zog Pound Mitte der 1920er-Jahre nach Italien, wo er zu einem Mussolini-Sympathisanten wurde. Pound blieb auch während des Zweiten Weltkriegs dort. Für den italienischen Faschismus warb er in hetzerischen Radioansprachen, die von einem rassistischen und sozioökonomischen Antisemitismus durchdrungen waren. Auch nach 1945 distanzierte er sich nicht davon.

Der zweite literarische Autor war der japanische Schriftsteller Mishima Yukio (1925–1970)[80], der bis in die Gegenwart hinein mit unterschiedlichen Werken hohe Wertschätzung genießt. Beachtenswert sind seine politischen Aktivitäten, denn er entwickelte sich zu einem fanatischen Nationalisten. Sein Heimatland Japan sollte nach Mishimas Willen keine westlichen Wertvorstellungen übernehmen. Er lehnte alle derartigen Neuerungen ab, um eine autoritäre traditionellen Kaiserherrschaft zu verteidigen. Dabei radikalisierten sich die Auffassungen von Mishima immer mehr: Fotos zeigten ihn als Krieger mit Schwert, gleichzeitig gründete er kleine paramilitärische Einheiten. Mit vier Aktivisten initiierte Mishima einen Putschversuch, der mangels Akzeptanz im Militär kläglich scheiterte. Daraufhin beging er einen ritualisierten Selbstmord. Gerade sein Fanatismus und seine Opferbereitschaft hatten Wirkungen und erklären seine Attraktivität bei einigen Exponenten der Neuen Rechten.

Schließlich sei auf den französischen politischen Publizisten Georges Sorel (1847–1922)[81] verwiesen, der im Laufe seines Lebens die unterschiedlichsten Positionen einnahm. Er bekannte sich mal zum Anarchismus und mal zum Marxismus, ebenso mal zum Konservativismus und mal zum Faschismus. Nahezu gleichzeitig wurden Lenin und Mussolini von Sorel geschätzt. Insofern lässt er sich keiner bestimmten politischen Richtung zuordnen. Es gab indessen eine durchgängige gemeinsame Konstante in all diesen ideologischen Phasen: die Ablehnung der parlamentarischen Demokratie und des politischen Liberalismus. Diese Grundauffassung erklärt, warum sich Linksextremisten wie Rechtsextremisten mitunter auf Sorel stützen. Der besondere ideologische Aspekt dabei ist häufig die Berufung auf Mythen, die stärker als rationale Argumente das gesellschaftliche Engagement prägen würden. Auch Sorel waren demnach kämpferische Wertvorstellungen wichtig: Glaube, Heroismus, Mut, Opferbereitschaft oder Siegeszuversicht.

3.9 Art und Intensität der Rezeption der Vorbilder

Die vorstehenden Ausführungen behandelten nur einen Teil der für die Neue Rechte relevanten geistigen Vorbilder. Es könnten noch andere genannt werden, so die reaktionären Denker der Gegenaufklärung nach der Französischen Revolution. Doch das würde den Rahmen dieser Darstellung sprengen. Wichtiger ist die Frage, wie die geistigen Vorbilder konkret rezipiert wurden. Denn ihre bloße Auflistung mag Fehleinschätzungen auslösen, was einige inhaltliche Klarstellungen zu ihrer konkreten Wahrnehmung nötig macht. Die Art und Intensität der Rezeption dieser Vorbilder ist unterschiedlich. Dabei geht es nicht nur um die individuellen Leser in der Neuen Rechten, sondern auch um die Ernsthaftigkeit und Tiefe, mit der die Texte wahrgenommen und verstanden wurden. Als Grundsatzaussage darf man feststellen: Keineswegs kennen alle Intellektuellen der Neuen Rechten die Werke der erwähnten Vorbilder, möglicherweise sind ihnen noch nicht einmal einzelne Namen bekannt.

Diese Einschätzung bezieht sich nicht auf die vorgestellten Exponenten der Konservativen Revolution, die das hauptsächliche Fundament zur ideologischen Selbstverortung der heutigen Neuen Rechten darstellen. Aber auch hier gilt, dass es Akteure gibt, die sich tiefgründiger mit den genannten Schriften beschäftigt haben, und solche, die das eher oberflächlicher getan haben. In die letztgenannte Kategorie gehört Götz Kubitschek, in die erstgenannte Kategorie Karlheinz Weißmann. Dabei handelt es sich um zwei Leitfiguren der Neuen Rechten, worauf im Folgenden noch genauer eingegangen werden wird. In der Gesamtschau muss die Klassikerrezeption daher relativiert werden. Dies räumte auch der Chefredakteur der »Jungen Freiheit« Dieter Stein einmal ein: Zwar gebe es eine Berufung auf Antonio Gramsci zur »Kulturrevolution«-Strategie, es könne indessen nicht von einer näheren Auseinandersetzung mit seinen Schriften ausgegangen werden. Stein nahm an, dass sich niemand, weder in der »Jungen Freiheit« noch anderswo mit dieser Idee je tiefschürfender beschäftigt habe.[82]

Diese Bewertung kann auf viele Exponenten der Neuen Rechten und deren Rezeption geistiger Vorbilder übertragen werden. Auch wenn es Ausnahmen gibt, lässt sich doch häufig ein bloßes Schlagwortverständnis konstatieren. Da wird ein politischer Begriff in Kombination mit einem bedeutsamen Namen verbunden, um so im eigenen politischen Lager wie in der öffentlichen Wahrnehmung intellektueller zu wirken. Es bestehen jedoch gewisse Ausnahmen von dieser allgemeinen Regel. Bei den Akteuren der Neuen Rechten fällt immer wieder auf, dass sie einen instrumentellen

Bezug zur Deutung geistiger Vorbilder haben. Demnach geht es ihnen nicht primär darum, was diese Klassiker gemeint haben, sondern darum, was sie daraus für ihre Praxis ableiten können. Hierbei blendet man widersprüchliche Bestandteile aus den jeweiligen Werken aus. Denn es geht bei der Berufung auf die oben genannten Klassiker um den politischen Nutzen, nicht um eine von differenzierter Fachkenntnis geprägte wissenschaftliche Rezeption.

3.10 Demokratietheoretische Einschätzung der Vorbilder

Aus der Berufung der Neuen Rechte auf die erwähnten Denker ergeben sich Rückschlüsse darauf, wie die gegenwärtigen rechten Intellektuellen demokratietheoretisch hinsichtlich ihrer Positionen und ihres Wirkens eingeordnet werden können. Denn unabhängig von der Frage, wie intensiv die Auseinandersetzung mit den Schriften erfolgte, erlaubt schon ihre bloße namentliche Nennung solche Zuordnungen. Anders und einfacher formuliert: Sage mir, auf wen du dich berufst, und ich sage dir, wo du stehst. Und hier lässt sich in der Gesamtschau konstatieren: Es gibt kaum bedeutsame Denker als Vorbilder, die als Anhänger einer modernen Demokratie und offenen Gesellschaft beziehungsweise der Normen und Regeln eines demokratischen Verfassungsstaates gelten. Allenfalls mag dies auf einige der erwähnten Nachkriegssoziologen zutreffen, und auch dies nur in Teilen, sofern sie sich zu einem demokratischen Konservativismus hin entwickelten. Ansonsten hat man es durchgängig mit Anhängern autoritärer und diktatorischer Politikkonzeptionen zu tun.[83]

Dies konnte man bereits bei den erwähnten Denkern der Jungkonservativen beziehungsweise der Konservativen Revolution konstatieren, wobei es sich bei ihnen um konstitutive und primäre Vorbilder für die Neue Rechte handelt. Ihre politischen Forderungen richteten sich nicht nur gegen angebliche oder tatsächliche Missstände und Widersprüche, ihnen ging es um eine fundamentale Frontstellung gegen den Geist und die Institutionen der Weimarer Republik. Sie befürworteten eine Diktatur. Bei diesem grundsätzlichen Konsens gab es allenfalls marginale Unterschiede, wobei mal bloßer Eliteherrschaft und mal Herrschaft mit erkennbarer Massenakzeptanz der Vorzug gegeben wurde. Aufklärung und Individualismus, Menschenrechte und Pluralismus wurden in diesem Zusammenhang abgelehnt.

Auch die übrigen genannten Klassiker dürften nicht allen Neuen Rechten bekannt sein. Ihre jeweilige Akzeptanz ist von den konkreten Prägungen abhängig, und diese erfahren die Intellektuellen bei ihrer individuellen Politisierung. Aus einzelnen Bestandteilen des Gedankengutes der Klassiker entstand dann das, was ihre eigene ideologische Ausrichtung und eigenen jeweiligen Schwerpunkte ausmacht. So übten die Denker des Euro-Faschismus eine gewisse Faszination auf manche Neue Rechte aus. Dies lässt sich – zumindest in offener Form – jedoch nicht bei allen ihren Repräsentanten erkennen, hat doch ein direktes Bekenntnis zum Faschismus meist einen unerwünschten öffentlichen Imageverlust zur Folge. Bei den Denkern der Gegenaufklärung und Reaktion wiederum sind nicht deren Systemalternativen von Interesse, denn die erneute Etablierung einer Monarchie ist für die Neue Rechte kein Ziel. Dafür wird von diesen reaktionären Klassikern die antiaufklärerische Dimension und die Fixierung auf bloße Entscheidungsgewalt für das eigene Politikverständnis übernommen.[84]

4 AKTEURE DER GEGENWÄRTIGEN NEUEN RECHTEN

Nach der oben entwickelten Definition geht es bei der Neuen Rechten um einen intellektuellen Personenkreis, der neben konstitutiven Gemeinsamkeiten auch Unterschiede aufweist. Wichtige Akteure sollen hinsichtlich ihrer Entwicklung und Positionen dargestellt und eingeschätzt werden. Es handelt sich dabei um Armin Mohler als Leitfigur der Neuen Rechten (4.1), Günter Maschke als Epigone von Carl Schmitt (4.2), Alain de Benoist als französischer Vordenker (4.3), Karlheinz Weißmann als Publizist und Theoretiker (4.4), Götz Kubitschek als Organisator und Stratege (4.5), Thor von Waldstein als Jurist und Schmittianer (4.6), Martin Lichtmesz als Publizist und Übersetzer (4.7), Benedikt Kaiser mit seiner »Produktpiraterie« linker Strategien (4.8) und Daniel Engels als Althistoriker und Spengler-Verehrer (4.9). Im abschließenden Vergleich (4.10) geht es darum, die Herkünfte, Positionen und Schriften komparativ zu verorten. Auch hier gilt es zu berücksichtigen, dass eine pauschale Gleichsetzung unangemessen ist.

4.1 Armin Mohler: Leitfigur der Neuen Rechten

Eine herausragende Leitfigur war Armin Mohler (1920–2003)[85] für die deutsche Neue Rechte: Er machte der Denkschule die Konservative Revolution bekannt, prägte deren Ideologie durch eigene Schriften und bot ihren Protagonisten immer wieder Publikationsmöglichkeiten. Der 1920 in Basel Geborene war durch die Lektüre von Ernst Jünger und Oswald Spengler zum Anhänger von Ideen der Konservativen Revolution geworden. 1942 desertierte er vor der Einberufung zur Schweizer Armee, um Soldat der Waffen-SS zu werden. Im NS-Deutschland durchlief Mohler zwar verschiedene Schulungen, wurde aber als Kriegsteilnehmer nicht akzeptiert. Nach der Rückkehr in die Schweiz verurteilte man ihn zu einem Jahr Festungshaft. Danach setzte Mohler sein Kunstgeschichts- und Philosophiestudium fort. 1949 wurde er mit der Arbeit »Die Konservative Revolution in Deutschland 1918–1932« promoviert. Dabei handelte es sich aber eher um eine beschreibende Materialsammlung, weniger um eine wissenschaftliche Untersuchung.

Gleichwohl hatte Mohler sich durch die Auseinandersetzung mit den einschlägigen Publikationen in diese Richtung selbst ideologisiert und politisiert. Es war daher kein Zufall, dass er von 1949 bis 1953 als Privatsekretär von Ernst Jünger arbeitete. Danach ging Mohler als Journalist nach Paris und berichtete sowohl für »Die Tat« wie »Die Zeit«. Nach der Rückkehr nach Deutschland fand er 1961 eine Anstellung bei der Carl Friedrich von Siemens Stiftung und wurde 1964 deren Geschäftsführer. Nebenher habilitierte Mohler sich in Politikwissenschaft. Seit 1970 gehörte er zu den bedeutendsten Autoren von »Criticon«, einem konservativen Theorieorgan, worin auch das Ideengut der Konservativen Revolution für die Gegenwart aufgearbeitet wurde. Durch dieses Engagement entstand um Mohler ein Netzwerk von Publizisten, dem *noch* demokratische wie *schon* extremistische Konservative angehörten. Ihnen ermöglichte Mohler auch in anderen Kontexten eine Kooperation, womit deren politische Wirkungsmöglichkeiten erhöht wurden.

Mohler, der eine Fülle von Artikeln und Büchern veröffentlichte, hielt sich darin mit eindeutig extremistischen Positionen eher zurück. Angesichts seiner Anlehnung an das Ideengut der Konservativen Revolution wurde aber seine politische Position offenkundig, konnte damit doch schwerlich die Akzeptanz einer modernen Demokratie und offenen Gesellschaft einhergehen. In aller Deutlichkeit zeigte sich dies in einem Interview mit der »Leipziger Volkszeitung« 1995, worin folgende Antwort auf die Frage, ob er Faschist sei, kam: »Ja, im Sinne von José Antonio Primo de Rivera.«[86] Auch wenn Mohler gelegentlich positive Kommentare über die Kader und den Stil der Nationalsozialisten von sich gab, war er kein ideologischer Nationalsozialist. Dafür sprachen auch nicht die mitunter in den Bereich der Holocaust-Leugnung gehenden Bemerkungen in den letzten Lebensjahren. Denn Mohler bekannte sich durchgängig zu den Grundauffassungen der deutschen Jungkonservativen der Weimarer Republik. Den Nationalsozialismus relativierte er, ohne ihn zu verteidigen.

4.2 Günter Maschke: Epigone von Carl Schmitt

Ein eher individualistischer Akteur war Günter Maschke (1943–2022)[87] für die Neue Rechte, was mit seiner Fixierung auf die Publikationen des Staatsrechtlers Carl Schmitt zusammenhängt. Als weitere Besonderheit im biografisch-politischen Sinne kann gelten, dass er sich von einem Anhänger der extremistischen Linken zu einem der extremistischen Rechten entwickelte. Bereits seit Anfang der 1960er-Jahre agierte Maschke in kommunistischen Zusammenhängen, womit hier die von der DDR gesteuerte illegale »Kommunistische Partei Deutschlands« (KPD) und ihr politisches Umfeld gemeint sind. Er betätigte sich auch früh im »Sozialistischen Deutschen Studentenbund« (SDS), der für die Achtundsechziger Bewegung zu einer organisatorischen Basis werden sollte. Die damit einhergehenden Ereignisse konnte Maschke indessen nicht vor Ort wahrnehmen. Da er seinen Bundeswehrdienst wie den Zivildienst nicht antreten wollte, floh Maschke nach Österreich, um einer anstehenden Verhaftung zu entgehen. Dort kam es jedoch 1967 zu seiner Festnahme.

Erneut gelang ihm die Flucht, diesmal nach Kuba. Hier lebte Maschke zwischen 1968 und 1969. Allerdings kritisierte Maschke auch offen die dortigen politischen Zustände. Dies führte wiederum zu seiner Ausweisung aus Kuba, woraufhin er in Deutschland wegen Fahnenflucht eine einjährige Haftstrafe verbüßen musste. Die mit diesen Erfahrungen verbundenen Reflexionen bewirkten, dass Maschke sich von einer linken hin zu einer rechten Orientierung entwickelte. Dabei scheint die intensive Lektüre von Carl Schmitt mit zu einem anderen Weltbild geführt zu haben. Denn fortan positionierte sich Maschke immer stärker auf der rechten politischen Seite. Davon zeugten in den folgenden Jahren auch die Orte seiner Publikationen: »Criticon«, »Etappe«, »Junge Freiheit« oder »Staatsbriefe«. Er hatte sich damit hin zu einem extremistischen Konservativismus entwickelt, was auch sein damaliger Bruch mit der »Frankfurter Allgemeinen Zeitung« veranschaulichte.

Maschke positionierte sich deutlich in diesem Sinne. Auf die Frage: »Sind sie ein Verfassungsfeind, Herr Maschke?«, antwortete er etwa der »Jungen Freiheit«: »Ja. Denn das Grundgesetz ist halb Oktroi, halb ein Produkt von Kollaborateuren der Sieger.«[88] Mit dieser Ausrichtung setzte Maschke dann seine Carl-Schmitt-Studien fort. In gelegentlichen Artikeln, Aufsätzen und Interviews warb er für dessen Politik- und Staatsverständnis. Darüber hinaus gab Maschke einige von Schmitts früheren Veröffentlichungen heraus, wozu auch zwischen 1933 und 1945 entstandene Texte zählten.[89] Zwar fehlten bedeutsame Beiträge des Staatsrechtlers wohl nicht zufällig, es wurde aber auch dessen damalige Legitimation totalitärer Politik dokumentiert. Eine kritische Auseinandersetzung damit betrieb Maschke nicht, hob er doch allenfalls in Detailfragen bestimmte Differenzen zum Nationalsozialismus hervor. Trotz dieser einseitigen Fixierung auf Schmitt, war und ist Maschke für die Neue Rechte relevant. Denn er verwies diese immer wieder auf ihren eigentlichen Klassiker.

4.3 Alain de Benoist: der französische Vordenker

Der bereits mehrfach erwähnte französische Autor Alain de Benoist (Jg. 1943)[90] ist für die deutsche Neue Rechte von besonderer Relevanz. Diese Einschätzung gilt sowohl für die ideologische wie die strategische Orientierung, denn er warb für eine Ausrichtung an den oben genannten Denkern wie an der »Kulturrevolution von rechts«-Option. Benoist bewegte sich bereits seit Ende der 1950er-Jahre im traditionellen Rechtsextremismus, wozu auch damals gewaltorientierte Jugendgruppen zählten. Die um den Algerienkrieg kreisenden Debatten boten die dafür relevanten Themen. In den 1960er-Jahren brach Benoist mit der auch von ihm so genannten »alten Rechten« und warf ihr Desinteresse an politischer Ideologie und eine Fixierung auf überholte Wertvorstellungen vor. Damit einhergehende Gemeinsamkeiten führten dann zu organisatorischen Kooperationen mit dem erwähnten Dominique Venner. 1968 gründeten sie den »Groupement de recherche et d'études pour la civilisation européenne« (GRECE).

Die Bezeichnung dieser Denkfabrik lautete übersetzt: »Forschungs- und Studiengruppe für die europäische Zivilisation«, womit die politische Ausrichtung dieser Einrichtung weder formal noch inhaltlich erkennbar war. Deutlich zeigte sich aber, dass das ganze Europa – und nicht mehr nur einzelne Nationalstaaten – wichtig war und dass der Schwerpunkt der Tätigkeiten in der Theoriearbeit bestehen sollte. Die intellektuellen Aktivisten des GRECE organisierten ab den 1970er-Jahren diverse Konferenzen und gaben unterschiedliche Publikationsorgane heraus. Bedeutsam sollten dabei »Élements« (»Elemente«) und »Nouvelle École« (»Neue Schule«) werden, womit man sich ganz bewusst einen akademischen und intellektuellen Anstrich gab und auch über kulturelle Fragen insbesondere ein akademisch gebildetes Publikum ansprechen wollte. Benoist legte darüber hinaus eine Fülle von Monografien vor, worin er für seine Ideen und Vorbilder warb. Letzteres gilt etwa für die zahlreichen Porträts in den beiden Sammelbänden »Aus rechter Sicht«.[91]

Die Auffassungen von Benoist verfügen über eine inhaltliche Struktur, womit sie auf folgende Grundpositionen hin zugespitzt werden können: Das Gleichheitsideal bilde den ideologischen Feind, was sowohl die Ablehnung von Christentum, Liberalismus und Sozialismus nötig mache. Bestehende Gemeinschaften würden durch ausgeprägten Individualismus zerstört. Um dieser Gefahr zu begegnen, sei ein Festhalten an entwickelten Kulturen und Nationen nötig. Indessen behauptete Benoist keine diesbezüglichen Wertigkeiten, distanzierte er sich doch bezogen auf die Nationen vom Rassismus, plädierte aber für deren Leben in getrennten Räumen. Ab den 2000er-Jahren verstärkten sich kapitalismuskritische und ökologische Positionen.[92] Indessen hatte sich Benoist nicht im ideologischen Sinne nach links orientiert, deutete er doch die angesprochenen Entwicklungen nur entsprechend seiner Weltanschauung. Dies offenbarte sich etwa dann, wenn Benoist seine Distanz zu den Menschenrechten hervorhob.[93] In ihnen sah er nach wie vor Gefahren für Gemeinschaften.

4.4 Karlheinz Weißmann: Publizist und Theoretiker

Karlheinz Weißmann (Jg. 1959)[94] gilt als bedeutender Publizist und Theoretiker der gegenwärtigen deutschen Neuen Rechten und schrieb zahlreiche Artikel und Bücher über unterschiedlichste Themen. Dazu gehören Beiträge zu ideologischen Fragen und strategischen Optionen. Insofern kommt ihm besondere Relevanz für die Neue Rechte zu, zumal er in deren früheren wie neueren Publikationsorganen häufig präsent war und ist. Dazu gehören »Criticon« und »Sezession«, »Cato« und die »Junge Freiheit«, die noch jeweils gesondert dargestellt und eingeschätzt werden. Weißmann studierte Evangelische Theologie und Geschichte und arbeitete in beiden Fächern als Gymnasiallehrer. Danach wurde er mit einer eher beschreibenden Arbeit über die Symbolik der politischen Rechten promoviert. Als Angehöriger der »Deutschen Gildenschaft«, einer studentischen Korporation mit nationalistischer Orientierung, kam er aus den gleichen Kontexten wie andere bedeutsame Neue Rechte. Für eine festere politische Organisation wie etwa eine Partei engagierte sich Weißmann aber nicht.

Blickt man in seine Artikel und Bücher, so fällt eine ambivalent deutbare Positionierung auf. Da eher gemäßigt wirkende Formulierungen dominieren, stellte sich die Frage, worin der ideologische Standort von Weißmann zu sehen ist. In einem Interviewband nahm er dazu klar Stellung. Auf die Anmerkung »Sind unter den Fraktionen der Konservativen Revolution die Jungkonservativen der konstruktive Teil? In deren Tradition sehen sie sich doch, nicht wahr?«, reagierte er mit den Worten: »Ja, das stimmt.«[95] Angesichts der behandelten Auffassungen der Jungkonservativen beziehungsweise der Konservativen Revolution lässt sich eine solche Position wohl schwerlich in einem noch demokratisch-konservativen Sinne verorten. Jedoch findet man eher selten eindeutige Bekundungen bei ihm, welche in die gemeinte politische Richtung gehen. Die Gründe dafür dürften in persönlichen und politischen Rücksichtnahmen zu sehen sein, geht Weißmann doch von einer längerfristig angelegten Zielsetzung aus. Dies erklärt mit, warum ihm »Geduld« und »Mimikry« in der Strategie so wichtig sind.

Besondere Bedeutung kommt einigen Monografien von Weißmann zu. Dazu gehörte auch das Buch »Rückruf in die Geschichte« von 1992[96], worin die damalige deutschlandpolitische Entwicklung in einem nationalistischen Sinne interpretiert wurde. Demnach bedeutete die alte Bundesrepublik Deutschland einen Bruch mit der Geschichte, der durch die Negierung der politischen Westbindung wieder überwunden werden könnte. Bekanntlich erfüllten sich die damit verbundenen Hoffnungen nicht. Gleichwohl wurde hier die politische Option von Weißmann überaus deutlich. Im Jahr 2000 war er einer der Mitbegründer des »Instituts für Staatspolitik«, brach aber mit dessen Akteuren aufgrund von strategischen Differenzen. Darüber hinaus wirkt Weißmann als Stammautor in der »Jungen Freiheit« und lässt seine Bücher in deren Verlag erscheinen. Außerdem kommt ihm als Autor des »Cato«-Magazins noch besondere Relevanz zu. Und schließlich ist er in der AfD-nahen »Desiderius-Erasmus-Stiftung« im Kuratorium tätig, was aktuell für die parteipolitische Nähe seiner Person steht.

4.5 Götz Kubitschek: Organisator und Stratege

Götz Kubitschek (Jg. 1970)[97] ist für die Neue Rechte als Organisator und Stratege relevant, hat man es doch mit der bedeutsamsten Figur des »Instituts für Staatspolitik« (IfS) und der Zeitschrift »Sezession« zu tun. Nach dem Abitur studierte er Germanistik, Geografie und Philosophie, eine ungewöhnliche Fächerkombination für Intellektuelle aus dem rechten politischen Lager. Kubitschek gehörte in jenen Jahren der »Deutschen Gildenschaft« an, worin eine Gemeinsamkeit mit Weißmann zu sehen ist. Er hatte dabei auch eine Führungsfunktion inne, war somit nicht nur einfaches Mitglied. In den 1990er-Jahren arbeitete Kubitschek als Redakteur für die »Junge Freiheit«, die sich seinerzeit noch offen zur Konservativen Revolution der Weimarer Republik bekannte. Die damalige Bedeutung von Kubitschek für die »Junge Freiheit« ist auch daran erkennbar, dass er Herausgeber einer Jubiläumsschrift anlässlich des zwanzigjährigen Bestehens der Zeitung war.[98] Ab 2000 ging Kubitschek aber mit dem IfS eigene organisatorische und publizistische Wege.

Er gründete diese private Einrichtung noch mit Weißmann zusammen und kooperierte mit ihm und der »Jungen Freiheit«. Später kam es indessen zum Bruch über strategische Fragen, was noch einer gesonderten Darstellung und Einschätzung bedarf. Kubitschek gründete mit der »Sezession« ein Theorieorgan und mit der »Edition Antaios« einen eigenen Verlag. Dort sollten fortan die wichtigsten Beiträge von Denkern der Neuen Rechten erscheinen. Auch wenn Kubitschek selbst immer wieder Texte schrieb, wirkte er weniger als Denker und Theoretiker, sondern mehr als Organisator und Stratege. Seine Artikel und Bücher waren geprägt von pathetischem Gehabe und beschworen eine kämpferische Haltung des Nonkonformismus und Widerstandes. Dafür steht beispielhaft folgender Klappentext auf einem Sammelband mit eigenen Texten: »Wir sind Rechtsintellektuelle. Wir sind Akteure, wir haben Einfluß. Wir tragen Verantwortung und sind auf schmalem Grat unterwegs. Das ist riskant. Aber er muß gewagt werden, dieser Gang.«[99]

Die Bedeutung von Kubitschek als Organisator ist in vielfältiger Weise erkennbar. Er gründete das Institut, das Theorieorgan und den Verlag, womit bedeutsame Foren für die Neue Rechte entstanden. Dann initiierte er 2007 auch eine »Konservativ-Subversive Aktion«, die mit provokativen Aktionen öffentlich wirken wollte, oder das Netzwerk »Ein Prozent für unser Land«, womit Initiativen aus dem neueren Rechtsextremismus gefördert werden sollten. Auch die »Identitäre Bewegung« wurde von Kubitschek unterstützt, beeinflusste er doch deren ideologische Ausrichtung und initiierte über das IfS ideologische Schulungen. Kubitschek war ebenfalls Redner auf »Legida«- und »Pegida«-Veranstaltungen, womit er den Anschluss an diese fremdenfeindlichen Protestbewegungen suchte. Bereits früh bemühte sich Kubitschek um eine Mitgliedschaft in der AfD, was ihm in der gemäßigten Anfangsphase der Partei verweigert wurde. Indessen nimmt er über seine persönlichen Kontakte zu Björn Höcke auch ohne formale Mitgliedschaft großen politischen Einfluss auf sie.

4.6 Thor von Waldstein: Jurist und Schmittianer

Bezogen auf den folgenden Akteur der Neuen Rechten muss zunächst betont werden, dass es sich bei dem Namen um kein Pseudonym handelt. Es geht um den Juristen und Schmittianer Thor von Waldstein (Jg. 1959)[100], der in unterschiedlicher Hinsicht aus dem traditionellen Rechtsextremismus kommt. Dies gilt bereits für den familiären Hintergrund, denn ein hochrangiger NPD-Funktionär namens Sigwalt von Waldstein war sein Vater. Der Sohn Thor engagierte sich von Jugend an in dem gleichen politischen Umfeld. Auch er nahm dort zumindest in einem Fall eine hochrangige Funktion ein: zwischen 1979 und 1982 als Bundesvorsitzender des »Nationaldemokratischen Hochschulbundes« (NHB), eine der NPD nahestehenden Vorfeldorganisation. Darüber hinaus kandidierte Thor von Waldstein erfolglos für die NPD zu den Europawahlen 1984. Auch schrieb er kontinuierlich für einschlägige Publikationsorgane des traditionellen Rechtsextremismus, wozu etwa »Deutschland in Geschichte und Gegenwart« oder »Nation und Europa« zählten.

Nach dem Abitur begann er gleich in mehreren Fächern ein Studium, das sowohl für Jura wie für Politikwissenschaft mit einer Promotion abgeschlossen wurde. Die Dissertation im letztgenannten Fach erfolgte über »Die Pluralismuskritik in der Staatslehre von Carl Schmitt«, 1989 bei dem Bochumer Politikwissenschaftler Bernard Willms eingereicht. Dieser gehörte zu den angesehenen Experten der Politischen Theorie, hatte sich aber zu einem deutschen Nationalisten mit scharfen Positionen entwickelt. Die juristische Dissertation erfolgte über »Das Verklarungsverfahren im Binnenschiffahrtsrecht« 1992. Auf damit zusammenhängende Rechtsfragen hatte sich von Waldstein spezialisiert und arbeitet als Fachanwalt für Schifffahrtsrecht. Er schrieb dazu ein juristisches Grundlagenwerk, was ihn zu einem Experten in diesem Nischenbereich machte. Als Anwalt verteidigte von Waldstein aber auch bekannte Rechtsextremisten, wozu etwa der Verleger Wigbert Grabert, der Holocaust-Leugner Fred Leuchter oder der Publizist Hans-Dietrich Sander zählten.

Sander gab mit den »Staatsbriefen« eine Theoriezeitschrift heraus, in der von Waldstein in den 1990er-Jahren regelmäßig publizierte. Er wandte sich nun auch von einem parteipolitischen Engagement ab und näherte sich dem rechtsextremistischen Intellektuellenspektrum an. Mit der Berufung auf den Staatsrechtler Carl Schmitt fand von Waldstein dort auch politische Zustimmung. So referierte er häufiger im »Institut für Staatspolitik« oder schrieb für deren Publikationsorgan »Sezession«. Dabei argumentiert der Jurist häufig in einem formalen Sinne so, dass er die geltende Rechtsordnung in einer rechtsextremistischen Weise umdeutet. Beachtenswert in seinen Beiträgen ist zum Beispiel immer wieder, ab wann die Berufung auf das Grundgesetz oder die Rechtsprechung in eine ideologische Überinterpretation umschlägt. Darüber hinaus publizierte von Waldstein meist Beiträge, die sich auf politische Grundsatzfragen oder strategische Optionen bezogen. Dazu zählten Artikel zum »Kapitalismus« ebenso wie zur »Metapolitik«.

4.7 Martin Lichtmesz: Publizist und Übersetzer

Zu den Autoren der deutschen Neuen Rechten gehört auch ein Österreicher: der als Martin Lichtmesz (Jg. 1976)[101] schreibende Martin Semlitsch. Er bewegte sich anfänglich in der »Dark Wave«- beziehungsweise »Schwarzen Szene«, die am Düsteren, Irrationalen, Mystischen und Romantischen orientiert ist und auch eine rechtsextremistisch orientierte Minderheit aufweist. Nach einem begonnenen Filmstudium wandte sich Lichtmesz der politischen Publizistik zu, wobei er sein Forum zunächst in der »Jungen Freiheit«, dann aber mehr in der »Sezession« fand. Darin nahm Lichtmesz auch eine politische Selbstverortung vor, was bei den Akteuren der Neuen Rechten in diesem Sinne eher selten ist. Er bezeichnet sich als »Dissident, der den Identitären nahesteht [...]« und sieht sich als »Rechter [...] aus der Familie der Verfechter des ›konkreten Ordnungsdenkens‹ (Carl Schmitt).« Dann meint Lichtmesz aber auch: »Als Konservativer denkt man vom Ernstfall, vom Ausnahmezustand her [...]« und spricht bezeichnenderweise herabwürdigend von den »sogenannten Grundrechte[n]«.[102]

Diese erklärte ideologische Ausrichtung an Schmitt durchzieht sein publizistisches Werk, das aber nur selten über den Verlag Antaios hinaus ein öffentliches Wirken entfalten konnte. Dort erschienen eigene Bücher, zwei Sammelbände und mehrere Übersetzungen. Insofern kann der Autor dem »Institut für Staatspolitik«-Komplex direkt zugeordnet werden. Ein dort früh erschienenes Buch trägt den Titel »Die Verteidigung des Eigenen. Fünf Traktate«, worin sich Beiträge zur Kritik der gegenwärtigen Politik finden. Durchgängig beklagt der Autor, dass die politische Elite einen Krieg gegen die Völker führe. Es gelte demgegenüber das Eigene zu verteidigen, wobei dessen Eigenschaften unklar bleiben. Lichtmesz schreibt: »Ein Deutscher zu sein, ist kein logisch abgeleitetes Prinzip, kein Set aus Eigenschaften [...], sondern eine lebendige geschichtliche Erfahrung [...] Dies konstituiert das Narrativ der Nation [...]«[103] Genauer wird der Autor erklärtermaßen nicht, womit er über ein subjektives Empfinden hinaus nicht die zentralen Identitätsmerkmale für Zugehörigkeiten benennen kann.

Dafür lehnt er die Auffassung einer allen Individuen eigenen Menschenwürde umso klarer ab: »Der Irrtum besteht in der Annahme, dass das Postulat der unbedingten Menschenwürde des Einzelnen voraussetzt, dass alle Menschen ›gleichwertig‹ seien [...] Es ist daher genau genommen auch problematisch, von der Menschen*würde* zu sprechen als sei sie eine voraussetzungslose Gegebenheit.«[104] Entgegen derartiger Aussagen kann der Autor nicht als systematischer Denker gelten, was auch sein noch zu thematisierender Band zum »Ethnopluralismus« zeigt. Er agiert eher als Polemiker – und Übersetzer. Für die erstgenannte Ausrichtung steht der erwähnte Band »Die Verteidigung des Eigenen«, aber auch die Mitautorschaft bei »Mit Linken leben«.[105] Für den Diskurs der deutschen Neuen Rechten sind und waren aber seine Übersetzungen wichtig. Dazu gehörten Bände von Alain de Benoist und Guillaume Faye als wichtigen französischen Neuen Rechten sowie von Renaud Camus und Jean Raspail mit dramatisierenden Warnungen vor starker Zuwanderung.[106]

4.8 Benedikt Kaiser: »Produktpiraterie« bei linken Strategien

Besondere Eigenschaften weist Benedikt Kaiser (Jg. 1987)[107] für die Neue Rechte auf, bemüht er sich doch um eine Instrumentalisierung linker Strategien für den eigenen politischen Zusammenhang. Über seine persönliche Entwicklung liegen kaum veröffentlichte Informationen vor. Das gilt auch für die Gründe von Kaisers allgemeiner ideologischer Orientierung und für sein Interesse an der politischen Linken. Es wäre durchaus vorstellbar, dass er einmal in diesem politischen Lager aktiv war oder sich zu ihm in einem engagierten Spannungsverhältnis befand. Doch darüber gibt es keine Erkenntnisse. Interessant für Kaiser sind einzelne »vernunftbegabte Linke, deren Arbeit in Institut und Zeitschrift abgeklopft wird«.[108] Darin sieht er seine Aufgabe, von ihm werden linke Diskurse über Kritik und Strategien rezipiert und für das eigene politische Lager in eine »Lernen-von-links«-Option übertragen. Eine Allianz von links und rechts hält Kaiser angesichts der gegenwärtigen Verhältnisse aber nicht für realistisch.[109]

Ansonsten ist lediglich bekannt, dass Kaiser in Chemnitz mit Magisterabschluss ein Politikwissenschaftsstudium absolvierte. Er arbeitet im publizistischen Kontext der Neuen Rechten als Redakteur und Verlagslektor, insbesondere für das »Institut für Staatspolitik«, die »Sezession« und deren Umfeld. Dazu gehört auch der »Jungeuropa«-Verlag in Dresden. Dort erschien ein Sammelband mit von ihm herausgegebenen Übersetzungen. Gemeint ist der Band »Marx von rechts«[110], worin sich auch Beiträge von Alain de Benoist fanden. Die Autoren verwiesen auf die Kapitalismuskritik von Marx, woraus sie für die Kapitalismuskritik »von rechts« einzelne Positionen übernehmen wollten. Doch fanden derartige Bemühungen im eigenen politischen Lager wenig Zustimmung. Eine Instrumentalisierung von Marx schien dort wenig vermittelbar zu sein, daher löste der kleine Sammelband allenfalls eine gewisse Verwunderung aus. Das Interesse an der Linken ist eben nicht inhaltlicher, sondern strategischer Natur, mit Blick auf das eigene Vorgehen.

Ansonsten fällt ein besonderer Bezug zu Frankreich bei Kaiser auf, einmal hinsichtlich dortiger Euro-Faschisten und Kollaborateure in den 1930er- und 1940er-Jahren, einmal hinsichtlich der frühen, aber auch späteren Exponenten der französischen Neuen Rechten. Dieses affirmative Interesse prägt offenkundig seine politischen Vorstellungen: Der erstgenannte Aspekt wurde anhand von Kaisers erster Monografie deutlich: »Eurofaschismus und bürgerliche Dekadenz. Europakonzeption und Gesellschaftskritik bei Pierre Drieu la Rochelle«[111]. Darin ging es um den genannten Anhänger eines französischen Faschismus[112], dessen Roman »Die Unzulänglichen« später noch von ihm herausgegeben wurde.[113] Das Frankreichinteresse von Kaiser offenbart sich auch hinsichtlich der dortigen Neuen Rechten. Denn er betätigt sich als deutscher Korrespondent für »Nouvelle École«, deren zentrales Theorieorgan. Kaiser gab auch die bereits erwähnten deutschsprachigen Übersetzungen von Dominique Venner heraus.

4.9 David Engels: Althistoriker und Spengler-Verehrer

Und schließlich soll hier noch der belgische Althistoriker David Engels (Jg. 1979)[114] genannt werden. Er ist Professor an der Université libre de Bruxelles und hat eine Fülle von Monografien veröffentlicht. Dazu gehören nicht nur wissenschaftliche Bücher, sondern auch politische Streitschriften. Denn Engels versteht sich durchaus als ideologischer Kommentator, was seine Beiträge in »Cato« oder »Sezession« zeigen. Beide Blätter gehören zur Neuen Rechten beziehungsweise deren Umfeld. Er orientiert sich auch an dem Gedankengut der Konservativen Revolution der Weimarer Republik. Zumindest teilt Engels die Geschichtsphilosophie von Oswald Spengler und gründete 2017 die »Oswald Spengler Society« mit – über einen Denker, der nicht nur wegen seiner eindimensionalen »Morphologie der Weltgeschichte« umstritten ist, sondern auch in der parlamentarischen Demokratie »Landesverrat« sah. Engels hat ebenfalls mit dem politischen Liberalismus seine Probleme. Für Europa beklagt er einen kulturellen und sozialen Niedergang. Dazu stellt sich Engels die Frage: »Was tun?«

Seine Antworten werden in einem gleichnamigen Buch mit dem Untertitel »Leben mit dem Niedergang Europas« formuliert. Gegen die behauptete Entwicklung des »gegenwärtigen Systems« zeichne sich auch Widerstand ab: »sei es die Wahl Donald Trumps, der triumphale Wahlsieg Viktor Orbáns, die Revolte der Gelbwesten oder die jüngste Bestätigung der polnischen konservativen Regierung«. Damit sind auch Engels politische Orientierungspunkte genannt. Die europäischen Gesellschaften hätten ihre prägenden Ideale verraten: »Es ist daher am Einzelnen, das Überleben dieser Ideale zu sichern, notfalls gegen Staat und Mehrheitsgesellschaft.« Nach ihm sollten sich Gemeinden von Gleichgesinnten im Widerstand bilden. So könnten durch eine Avantgarde christliche Identität und europäische Werte verteidigt werden. Man streite gegen einen Einheitsstaat im totalitären Sinne. Es gelte, »das Ende der gegenwärtigen, offensichtlich zunehmend handlungsunfähigen politischen Ordnung zu wünschen.« Derart martialische Aussagen durchziehen seine Texte.

Man müsse zeigen, »dass ein Widerstand gegen die gegenwärtige und gesellschaftliche Ordnung tatsächlich besteht und es wagt, den Worten auch Taten folgen zu lassen.« Anzustreben sei letztendlich der »Entscheidungskampf, der dann ausbrechen wird, wenn all das Morsche, das heute schon wankt, ganz eingestürzt sein wird.« Engels empfiehlt bilanzierend, »den Staat als ultimatives identitäres Identifikationsmodell aufgeben; eine neue zivile Ordnung als Parallelgesellschaft zur niedergehenden europäischen politischen Struktur errichten [...]«[115] Derartige Aussagen könnten gar als Gewaltaufforderung verstanden werden, gleichwohl formuliert Engels so etwas nicht als Konsequenz. Deutlich wird indessen, dass es ihm nicht nur um eine Kritik an angeblichen oder tatsächlichen kulturellen und politischen Niedergangstendenzen geht. Er will längerfristig die bestehenden demokratischen Strukturen überwinden. Da Engels auch hier im Einklang mit Spengler steht, kann er kaum noch dem demokratischen Konservativismus zugerechnet werden.

4.10 Akteure der Neuen Rechten im Vergleich

Blickt man vergleichend auf die erwähnten Akteure der Neuen Rechten, so fallen diverse Gemeinsamkeiten, aber auch einige Unterschiede auf. Zu den erstgenannten Aspekten zählt, dass es sich durchweg um Männer handelt. Lange fanden sich keine Frauen unter den Neuen Rechten. Mittlerweile gibt es aber auch Autorinnen in der »Sezession«, wozu insbesondere die freie Journalistin Ellen Kositza und die promovierte Philosophin Caroline Sommerfeld zählen. Beide liefern eher feuilletonistische Beiträge ohne eindeutige Positionen. Dies dürfte auch einer der Gründe dafür sein, dass sie in der Neuen Rechten keine so große Rolle spielen. Eine weitere Gemeinsamkeit bei den vorstehend Porträtierten besteht darin, dass sie alle über akademische Abschlüsse verfügen. Dabei dominiert der Anteil von Historikern, Philosophen und Politologen. Für deren Denken scheint der Einfluss von Carl Schmitt besonders relevant gewesen zu sein, denn der Staatsrechtler wird immer wieder als Referenzquelle genannt. Auch diese Feststellung macht deutlich, dass er der zentrale Klassiker ist.

Zumindest bei den meisten der porträtierten Akteure darf angenommen werden, dass sie sich mit dessen Denken und Schriften näher beschäftigt haben. Denn die jeweiligen Argumentationsmuster lassen entsprechende Prägungen vermuten, auch wenn der Name von Schmitt nicht ständig in den Texten genannt wird. Eine breite Auseinandersetzung mit den anderen Klassikern kann demgegenüber generell nicht konstatiert werden.

Eine Ausnahme bilden etwa Alain de Benoist und Armin Mohler. Bei den anderen Akteuren der Neuen Rechten unterscheidet sich die Weite des entsprechenden Wissens, doch beschränkt es sich mitunter auf bestimmte Bereiche der gemeinten ideologischen Strömungen. Beachtenswert ist noch bei den Genannten die politische Herkunft. Einige entstammten dem politischen Konservativismus, wofür Armin Mohler und Karlheinz Weißmann stehen, einige dem traditionellen Rechtsextremismus, wofür Alain de Benoist und Thor von Waldstein stehen.

Ansonsten fällt beim Blick in die Buchpublikationen der genannten Personen auf, dass sie ihre Grundauffassungen und Konzeptionen nicht systematisch entwickeln. Eher hat man es mit einzelnen Fragmenten für ein angestrebtes Weltbild zu tun. An einem konkreten Beispiel lässt sich diese immanente Schwäche veranschaulichen: dem Band »Das konservative Minimum« von Karlheinz Weißmann. Darin war von dem besonderen »Realismus der Konservativen« die Rede, von der »Erfahrung« als »Leitlinie des Handelns«, ohne aber bei all diesen Ausführungen konkreter und verbindlicher zu werden. Am Ende hieß es bei Weißmann: »Eine neue konservative Position ist gegenwärtig nicht genauer zu bestimmen, weil sich ihr vollständiges Programm erst als Folge solchen Streits ergeben kann. Insofern ist das Vorstehende auch eine Kampf-Ansage.«[116] Der martialische Nachsatz darf indessen nicht über das bekundete theoretische Unvermögen hinwegtäuschen. Eigentlich steht eine derartige Aussage für ein intellektuelles Desaster der Neuen Rechten.

5 EINRICHTUNGEN, PUBLIKATIONSORGANE UND VERLAGE

Auch wenn einzelne Autoren die hier gemeinte Neue Rechte ausmachen, so verfügen ihre Akteure doch über einschlägige Einrichtungen, Publikationsorgane und Verlage. Dabei stehen diese als Forum nicht nur der Neuen Rechten zur Verfügung. Dieser Umstand soll auch im historischen Rückblick dargestellt und eingeschätzt werden. Es geht dabei um »Criticon« als frühes Publikationsforum (5.1), das »Thule-Seminar« als gescheitertes Unternehmen (5.2), die Entwicklung der »Jungen Freiheit« als »Konservative Revolution« (5.3), »Cato« als konservatives Theorieorgan (5.4), das »Institut für Staatspolitik« als Thinktank (5.5), die »Sezession« als Theorieorgan und Zeitschriftenprojekt (5.6), das Buchprogramm des »Antaios-Verlags« (5.7), die Besonderheiten der »Kaplaken«-Schriftenreihe (5.8) und das Buchprogramm des »Jungeuropa-Verlags« (5.9). Abschließend erfolgt erneut eine bilanzierende Einschätzung (5.10) bezogen auf diese Institutionen, Publikationsorgane und Verlage.

5.1 »Criticon« als frühes Publikationsforum

In »Criticon« fand die Neue Rechte in Deutschland ein frühes Publikationsforum.[117] Es handelte sich dabei um eine zunächst vierteljährlich, später zweimonatlich erscheinende Zeitschrift, die Autoren des Konservativismus in einem breiteren politischen Spektrum anzog. Sie reichte vom rechten Flügel der Unionsparteien bis hin zu konservativen, nicht neonazistischen Rechtsextremisten. Demnach schrieben auch – wenngleich nicht primär – Akteure der Neuen Rechten in der Zeitschrift. »Criticon« entstand 1970 in einer Orientierungskrise für konservative Vorstellungen.

Denn einerseits sah man sich durch die Achtundsechzigerbewegung herausgefordert, andererseits gab es erstmals eine nicht von der CDU geführte Regierung mit progressiven Vorhaben. Gleichzeitig konnte der Konservativismus, unabhängig von seiner konkreten Orientierung, keine geistigen Perspektiven vermitteln. Daher sahen einige ihrer Akteure es als notwendig an, sich verstärkt intellektueller Theoriearbeit zu widmen – um einer längerfristigen Veränderung willen.

Dazu gehörte der Publizist Caspar von Schrenck-Notzing (1927–2009), der als Großaktionär von BASF und WMF über genügend finanzielle Mittel verfügte. Ihm war ebenfalls bewusst, dass geistige Neuerungen der Umsetzung von politischen Veränderungen vorausgehen müssten. Daher förderte er »Criticon« als Projekt, das kommenden Entwicklungen eine politische Linie vorgeben wollte. Da der bundesdeutsche Konservativismus sich meist am gesellschaftlichen Status quo orientiert hatte, fehlte ihm eine theoretische Grundlage ebenso wie eine entwickelte Strategie. In diese Lücke stieß die Erinnerung an die Konservative Revolution der Weimarer Republik, vor allem durch den bereits erwähnten Armin Mohler, der bei »Criticon« zumindest der »zweite Mann« war. Durch Autorenporträts machte er dort deren Protagonisten bekannt und förderte jüngere Publizisten mit einschlägiger Orientierung. Dazu zählte auch Karlheinz Weißmann, der als »Kopf« der späteren Neuen Rechten gilt.

Zwar dürfte »Criticon« nie eine Auflage von über 10.000 Exemplaren erreicht haben. Den Herausgebern ging es aber nicht um ein Massenblatt, wollte man doch eine gesellschaftliche Elite in einem meinungsbildenden Sinne als Zielpublikum ansprechen. Kulturell-politische Entwicklungen sollten frühzeitig erkannt werden, um sie dann im eigenen ideologisch-politischen Sinne gestalten zu können. Dabei wahrten die Herausgeber einen innerkonservativen Pluralismus. Zu den damaligen Autoren gehörten Politiker der CDU/CSU wie Alexander Gauland oder Hans Graf Huyn und ebenso den Unionsparteien nahestehende Wissenschaftler wie Klaus Hornung oder Günter Rohrmoser. Es gab aber auch katholische Fundamentalisten wie Friedrich Romig, offene Ablehner des Grundgesetzes wie Günter Maschke, selbst ernannte »Nationalmarxisten« wie Reinhold Oberlercher oder Protagonisten eines neuen Staufer-Reichs wie Hans-Dietrich Sander. Ab Ende der 1990er-Jahre verlor »Criticon« an politischer Relevanz. 2007 erschien die letzte Printausgabe.

5.2 »Thule-Seminar« als gescheitertes Unternehmen

Angesichts der Erfolge der französischen Neuen Rechten, die ab Ende der 1970er-Jahre auch in vielen anderen Ländern wahrgenommen wurde, entstanden dort ähnliche Projekte. Dabei ging es um den Aufbau von Instituten und die Gründung von Theorieorganen. Ein solcher Ableger wollte das in Deutschland entstandene »Thule-Seminar«[118] sein, wobei es sich aber um ein gescheitertes Unternehmen handelte. Gleichwohl bedürfen diese Bemühungen einer gewissen Aufmerksamkeit, auch um zu verstehen, welche Wirkungen sie hatten: 1981 gründete der Publizist Pierre Krebs die Organisation. Anfänglich kooperierte er eng mit dem »Grabert-Verlag«, der dem traditionellen Rechtsextremismus zuzuordnen ist. Dort erschienen die ersten Benoist-Bücher in deutscher Sprache. Ein eigenständiger Sammelband von Bedeutung wurde 1981 unter dem vielsagenden Titel »Das unvergängliche Erbe. Alternativen zum Prinzip der Gleichheit«[119] veröffentlicht. Darin fanden sich auch Beiträge von Alain de Benoist und Armin Mohler sowie anderen bekannten Publizisten dieses Spektrums.

Die anfängliche Kooperation mit dem »Grabert-Verlag« brachte das Projekt »Thule-Seminar« nach vorn. Dafür standen einschlägige Bücher in einer Schriftenreihe, die für ein intellektuelles Format im »Grabert«-Verlagsprogramm stehen sollten. Doch dann kam es zum Bruch zwischen »Grabert« und Krebs, wobei die Gründe dafür öffentlich nicht bekannt sind. Im Zuge dessen deutete sich der Niedergang des »Thule-Seminars« an. Ablesbar war diese Entwicklung bereits daran, dass die eigens für Deutschland gegründete Vierteljahreszeitschrift »Elemente (zur Metapolitik)« nicht regelmäßig erscheinen konnte. Ein mit »Mut zur Identität. Alternativen zum Prinzip der Gleichheit«[120] betitelter weiterer Sammelband erschien zwar 1988, doch ohne bekanntere Autoren aus dem rechten politischen Lager und noch dazu in einem unbedeutenden kleineren rechtsextremistischen Verlag. Politischer Einfluss war so kaum zu erlangen. Die Gründe dafür sind auch in Pierre Krebs zu sehen, der als persönlich schwierig und organisatorisch unfähig galt.

Nach dem Scheitern des »Thule-Seminars« machte er meist nur noch als Gastreferent bei Organisationen des traditionellen Rechtsextremismus auf sich aufmerksam. Broschüren und Bücher von ihm erschienen selten und wiederholten bekannte Stellungnahmen mit anderen Worten. In der rechtsextremistischen Szene fand allenfalls der »Thule-Kalender« eine gewisse Verbreitung. Ab Beginn der 2000er-Jahre agierte Krebs insbesondere in NPD-Kontexten und radikalisierte seine Positionen. Hatte er vordem die kulturelle Identität beschworen, hob er nun »rassische« Zugehörigkeiten hervor. Der einst erhobene Anspruch, ähnlich wie die Akteure in Frankreich eine »Ideologiefabrik der Neuen Rechten« zu sein, wurde daher noch nicht einmal ansatzweise eingelöst. Auch schien sich für eine Intellektualisierung des Rechtsextremismus seinerzeit kein geeignetes Zielpublikum zu finden. Dies ist auch daran ablesbar, dass mit »Europa vorn«, »Nation Europa«, »Staatsbriefe«, »Wir selbst« oder »Zeitenwende« eine ganze Reihe einschlägiger Zeitschriftenprojekte eingestellt werden musste.

5.3 »Junge Freiheit« als »Konservative Revolution«

Hingegen wurde die Neue Rechte in anderen Kontexten relevant, was insbesondere an der frühen Entwicklung der »Jungen Freiheit« (JF)[121] absehbar war. Das Blatt entstand 1986 als Forum für eine geplante Jugendorganisation der »Freiheitlichen Volkspartei«, einer letztendlich gescheiterten Abspaltung der damaligen Partei »Die Republikaner«. Die JF blieb fortan unabhängig von einer Partei und wollte eine politische Marktlücke im rechten publizistischen Spektrum füllen. Dabei beriefen sich ihre Autoren immer wieder auf die Konservative Revolution und deren Protagonisten, was sowohl in einzelnen Kommentaren wie in politischen Porträts deutlich wurde. Als geistiger Bezugspunkt galt häufig Carl Schmitt. Ebenfalls sah man in Edgar Julius Jung, Arthur Moeller van den Bruck oder Oswald Spengler geistige Vorbilder. So betrachtet war der Werbeslogan »Die JF: Eine konservative Revolution« konsequent, auch wenn man sich von ihm später offenbar aufgrund einer bündnispolitischen und strategischen Umorientierung verabschiedete.

Das Blatt verstand sich aber nicht nur als Zeitung, es wollte ein Bestandteil einer »Kulturrevolution von rechts« sein. Demnach fand man dort Auffassungen über alle möglichen politischen Fragen, ergänzt um geschichtliche und kulturelle Themen. Die Autoren hoben immer wieder ideologische Aspekte hervor, indem selbst Besprechungen von Kinofilmen oder Musikaufnahmen zur Propagierung einschlägiger Wertvorstellungen genutzt wurden. Darüber hinaus gab es Abhandlungen zu theoretischen Fragen, in denen politische Begriffe besetzt oder umgedeutet werden sollten. Insofern wies die JF sowohl im ideologischen wie im strategischen Bereich viele Gemeinsamkeiten mit der Neuen Rechten auf. Gleichwohl ließ sich das Blatt nicht allein auf diese Ideologierichtung reduzieren, öffnete man sich doch dem ganzen rechten Spektrum. Eine Ausnahme bildeten hier die Anhänger des historischen Nationalsozialismus, von denen man sich unter Berufung auf den nationalkonservativen militärischen Widerstand distanzierte.

Da die Akteure des militärischen Widerstands gegen das NS-Regime mehrheitlich nicht die Etablierung einer demokratischen Republik, sondern eines autoritären Staates anstrebten, standen sie nicht notwendigerweise für eine nicht extremistische Positionierung. Gleichwohl schrieben in der JF fortan sowohl demokratische wie extremistische Konservative. Indessen setzte Ende der 1990er-Jahre ein formaler Mäßigungsprozess ein, welcher mit einer Abkehr von Grundsatzfragen hin zur Tagespolitik verbunden war. Dies führte zu Konflikten in der Redaktion, woraufhin einige Mitarbeiter die Zeitung verließen. Diese Abgänge bedingten eine Reduzierung deutlich extremistischer Statements. Damit ging ein kontinuierlicher Anstieg der Auflagenzahl einher, die sich in den 1990er-Jahren noch bei um die 15.000, in den 2010er-Jahren aber schon bei um die 30.000 bewegte. Gegenwärtig orientiert man sich an dem als gemäßigt geltenden AfD-Flügel und kommentiert Entwicklungen in seinem Sinne. Insofern gehört die JF nicht mehr pauschal, sondern nur teilweise zur Neuen Rechten.

5.4 »Cato« als konservatives Theorieorgan

Dies gilt auch für einen Ableger der JF, dem seit 2017 erscheinenden »Cato. Magazin für neue Sachlichkeit«.[122] Es gibt sich bildungsbürgerlich und konservativ und will ein neues Theorieorgan sein. Beachtenswert ist bereits die Namensgebung, womit man nicht nur »Cicero« als politische Zeitschrift nachahmte. Die Bezeichnung spielt auf Marcus Porcius Cato, den Jüngeren an. Er gehörte zu Cäsars Gegnern und wollte dessen Machtzuwachs verhindern. Dies geschah aus einer konservativen Grundauffassung heraus, wobei eine neue Monarchie zugunsten der traditionellen Republik verhindert werden sollte. Blickt man auf das Cover des ersten Heftes, so druckte »Cato« dort eine Collage, die Angela Merkel als Cäsarin zeigte. Die Bundeskanzlerin wurde so als potenzielle Diktatorin verunglimpft. Man selbst sah sich demgegenüber quasi auf den heutigen Spuren von Cato, womit konservative Normen und Strukturen mit gemeint sein sollten. Anhänger derartiger Auffassungen bildeten daher das eigentliche Zielpublikum des Publikationsorgans.

Während in der JF tagespolitische Entwicklungen den inhaltlichen Schwerpunkt ausmachten, sollten in »Cato« mehr Grundsatzfragen von einem elitären Selbstverständnis her thematisiert werden. Der Blick in die Hefte macht indessen deutlich, dass kaum bekanntere Autoren für »Cato« gewonnen werden konnten und sich viele Betrachtungen in kultur-konservativen Reflexionen erschöpften. Um das Defizit an innovativen Texten auszugleichen, erschienen häufig Nachdrucke aus englischsprachigen Publikationsorganen in deutscher Übersetzung. So kamen in »Cato« wie der JF demokratische wie extremistische Konservative zu Wort. Beide Blätter repräsentieren dadurch ein »Brückenspektrum«. Für »Cato« wie auch für die JF ist aus diesem Grunde Karlheinz Weißmann wichtig. Er publizierte mangels anderer Autoren viele Beiträge für das Magazin. Nach seinem Bruch mit dem »Institut für Staatspolitik« beziehungsweise der »Sezession« wurde »Cato« zu einem auf ihn zugeschnittenen Theorieorgan.

»Cato« hat keine klare politische Linie, sieht man einmal von der rechtskonservativen Orientierung ab. Allzu sehr wirkt das Blatt wie ein Sammelsurium von gerade vorhandenen Texten weniger Verfasser. Dennoch gelingt es »Cato«, ebenso wie der JF, eine breitere Leserschaft im konservativen Milieu anzusprechen. Beide Blätter sind an größeren Kiosken präsent und enthalten Werbeanzeigen, die nicht nur aus engeren konservativen Kontexten stammen. Auch die AfD ist dort als einzige Partei mit Anzeigen präsent, woran sich die entsprechende Nähe beider Publikationsorgane erkennen lässt. Allerdings bestehen kaum grundsätzliche Abhängigkeiten, sondern eher ideologische Nähen. Die AfD gilt als aktuell bedeutsamer politischer Akteur, der das eigene Gedankengut im parteipolitischen Kontext repräsentiert. Ein regelmäßiger Gastautor bei »Cato« ist der erwähnte David Engels, der in neueren Beiträgen häufig die autoritäre Entwicklung in Ländern wie in Polen legitimiert[123] und damit eindeutige politische Positionierungen zu erkennen gibt.

5.5 »Institut für Staatspolitik« als Thinktank

Die bedeutendste Einrichtung im gegenwärtigen Komplex der Neuen Rechten ist das »Institut für Staatspolitik« (IfS).[124] Es handelt sich hier um eine private, nicht um eine universitäre Einrichtung. Da ein solcher Eindruck aufkommen könnte, bedarf es dieser Klarstellung. Das IfS gibt sich als Bildungs- und Forschungseinrichtung und verfügt über einen Verlag und eine

Zeitschrift. Darüber hinaus ist das IfS im Internet auf unterschiedliche Weisen präsent. Man findet etwa Kommentare zum Tagesgeschehen, Rezensionen zu Veröffentlichungen oder Videos mit Vorträgen. Insofern besteht ein breites Handlungsfeld, das auch einschlägige finanzielle Mittel voraussetzt. Über deren genaue Herkunft liegen keine öffentlichen Informationen vor. Ursprünglich angesiedelt war das IfS in Bad Vilbel in Hessen, zog dann aber nach Schnellroda in Sachsen-Anhalt um. Dort hat es auf einem Rittergut seinen Sitz. Entgegen dieser Bezeichnung darf man sich dabei keinen imposanten Gebäudekomplex vorstellen, es gibt aber dort Redaktions- und Seminarräume.

Gegründet wurde das IfS im Jahr 2000 von Götz Kubitschek und Karlheinz Weißmann. In der Neuen Rechten war zuvor immer wieder betont worden, dass ein »Reemtsma-Institut von rechts« notwendig sei. Diese Formulierung spielte auf das »Hamburger Institut für Sozialforschung« an, das 1984 von Jan Philipp Reemtsma, Sohn eines reichen Zigarettenfabrikanten, gegründet worden war. Sein Erbe steckte er in das genannte Institut, das durch Ausstellungen, Konferenzen und zahlreiche Publikationen öffentlich wirkt. Darin sahen die Akteure der Neuen Rechten ein organisatorisches Vorbild. Sie beabsichtigten die Gründung eines ähnlichen Instituts, aber eben unter politisch rechten Vorzeichen. Es sollte jüngere Anhänger in ideologischen Fragen schulen und eine Organisationsplattform für das politische Umfeld bilden. Mit diesem Anspruch kam man bei der Gründung zusammen, wobei anfänglich noch eine enge Beziehung zum »Junge Freiheit«-Komplex bestand. Der Bruch erfolgte 2014 wegen unterschiedlicher strategischer Orientierungen.

In den 2000er- und 2010er-Jahren wuchsen sowohl die lagerinterne Relevanz wie die öffentliche Wahrnehmung des IfS. Es wirkte zunächst nur intern, eben durch Schulungen und Seminare. Damit sollten insbesondere junge Akademiker angesprochen und ideologisiert werden. Es gab aber auch Konferenzen, die für ein älteres Publikum aus dem Besitzbürgertum ausgerichtet wurden. Darüber hinaus nahm man das IfS aber kaum zur Kenntnis, da sich die Aktivitäten auf das erwähnte engere Umfeld beschränkten. Ab Mitte 2015 änderte sich dies im Zuge eines allgemeinen gesamtgesellschaftlichen »Rechtsruck«. Gegenüber der AfD kam es zu einer Annäherung – zunächst nur bezogen auf den »Flügel« um Björn Höcke, danach aber über diesen Bereich der Partei hinaus. Kubitschek sprach mehrfach bei »Pegida«-Veranstaltungen. Damit erweckte er bei unterschiedlichen Fernsehsendern lebhaftes Interesse, die zahlreiche Reportagen über ihn ausstrahlten – mitunter regelrechte »Homestories« auf einem »Rittergut« die einen unbeabsichtigten Werbeeffekt hatten.[125]

5.6 »Sezession« als Theorieorgan und Zeitschriftenprojekt

Ab 2003 gab das IfS mit der Zeitschrift »Sezession«[126] auch ein Theorieorgan heraus. Es erschien zunächst vierteljährlich und ab 2007 zweimonatlich. Nicht nur in der Form gab es Besonderheiten, die an »Criticon« erinnerten. Dabei handelte es sich aber um ein indirektes, kein offizielles Nachfolgeorgan. Gleichwohl bestehen diverse Gemeinsamkeiten: Man hat es mit einer eher großen Zeitschrift im DIN-A4-Format zu tun. Am Beginn steht das Editorial des eigentlichen Herausgebers Kubitschek, früher war es von Weißmann. Dann folgt als Besonderheit ein Kommentar von Ellen Kositza, der Ehefrau von Kubitschek. Ihm schließt sich ein Autorenporträt an, in dem ein für das eigene politische Anliegen wichtiger Denker, Künstler oder Publizist vorgestellt wird. Bei »Criticon« diente diese Rubrik noch dazu, an die Exponenten der Konservativen Revolution der Weimarer Republik zu erinnern. In der »Sezession« stehen gegenwärtige Akteure im Zentrum.

Danach folgen die Hauptaufsätze, die zwischen vier und acht Druckseiten lang sind. Viele dieser Beiträge gehören entweder zu einem Schwerpunktthema, andere sind alleinstehende Texte. Die inhaltliche Struktur wechselt von Heft zu Heft ab: Einmal geht es um Aufsätze zu einem besonderen inhaltlichen Komplex, dann wieder um Beiträge zu diversen Fragen. Eine thematische Festlegung erfolgt offenbar schon früh und wird über das Jahr vorgegeben. Dies macht auch deutlich, dass es den Autoren und Herausgebern weniger um tagesaktuelle Themen geht. Man will sich mit inhaltlichen Grundsatzbeiträgen zu politischen Fragestellungen positionieren. Dabei geben die Autoren mit Literaturangaben ihre Quellen am Seitenrand an. Nicht selten berufen sie sich dabei auf andere »Sezession«-Verfasser, Formulierungen werden übernommen, aber in Klammernennungen nachgewiesen. Da dies ansonsten nur bei bedeutsamen Denkern üblich ist, offenbart sich dabei eine gewisse intellektuelle Selbstgefälligkeit.

Den als »Grundlagen« geltenden Hauptbeiträgen folgen »Kurzbeiträge«, die auch aktuellere Fragen behandeln oder knappere Statements enthalten.

Am Ende gibt es einen Rezensionsteil, wobei Bücher aus dem eigenen politischen Kontext, aber auch öffentlich relevantere Werke vorgestellt werden. Angesichts des ideologischen Anliegens des ganzen Projektes kann es hier nicht verwundern, dass das entscheidende Beurteilungskriterium in der politisch-inhaltlichen Nähe und nicht in der wissenschaftlichen Qualität besteht. In der Gesamtschau hat man es bei der »Sezession« durchaus mit einem Theorieorgan zu tun. Die Beiträge setzen einerseits Grundkenntnisse von intellektueller Kommunikation voraus, neigen aber andererseits in der Darstellungsform zu essayistischen Verstiegenheiten. Auffällig ist bei einer Gesamtschau auf die Texte, dass politische Begriffe meist nicht klar mit der nötigen Trennschärfe definiert, und, dass bezüglich der jeweiligen Forderungen die realen Konsequenzen nicht thematisiert werden.

5.7 Buchprogramm des »Antaios-Verlags«

Besondere Aufmerksamkeit für die diskursive Entfaltung der Neuen Rechten verdient ein eigenes Verlagsunternehmen: der 2000 als »Edition Antaios« gegründete und 2012 umbenannte »Antaios-Verlag«. Dieser hat die gleiche Adresse wie das IfS, womit von einem weiteren Baustein im Komplex der Neuen Rechten ausgegangen werden kann. Bei den im »Antaios-Verlag« erscheinenden Büchern handelt es sich meist um politische Schriften, die aktuelle Entwicklungen kommentieren oder grundsätzliche Fragen erörtern wollen. Damit soll die Ideologisierung der Anhängerschaft für einen »Kampf um die Köpfe« forciert werden. Eine Einführungsreihe zu Klassikern namens »Perspektiven«, die wichtige Theoretiker bekannt machen wollte, wurde jedoch mangels Nachfrage bald wieder eingestellt. Dort erschienen etwa Titel über Alain de Benoist, Arnold Gehlen oder Georges Sorel[127], worin deren politisches Denken auf engem Raum und meist auf rund einhundert Seiten in einem affirmativen, unkritischen Sinne vermittelt wurde.

Größere Bedeutung kam dem Projekt eines fünfbändigen »Staatspolitischen Handbuchs« zu, das als Nachschlagewerk zur ideologischen Orientierung konzipiert worden war. Dafür hatte sich insbesondere Karlheinz Weißmann engagiert, er steuerte eine Fülle von Texten bei und übernahm zusammen mit Erik Lehnert die Herausgeberschaft. Nach dem noch gesondert zu thematisierenden Bruch zwischen Weißmann und dem »Antaios-Verlag« war Lehnert allein zuständig. Der erste Band des »Staatspolitischen Handbuchs« handelte über »Leitbegriffe« und wurde von Weißmann allein verfasst. Darin finden sich Definitionen, Erläuterungen und Kommentierungen zu »Demokratie« und »Krieg«, »Metapolitik« und »Reich«, »Souveränität« und »Staat«. »Menschenrechte« fehlt interessanterweise. Die folgenden Bände behandelten »Schlüsselwerke«, »Vordenker«, »Deutsche Orte« und »Deutsche Daten«.[128] Damit sollte eine geistig-politische Linie vorgegeben werden. Einige Autoren rezipierten das »Handbuch« mitunter so, als handele es sich für die Neue Rechte um ein allgemein verbindliches Werk.

Darüber hinaus wurden im »Antaios-Verlag« ganz unterschiedliche Bücher publiziert. Hierzu gehörte eine Edition von früheren Kubitschek-Publikationen unter dem Titel »Die Spurbreite des schmalen Grats«. Besonders bekannt wurde das Buch »Revolte gegen den großen Austausch« des französischen Schriftstellers Renaud Camus, demzufolge die einheimische Bevölkerung planmäßig durch kulturfremde Migranten ersetzt werden solle. »Großer Austausch« steht auch für ein durch die »Identitäre Bewegung« bekannt gewordenes Schlagwort. Insofern kann nicht verwundern, dass mit »KontraKultur« von Mario Alexander Müller und »Identitär« von Martin Sellner eigene Publikationen von Protagonisten aus diesen Zusammenhängen erschienen. Hinsichtlich des formalen Niveaus bestehen mitunter erstaunliche Unterschiede. Zu den »Antaios«-Büchern gehören polternd-vulgäre Kommentare wie »Der Übergang« von Akif Pirinçci oder auch politiktheoretische Reflexionen wie »Die entfesselte Freiheit« von Thor von Waldstein.[129] Bedeutsam sind politische Essays und Grundlagentexte.

5.8 Besonderheiten der »Kaplaken«-Schriftenreihe

Eine Besonderheit bilden die »Kaplaken«-Bände im »Antaios-Verlag«. Dabei handelt es sich um kleine gebundene Bücher von circa hundert Seiten, in denen sich die Autoren zu einem Thema in überschaubarem Umfang äußern können. Es geht um Aussagen zu politischen Grundsatzfragen, Betrachtungen zu historischen Ereignissen, Einschätzungen zu strategischen Handlungsoptionen, Kommentare zu aktuellen Themen oder Reprints von klassischen Texten. Die letztgenannte Kategorie bezieht sich auf geistige Vorbilder. So erschienen in der »Kaplaken«-Reihe etwa Aufsätze von Armin Mohler. Auch von dem neokonservativen Denker Gerd-Klaus Kaltenbrunner gab es solche Nachdrucke und von dem nationalistischen Politologen Bernard Willms.[130] Zu den Autoren gehören nur selten aktive oder ehemalige Politiker. Zwei Ausnahmen sind hier bezeichnend: Der AfD-Politiker Alexander Gauland, der mit drei Reden vertreten ist, und der frühere portugiesische Diktator António de Oliveira Salazar ebenfalls mit drei Vorträgen.[131]

Ansonsten gehören vor allem Autoren der »Sezession« zu den Autoren der »Kaplaken«-Reihe. Sie behandeln aktuelle Debatten wie etwa Martin Lichtmesz mit »Rassismus. Ein amerikanischer Albtraum« oder strategische Fragen wie Benedikt Kaiser im »Blick nach links«. Dies geschieht immer aus der ideologischen Blickrichtung der Neuen Rechten, was bei Lichtmesz und Kaiser zu folgenden Deutungen führt: Das eigentliche Problem sei eine Psychopolitik gegen Rassismus, und die Kapitalismuskritik könne der Linken zugunsten der Rechten entwunden werden.[132] Es gibt auch Bände zu historischen Themen, wobei diese ideologische Umdeutungen geschichtlicher Ereignisse im Sinn haben. Dies geschieht aber nicht in der platten Art von Geschichtsrevisionisten, wie sie im traditionellen Rechtsextremismus üblich ist. Auch wird der Holocaust nicht geleugnet, er steht eher für ein Nicht-Thema. Doch Stefan Scheil bestreitet zum Beispiel die Hauptschuld am Kriegsausbruch 1939; der Krieg sei von Polen gewollt worden und der deutsche Überfall 1941 ein Präventivkrieg gegen die Sowjetunion gewesen.[133]

Diese Bände sollen Bausteine für eine Ideologie der Neuen Rechten liefern. Zu den Autoren zählen ältere Publizisten, die zu einem dezidiert rechten Standpunkt gefunden haben. Dies gilt etwa für Bernd Rabehl, der in der Achtundsechzigerbewegung eine wichtige Figur war. Er legte einen Band zu Flüchtlingskrise und Kapitalinteressen mit noch bestehenden linken Prägungen vor. Ein anderes Beispiel stammt von dem ehemaligen FAZ-Redakteur Eberhard Straub, der für die Demokratie durchaus Vernunftrepublikaner haben will. Er bemerkte indessen auch: »Keine Staatsform ist verwerflich, auch die Diktatur kann heilsam für eine an sich irre gewordene Gesellschaft sein.« Bekannt wurde »Finis Germania« von dem verstorbenen Historiker Rolf Peter Sieferle. Antidemokratische und antisemitische Anklänge durchzogen seine Klagen zum behaupteten Niedergang, wobei der Band zeitweilig gar einen Platz auf den »Spiegel«-Bestsellerlisten einnehmen konnte.[134]

5.9 Buchprogramm des »Jungeuropa«-Verlags

Neben dem »Antaios-Verlag«, der dem »Institut für Staatspolitik« auch örtlich eng verbunden ist, existiert noch der kleinere »Jungeuropa-Verlag« in Dresden. Es handelt sich zwar um eine eigenständige Einrichtung, gleichwohl mit einer erkennbaren politischen Nähe zu dem vorgenannten Unternehmen. Regelmäßig erscheinen Anzeigen des »Jungeuropa-Verlags« in der »Sezession«, und Benedikt Kaiser arbeitet als Lektor und Publizist für beide Unternehmen. Beachtenswert ist bei dem »Jungeuropa-Verlag« schon der politische Hintergrund des Verlegers: Philip Stein (Jg. 1991) gehört der bekannten rechtsextremistischen Burschenschaft »Germania« in Marburg an und war Sprecher der rechtsextremistisch orientierten »Deutschen Burschenschaft«. Darüber hinaus leitet er das Projekt »Ein Prozent für unser Land«, wo auch Kubitschek eine Rolle spielt. Einer breiteren Öffentlichkeit bekannt wurde Stein dadurch, dass er 2018 von der AfD-Landesgruppe Sachsen-Anhalt zu einem Vortrag in ein Gebäude des Deutschen Bundestages eingeladen wurde.[135]

Der von ihm gegründete und geleitete »Jungeuropa«-Verlag verfügt bislang nur über ein kleines Buchprogramm, wo insbesondere französische Autoren in deutscher Übersetzung erscheinen. Gerade deren politische Hintergründe stehen für eine besondere Position: Unter den Publikationen findet sich die Novelle »Die Kadetten des Alcazar« (frz. Orig. 1936), die im Spanischen Bürgerkrieg spielt. Autoren sind Robert Brasillach und Henri Massis. Der Erstgenannte war ein antisemitischer und nationalistischer Schriftsteller, der als Kollaborateur mit den deutschen Besatzungsmächten zusammengearbeitet hatte. Für Pierre Drieu la Rochelle, dessen autobiografisch geprägter Roman »Die Unzulänglichen« (frz. Original 1942) ebenfalls im »Jungeuropa«-Verlag erschien, gilt das Gleiche. Auch dort finden sich antisemitische Anklänge. Darüber hinaus trat Drieu la Rochelle für einen Euro-Faschismus ein, wodurch er sich von der damaligen nationalsozialistischen Position unterschied. Demnach kamen gleich zwei Bücher von antisemitischen Kollaborateuren im »Jungeuropa-Verlag« heraus.[136]

Andere französische Nachkriegsautoren können der Neuen Rechen als bedeutsame Vordenker zugeordnet werden. Dazu gehört der erwähnte Publizist Dominique Venner, von dem im »Jungeuropa-Verlag« erstmals diverse Schriften in deutscher Sprache erschienen. Gleiches gilt für den »Klassiker« von Alain de Benoist »Kulturrevolution von rechts«, eine Essaysammlung des Hauptideologen der französischen Neuen Rechten, der in einer Neuausgabe erschien. Darin kritisierte de Benoist die »alte Rechte« aufgrund ihrer Theoriefeindlichkeit und entwickelte das erwähnte »Kulturrevolution«-Konzept.[137] Von ihm erschien auch ein neueres Buch im »Jungeuropa-Verlag«: »Gegen den Liberalismus. Die Gesellschaft ist kein Markt«. Darin wandte sich Benoist gegen die politischen Ideen des Liberalismus, nicht nur gegen dessen ökonomische Prägungen. Denn zu der abgelehnten »Gesellschaftsform« zählten für ihn auch »die Ideologie der Menschenrechte« und »die Vorrangstellung des Individuums«[138], also konstitutive Bestandteile moderner Demokratien.

5.10 Bilanzierende Einschätzung der Organisationsformen

Die vorstehenden Ausführungen machen deutlich, dass die Neue Rechte nicht als organisatorisch homogenes Phänomen eingeschätzt werden kann. Bevor hierzu eine bilanzierende Einschätzung hinsichtlich der Organisationsformen vorgenommen wird, sei noch einmal an die oben entwickelte Begriffsbestimmung erinnert: Es handelt sich um einen informellen Intellektuellenkreis, der am Gedankengut der Konservativen Revolution der Weimarer Republik orientiert ist und durch eine »Kulturrevolution von rechts« einen grundlegenden politischen Wandel einleiten will. Diese Begriffsbestimmung erlaubt es zunächst nur, das »Institut für Staatspolitik« (IfS) und seine Kontexte dieser Sammelbezeichnung vollständig zuzuordnen. Dementsprechend bildet das IfS so etwas wie den gegenwärtigen organisatorischen Kern, welcher der Kommunikation wie der Vernetzung dient. Gleichwohl lässt sich die Neue Rechte weder darauf noch auf Verlag und Zeitschrift reduzieren. Denn insgesamt handelt es sich um ein fluides Phänomen.

Dies belegen »Cato« und die »Jungen Freiheit« als Publikationsorgane, worin auch Exponenten der Neuen Rechten wie insbesondere Karlheinz Weißmann zu Wort kommen. Indessen ist die Autorenschaft demokratie- wie ideologietheoretisch variantenreicher, umfasst demokratische wie extremistische Konservative unterschiedlichster inhaltlicher Orientierung. Ihre Auffassungen und Diskurse erweitern die Einflussmöglichkeiten der Neuen Rechten, indem für diese ideologischen Inhalte eine breitere Wahrnehmungsmöglichkeit geschaffen wird. So lösen sich auch die Grenzen, die eigentlich zwischen Demokraten und Extremisten bestehen sollten, auf.

Genau diese Funktion haben die beiden genannten Publikationsorgane. Sie bilden ein Forum für einschlägige Positionen, wobei auf ideologische Gemeinsamkeiten abgestellt wird, um die demokratietheoretischen Unterschiede hintanzustellen. Diese Diskurse ermöglichen der Neuen Rechten in ihrem Ringen um Einfluss erste Terraingewinne.

Indessen dürfen die Differenzen innerhalb dieser Intellektuellengruppe nicht übersehen werden. Sie sind aber weniger ideologischer, sondern mehr strategischer Natur. Dies macht auch der Bruch zwischen »Junge Freiheit« und »Sezession« deutlich, welcher noch gesondert behandelt wird. Extremistische Ansichten artikulieren die Exponenten in der »Jungen Freiheit« nicht offen, während dies in der »Sezession« häufig mit deutlichen Worten geschieht. Da man seit der Gründung des »Instituts für Staatspolitik« im Jahr 2000 bis 2014 eng zusammenarbeitete, können der Konflikt und das Ende der Kooperation schwerlich auf grundlegende ideologische Unterschiede zurückgeführt werden. Ansonsten wäre es gar nicht erst zu einer engen Kooperation gekommen oder sie wäre zumindest in einem früheren Stadium beendet worden. Bilanzierend darf daher von einer strategisch bedingten Differenzierung der Neuen Rechten gesprochen werden, wobei sich auch bei den Publikationsorganen ein formal gemäßigter und inhaltlich rigoroser Flügel unterscheiden lässt.

6 POSITIONEN ZU VERSCHIEDENEN THEMEN

Nachdem die Akteure, Foren und Organisationen dargestellt und eingeschätzt wurden, soll es nun um die politischen Positionen der Neuen Rechten gehen. Bereits hier sei darauf hingewiesen, dass es nicht selten an Eindeutigkeit und Klarheit mangelt. Es geht fortan um die Berufung auf die Denker der Konservativen Revolution (6.1), die Huldigung des politischen Klassikers Carl Schmitt (6.2), die Faszination für einen faschistischen Habitus (6.3), den grundlegenden Bedeutungsgehalt ethnischer Zugehörigkeit (6.4), die »bewusste Nation« als idealisiertes Ordnungsmodell (6.5), den »Solidarischen Patriotismus« für die Wirtschaftspolitik (6.6), den »Ethnopluralismus« als angeblichen Gegensatz zum Rassismus (6.7), den »Großen Austausch« als Diskurselement zu Migration (6.8) und die rhetorischen Selbstermächtigungen zum »Widerstand« (6.9). Schließlich wird noch gesondert auf die Diffusität der propagierten Staatskonzeption (6.10) verwiesen, sollte doch die Neue Rechten eigentlich eine entwickelte Systemalternative präsentierten können.

6.1 Berufung auf die Denker der Konservativen Revolution

Die Berufung auf die Konservative Revolution ist für die Neue Rechte konstitutiv. Dass es auch eine Schwerpunktausgabe der »Sezession« zum Thema gab, kann angesichts der herausragenden Relevanz für ihr Weltbild nicht verwundern. Das Heft präsentierte zunächst Porträtbilder auf der Titelseite: Gottfried Benn und Friedrich Nietzsche, Martin Heidegger und Ernst Jünger, Carl Schmitt und Armin Mohler, Stefan George und Oswald Spengler. Die Aufmachung entsprach dabei optisch dem Band zur »Konservativen Revolution«, der auf die Doktorarbeit von Armin Mohler zurückgeht. Dieser hatte die Ideen der Konservativen Revolution, wie erwähnt, in den 1960er- bis 1990er-Jahren als Publizist im konservativen beziehungsweise rechten Lager bekannt gemacht. Im Editorial schrieb Karlheinz Weißmann: »Wer nicht behaupten will, daß die Krise ein Phantom ist oder eine vorübergehende Formschwäche, der sieht sich gezwungen, nach den tieferen Ursachen zu fragen, und er wird über kurz oder lang zu Einschätzungen kommen, die denen der KR entsprechen.«[139]

Ein derartiges Bekenntnis formulierte auch Götz Kubitschek in seinem lobenden Text »Die Strahlkraft der KR«, wobei der Gegenwart-Vergangenheit-Vergleich interessant ist. Bedauernd schrieb er zunächst: »Fundamentalopposition ist nicht die Sache politischer Konservativer von heute«. Dahingehend sei es bei der gemeinten Intellektuellengruppe in der Weimarer Republik anders gewesen: »Die sogenannte Konservative Revolution von 1918 bis 1932 hat bis heute ihre Strahlkraft auch deshalb nicht verloren, weil sie in ihren Hauptvertretern radikal und kompromißlos war, so ganz und gar bereit für etwas Neues, einen dritten Weg, einen Umsturz, eine Reconquista, einen revolutionären, deutschen Gang in die Moderne.« Und weiter hieß es bei Kubitschek: »Die erste KR strahlt in ihrer kurzen, reichen Blüte bis heute aus, weil ihr Personal in seinen Haupt- und Nebenrollen durchgespielt hat, was an innerer und äußerer Mobilmachung, totaler Mobilmachung für eine kommende Auseinandersetzung möglich und notwendig war.«[140]

Demnach hat man es mit einem eindeutigen Bekenntnis zur Konservativen Revolution der Weimarer Republik zu tun. Bekanntlich richtete sich diese intellektuelle Bewegung nicht nur gegen kritikwürdige Entwicklungen im, sondern auch gegen die politischen Grundlagen des ersten deutschen demokratischen Verfassungsstaates. Gerade diese Frontstellung vermisste Kubitschek bei heutigen Konservativen, sieht sie aber für sein politisches Lager als notwendig an. Dies ist angesichts von Auffassungen, die sich auf die Konservative Revolution berufen, eine schlüssige Konsequenz. Denn eine kritische Auseinandersetzung mit dem extremistischen Gedankengut der damaligen Protagonisten findet bei den Stammautoren der »Sezession« nicht statt. Anmerkungen von Erik Lehnert, der in seinem Beitrag »Lebensreform und Politik« auf Lebensfremdheit, Sterilität und Verstiegenheiten verwies, können schwerlich so verstanden werden.[141]

Es ging um Einwände gegen den Habitus in der Konservativen Revolution, aber nicht gegen deren Positionen.

6.2 Huldigung als politischer Klassiker: Carl Schmitt

Von den Denkern der Konservativen Revolution kommt bei der Neuen Rechte dem Staatsrechtler Carl Schmitt eine besondere Wertschätzung zu. Er kann als deren hauptsächlicher politischer Klassiker gelten. Immer wieder beruft man sich auf dessen Grundpositionen in ganz verschiedenen Kontexten. Dabei gilt er durchaus mit Berechtigung als »Kronjurist des Dritten Reichs«. Denn der Entwicklungsprozess, der von der Ablösung der Republik zur Etablierung des Totalitarismus führte, erhielt von ihm seine staatsrechtliche Legitimation. Indessen wäre das ideologische Etikett »überzeugter Nationalsozialist« für Schmitt unangemessen, darf er doch eher als konservativer Anhänger eines totalen Staatsmodells gelten. Daher steht sein Denken auch dem Geist des Grundgesetzes fern: »Wer mit dem Grundgesetz unter dem Kopfkissen schläft«, so sein heutiger Anhänger Thor von Waldstein, »braucht Carl Schmitt nicht. Wer jedoch erkannt hat, daß die Verfassung das Gefängnis ist [...] greift gerade jetzt zu seinen Schriften.«[142]

Bei diesen Deutungen geht es nicht um Differenzierungen oder Kritik. Karlheinz Weißmann hob zwar eine »Tendenz zur Selbstverrätselung, eine Neigung zum intellektuellen Spiel« bei Schmitt hervor. An einer inhaltlichen Distanzierung mangelte es jedoch, denn er feierte ihn als einen nonkonformistischen »Meisterdenker« für das eigene politische Lager: »Hier geht es [...] um eine Reihe von zentralen Einsichten und um das Bereithalten einer Gegen-Lehre, die geeignet ist, zentrale Annahmen in Frage zu stellen, die bis heute den Lehrplan von Politologie und Volkspädagogik bestimmen.« Und weiter liest man bei Weißmann: »Er gehört damit zu jenen Gegenaufklärern, die schon wegen der Art ihrer Einsichten für Popularität ungeeignet sind.«[143] Kritikwürdiges wird relativiert, wofür folgende Aussage von Götz Kubitschek steht: »Selbst Schmitts Antisemitismus [...] überstieg das nicht, was damals zum Ton eines Intellektuellen dazugehören konnte.«[144] Damit wird die Auseinandersetzung mit der Judenfeindschaft von Schmitt zur Seite geschoben.

Besondere Aufmerksamkeit verdient auch die distanzlose Bejahung der Demokratiedeutung von Schmitt, wobei es diesem im Kern um die ideologische Legitimation einer diktatorischen Ordnungsvorstellung ging. Alain de Benoist bemerkte: »Schmitt hält dagegen an einer Demokratie des plebiszitären Typus fest, das heißt an einer partizipativen und direkten Demokratie.«[145] Und von Waldstein schrieb, man könne in Schmitts einschlägiger Schrift dazu »nachlesen, warum [...] der Parlamentarismus, schon nach dem Ersten Weltkrieg ein ideenpolitischer Ladenhüter der Extraklasse, wenig bis nichts mit Demokratie zu tun hat, jedenfalls einer Demokratie, bei der [...] das Volk herrscht und nicht selbst ernannte ›Demokraten‹ [...]«[146] Nur scheinbar wird hier das plebiszitäre gegen das repräsentative Modell ausgespielt. Denn Demokratie sollte für die Homogenität von Regierenden und Regierten bei Schmitt stehen. Eine antipluralistische Diktatur mit plebiszitärer Legitimation war in seiner Parlamentarismuskritik sein bevorzugtes politisches Ziel.[147]

6.3 Faszination für einen faschistischen Habitus

Auffällig ist auch die Faszination für einen faschistischen Habitus bei der Neuen Rechten. Mit dieser Aussage geht es nicht um ein pauschales Bild von »Faschisten«, was angesichts der Begriffsdiffusität in Form und Inhalt problematisch wäre.[148] Es soll auch nicht nach den Alleinstellungsmerkmalen für das Gemeinte gefragt, sondern eine bestimmte Haltung thematisiert werden. So stellte der erwähnte Armin Mohler, der für die deutsche Neue Rechte als geistiger Vater gilt, auf den »faschistischen Stil« ab.[149] Es geht dabei um Aktionismus, Entscheidungsstärke und Feindfixierung, Kämpfergeist, Machtwille und Opferbereitschaft, Rigorosität, Unbedingtheit und Voluntarismus. Die damit einhergehenden Einstellungen prägen auch viele Intellektuelle der Neuen Rechten, was mitunter am kämpferischen Schreibstil erkennbar ist. Auch bei den Anhängern der Konservativen Revolution bestanden politische Sympathien, die dem im damaligen Italien etablierten faschistischen System galten. Dessen selbst ernannte Erben waren auch in der »Sezession« ein Thema.

Eine ganze Ausgabe widmete sich dem »Faschismus« als Schwerpunkt, wobei ein Schildkröten-Logo das Titelblatt zierte. Dabei handelte es sich um das Erkennungszeichen einer faschistischen Jugendbewegung, die als »Casa Pound« in Italien durch provokatives Wirken auf sich aufmerksam gemacht hatte. Im Editorial bemerkte Weißmann, dass Faschismus allzu sehr durch eine linke Sicht wahrgenommen werde. Demgegenüber forderte er: »Es ist Zeit, diese anti-faschistische Deutung durch eine a-faschistische zu ersetzen.«[150] Die Formulierung markierte einen Gegensatz, der in den Beiträgen des Heftes jedoch nicht näher thematisiert wurde. Meist blieben die dortigen Autoren auf der deskriptiven Ebene stehen, was in der Gesamtschau dann doch unkritisch und wohlwollend wirkte. Ein Artikel zur erwähnten »Casa Pound«, der von Martin Lichtmesz, einem Stammautor, verfasst wurde, beschrieb das gemeinte Phänomen wie in dessen Selbstverständnis. So erwähnte er affirmativ den »Vorrang des Aktivismus vor ideologischer Geschlossenheit«[151].

Ein offenes Bekenntnis zu faschistischen Inhalten findet man bei der Neuen Rechten nicht. Gleichwohl geht deren Ausrichtung auf eine autoritäre Diktatur, die man aus der Berufung auf die Konservative Revolution ableiten kann, mit faschistischen Vorstellungen einher. Sie bestehen eher in latenten Einstellungen, die gelegentlich als einschlägiger Habitus manifest werden. Dies gilt aber mehr für den Komplex »Institut für Staatspolitik« und weniger für den Komplex »Junge Freiheit«. Ersteres machten die Ausführungen zu den erwähnten Exponenten deutlich. Letzteres belegen Formulierungen von Weißmann, die er noch während seiner IfS-Kooperation vortrug. In einem Band zum »Faschismus« konstatierte Weißmann: »Schon der historische Faschismus ist an dem Versuch gescheitert, vom Ausnahmezustand zur Normalität überzugehen.«[152] Er sei daher kein Modell für eine gute Ordnung. Demokratietheoretische und menschenrechtliche Gründe könnten auch dagegen sprechen, waren aber hier bezeichnenderweise kein relevantes Thema.

6.4 Dominanter Bedeutungsgehalt ethnischer Identität

Für den Diskurs der Neuen Rechten sind bestimmte Strukturmerkmale besonders wichtig, wobei gerade die behauptete oder eingeforderte »Identität« und die damit verbundene Trennung beziehungsweise Unterscheidung relevant sind. Anders formuliert: Es geht um die Bestimmung von »wir« und »die anderen«. In einem öffentlichen Briefwechsel gab Götz Kubitschek folgende bezeichnende Stellungnahme: »Sehr wohl sehe ich, sehen wir das desintegrative in unserer Gesellschaft, und es ist fast billig zu sagen, daß auch uns manches gut erzogene Migrantenkind sympathischer ist und nähersteht als jene anmaßenden, deutschen Rotzlöffel, denen noch nie eine äußere oder innere Not Beine machte. Dennoch sind diese Rotzlöffel Teil unseres Volkes, und wenn der seit Jahrzehnten abwesende Ernstfall im Großen oder im Kleinen den sozialen, staatlich finanzierten Reparaturbetrieb zum Erliegen bringt, wird sich jeder sofort daran erinnern, wer ›Wir‹ ist und wer ›Nicht-Wir‹. [...] Die Abgrenzung des Ichs und des Wirs von etwas Fremden ist schlicht eine Konstante.«[153]

Dass Abgrenzung zu Identität gehört, kann als Selbstverständlichkeit gelten. Bedeutsam an den vorstehenden Ausführungen sind die dafür relevanten Kriterien, wobei Kubitschek mit dem erwähnten Beispiel eine wichtige Zuspitzung vornahm: Nicht der charakterliche Anstand eines Individuums soll relevant für das »Wir« sein, insofern würde auch kulturelle Assimilation oder Integration keine Rolle spielen. Es soll primär um die ethnische Identität auch des anmaßenden »Rotzlöffels« zum postulierten »Wir« gehen. Dies bedeutet in der Konsequenz aber, dass der Einzelne eben durch Ethnie und nicht durch Tugend seine Zugehörigkeit erfährt. Man hat es mit einem klaren Bekenntnis von Kubitschek dafür zu tun, was soziale Identität für die Neue Rechte ausmachen soll. Der dominante Bedeutungsgehalt besteht in der ethnischen Zugehörigkeit. Allen anderen Eigenschaften von Menschen kommen demgegenüber geringere Relevanz zu. Der einheimische »Rotzlöffel« ist dann immer noch wichtiger als der migrantische Sympathieträger.

Es stehen demnach angebliche biologische Eigenschaften, die nicht veränderbar sind, und nicht kulturelle Eigenschaften, die veränderbar sind, für das Identitäts- und damit auch das Volksverständnis im Zentrum. Dies schließt nicht notwendigerweise »einen blutsmäßigen Austausch« aus, wie Kubitschek an anderer Stelle formuliert. In einem autorisierten Interview äußerte er: »Klar ist, dass jedes Volk auch eine ethnische Größe ist und dass der Verlust dieser relativen Homogenität große Probleme nach sich zieht.« Für das, was er damit meinte, benannte er aber keine genaueren Kriterien. Dem folgend formulierte Kubitschek: »Ich glaube, dass bestimmte politische Konzeptionen nur funktionieren, wenn es eine gewisse Homogenität im Volk gibt.«[154] Auch dem kann – bezogen auf eine stabile Demokratie – zugestimmt werden, wobei hierfür aber politische Minimalbedingungen und nicht ethnische Prinzipien relevant sind.

6.5 »Bewusste Nation« als idealisiertes Ordnungsmodell

Eine konstitutive Auffassung der Neuen Rechten besteht darin, in einer bewussten Nation ein ideales Ordnungsmodell zu sehen. Indessen wird die

Nation durch die Intellektuellen der Neuen Rechten immer wieder beschworen, ohne dafür eine inhaltliche Erläuterung vorzulegen. Als Ausnahme darf die Monografie »Nation. Eine Begründung« von Karlheinz Weißmann gelten. Sie erschien erstmals 2001 und wurde 2020 erneut herausgegeben. Götz Kubitschek wies in seinem Vorwort darauf hin, dass das Buch für die geistige Orientierung der jüngeren Vertreter der Neuen Rechten bedeutsam gewesen sei. Es erschien ohne Aktualisierung als bloße Neuausgabe, mit dem dezidierten Anspruch, eine inhaltliche Begründung für das konkrete Selbstverständnis zu formulieren. Davon kann aber schon aus formalen Gründen nicht gesprochen werden. Denn es geht primär um beschreibende Darstellungen zur ideengeschichtlichen Entwicklung, die sich auf eine deutsche und französische Deutung von »Nation« beziehen.

Die so angekündigte »historische Analyse« steht zwar für Belesenheit und Detailkenntnisse, vermag es aber nicht, den zentralen Begriff hinsichtlich seiner Komponenten im trennscharfen Sinne zu definieren. Beide Konzepte werden unterschieden, wobei die deutsche Form durch biologische Merkmale und die französische Form durch politische Willensbekundungen geprägt sei. Dabei erfolgt aber kein Plädoyer für die erstgenannte Variante, heißt es doch bei Weißmann: »Tatsächlich liegt die Schwäche der Vorstellung von einer ›biologischen Nation‹ darin, daß hier das Nationalbewußtsein einer Klasse von Empfindungen ›natürlicher‹ Art zugeschlagen wird in die es nicht gehört.« Damit erfolgt eine indirekte Distanzierung von den rassistischen und völkischen Konzeptionen, die allein mit biologistischen Argumentationsmustern »Nation« begründen wollten. Gleichwohl ist die »ethnische Identität« für Weißmann wichtig, würden doch »ethnische Gruppen [...] über Erbinformationen definiert«.[155] Genauere Angaben über deren Bestimmung findet man bei ihm aber nicht.

Indessen soll es um eine »politische Nation« gehen, womit ein rein organisches Verständnis erweitert werde. »Die Nation muß schon erkennbare Gestalt gewonnen haben, wenn sich der ›Wille‹ auf sie richten soll.« Ohne Belang sei dabei, ob dies durch eine Elite – hier erfolgt eine Berufung auf Oswald Spengler – oder durch Wahlen geschehe. Demnach werden das deutsche und französische Konzept tatsächlich von Weißmann miteinander verkoppelt.[156] Die letztgenannte Auffassung muss indessen nicht mit demokratischen Positionen einhergehen, denn sie kann von unterschiedlichen Inhalten und Zielsetzungen geprägt sein. Dies schließt einen Einklang von Ethnie und Wille ein – auch unter totalitären Vorzeichen. Dafür wirbt Weißmann erklärtermaßen nicht. Gleichwohl ist seine Auffassung für diktatorische Konsequenzen offen, gilt doch bei ihm nicht die Menschenwürde, sondern die Nation als zentraler Wert. Dafür liefert er aber keine allgemeine Begründung oder genauere Kriterien. So bleibt ein zentrales Konzept der Neuen Rechten im inhaltlichen Sinne diffus.

6.6 »Solidarischer Patriotismus« für die Wirtschaftspolitik

Die sozial- und wirtschaftspolitische Ausrichtung der Neuen Rechten ist für ihr ideologisches Selbstverständnis offenbar kein wichtiges Thema. Es mangelt – bis auf die folgende Ausnahme – an einschlägigen Buchveröffentlichungen, allenfalls lässt sich eine gelegentliche und kursorische »Kapitalismuskritik« konstatieren. Während in der »Jungen Freiheit« eine marktliberale Position dominiert, orientiert man sich im »Institut für Staatspolitik« in diese Richtung. Der dort relevanteste Akteur ist Benedikt Kaiser, der ähnlich wie früher Thor von Waldstein vorgeht.[157] Beide Autoren behaupten, dass die Kapitalismuskritik von der Linken aufgegeben worden sei. Sie interessiere sich mehr für die emotionale Identität von Minderheiten und weniger für die soziale Lage der Mehrheit. Insofern solle die Kapitalismuskritik von der Rechten als politisches Thema vereinnahmt werden. Kaiser beschwört einen »Solidarischen Patriotismus« als inhaltliche Position, demnach geht es ihm nicht primär um eine Strategie der Vereinnahmung wie etwa bei Waldstein.

Kaiser bemerkt: »›Solidarischer Patriotismus‹ enthält als Begriffspaar die beiden wichtigsten Pole. Er ist ein Angebot an gemeinwohlorientierte Kräfte aller Seiten […] ›Solidarischer Patriotismus‹ kann als ›rechter‹ Ansatz ›linke‹ Elemente integrieren […]« Und zur inhaltlichen Ausrichtung heißt es weiter: Er strebe »nach einem konstruktiven, zukunftsfähigen Verständnis einer gehegten sozialen Marktwirtschaft im Zeichen einer solidarischen und patriotisch rückgebundenen Leistungsgemeinschaft.« Es geht demnach nicht um die Abschaffung, sondern eine Eingrenzung des Kapitalismus. Man könnte von einem auf ethnische Deutsche ausgerichteten Sozialstaat sprechen, indessen mit einer erklärten Frontstellung gegen den als dominant empfundenen Neoliberalismus. Bei den darauf bezogenen Ausführungen fällt auf, dass mehrheitlich linke, mitunter auch marxistische Intellektuelle als Referenzquellen genannt werden. Diese Erkenntnis macht deutlich, dass eigene Analysen der Neuen Rechten dazu nicht vorliegen. Es gibt hier ein »Lernen von links«.

Dementsprechend werden ähnliche Gesichtspunkte wie auf der Linken angesprochen: der Anstieg der verstecken Arbeitslosigkeit und der relativen Armut ebenso wie die Eskalation des entstandenen Niedriglohnsektors und der leistungslosen Spitzeneinkommen. Erst gegen Ende hebt Kaiser die Unterschiede hervor: Man lehne die Auffassung von einer abstrakten Menschheit ab, habe ein identitäres und skeptisches Menschenbild und wolle mit realistischen Schritten zum Ziel kommen. Allgemein wird für die Politik ein Vorrang eingefordert, was ein Alleinstellungsmerkmal der Neuen Rechten sei. Allerdings ist dies auch eine Grundposition eines linken Keynesianismus. Darüber hinausgehende Konturen der wirtschaftspolitischen Orientierung blieben indessen blass. Als einzige Besonderheit kann Kaiser für sein politisches Lager hervorheben: »Die Bezugnahme auf eine *relative* ethnische Homogenität ist eine rechte Konstante des Solidarischen Patriotismus [...]«[158] Genauere Aussagen zu den Kriterien für »relativ« werden aber nicht formuliert, auch hier bleibt das Konzept im Vagen.

6.7 »Ethnopluralismus« als postulierter Gegensatz zum Rassismus

Ein besonderer Begriff ist »Ethnopluralismus« für die Neue Rechte und ihr öffentliches Selbstverständnis. Doch was soll damit konkret gemeint sein? Martin Lichtmesz bemerkte in einer gesonderten Monografie mit gleichnamigem Titel: »Ethnopluralistisch nenne ich alle Ansätze, die das Nation- und Volkssein überhaupt und an sich als ein Gut verteidigen.«[159] Diese ausformulierte Definition ist so diffus, dass damit die unterschiedlichsten Verständnisse einhergehen können. Denn die Bedeutung von »Nation- und Volkssein« lässt sich mit den verschiedensten gesellschaftlichen und politischen Vorstellungen und Wertigkeiten in einen Zusammenhang bringen. Die Bezeichnung »Ethnopluralismus« kam in den 1970er-Jahren auf, als die erwähnten nationalrevolutionären Intellektuellen derartige Positionen entwickelten. Diesen ging es um die Beibehaltung der ethnischen Identität als konstitutives Politikelement und um die formale Negierung des biologistischen Rassismus. Der letztgenannte Aspekt war ihnen wegen ihres öffentlichen Images hinsichtlich der politischen Zuordnung wichtig.[160]

Die damit gemeinte Auffassung der Neuen Rechten lässt sich wie folgt zusammenfassen: Die ethnische beziehungsweise nationale Identität sei von herausragender Relevanz für das menschliche Wesen. Indessen könne – bezogen auf die gemeinten Gruppen wie etwa »Rassen« – nicht von einer unterschiedlichen Wertigkeit gesprochen werden. Grundsätzlich sei die ethnische und kulturelle Identität aller Völkergruppen anerkennenswert. Diese könnte die höchste Anerkennung und reale Praxis am besten in getrennten Räumen erhalten. Auffassung und Begrifflichkeit wurden von Hennig Eichberg, einem damaligen nationalrevolutionären Intellektuellen, geprägt.[161] Eine ähnliche Argumentationsweise nutzte Alain de Benoist ab den 1980er-Jahren: Er distanzierte sich sowohl vom »Rassismus« wie vom »Antirassismus« und setzte sie als gegen die Vielfalt der Völker gerichtet miteinander gleich.[162] Diese Auffassung besagte aber zunächst nichts über die sozialen Folgen, denn eine Existenz von gesellschaftlichen Gruppen hätte auch in getrennten Räumen reale Wirkungen.

Daher kamen kritische Einwände zum »Ethnopluralismus« auf: Demnach laufe er auf Apartheitsstrukturen, Homogenitätsideale und Vertreibungen hinaus; letztendlich habe man es in der Konsequenz doch wieder mit Rassismus zu tun. Lichtmesz verneinte formal diese Vorwürfe: Es handele sich nicht um ein politisches Programm.[163] Indessen stellt sich dann aber die Frage, ob es hier nicht doch um mehr als nur eine Idee gehen soll. Den bekundeten Distanzierungen von Lichtmesz stehen auch widersprechende Positionierungen gegenüber. So heißt es bei ihm: »Der Ethnopluralismus betont, daß es konfliktmindernd und der freien Entfaltung der Völker förderlich sei, wenn sie separat voneinander leben und die jeweiligen Grenzen des anderen respektieren.«[164] Dies liefe auf die kritisierten Wirkungen hinaus. Angesichts derartiger Konsequenzen für Menschen mit Migrationshintergrund ist es unerheblich, ob sie zuvor eine ideologische Abwertung erfahren oder nicht. Der Autor negiert nicht zufällig das Konzept der Menschenwürde als bloßen »Trick«.[165]

6.8 »Großer Austausch« als Diskurselement zur Migration

Eng mit dem Diskurs über »Ethnopluralismus« ist bei der Neuen Rechten ein anderes Schlagwort verbunden: der »Große Austausch«. Es geht auf ein Buch von Renaud Camus zurück, einen französischen Publizisten und Schriftsteller, der aber nicht aus der Neuen Rechten stammt. Offenkundig entwickelte er sich über seine Aversion gegen die Migration zum rechten politischen Spektrum hin, was ihm in Frankreich den Ruf einbrachte, ein politischer Vordenker des »Front National« beziehungsweise des »Rassemblement National« zu sein. Camus' begriffsprägender Essay erschien in einem Sammelband seiner Texte, der in der deutschen Ausgabe »Revolte gegen den Großen Austausch« betitelt ist und von Marin Lichtmesz übersetzt im »Verlag Antaios« erschien. Darin spricht der Autor von einer ungeheuren Erschütterung: »als ethnische und kulturelle Substitution, als demographische Überschwemmung, als Gegen-Kolonisation, als Eroberung Europas durch Afrika, eine spiegelbildliche Kopie der einstigen Eroberung Afrikas durch die Europäer [...]«.[166]

Dies alles sollte mit »Großer Austausch« als Bezeichnung erfasst werden. In »Der Große Austausch oder: Die Auflösung der Völker«[167] ging es nicht nur darum, die Entwicklung der Migration und damit einhergehende reale Probleme zu thematisieren. Denn ein Anstieg migrantischer Bevölkerungsanteile stellt durchaus eine gesellschaftliche Herausforderung dar, der aber nicht notwendigerweise mit fremdenfeindlichen und nationalistischen Deutungsmustern und Forderungen begegnet werden muss. Camus beklagte in seinem Essay einen allgemeinen Kulturverlust in den europäischen Ländern, der mit dem Niedergang der Völker einhergehe. Gegen »Eroberung« und »Kolonialisierung« müssten »Nation« und »Volk« verteidigt werden. »Großer Austausch« als Begriffswahl suggeriert darüber hinaus, dass es um die Erfüllung eines Plans gehe. Demnach solle die einheimische durch die migrantische Bevölkerung »ausgetauscht« werden.

Die angeblichen Akteure nennt Camus dabei ebenso wenig wie ihre konkreten Interessen. Gleichwohl legen derartige Aussagen eine meist auf Eliten gemünzte verschwörerische Praxis nahe, mit welcher der »Große Austausch« als Schlagwort implizit verbunden ist. Mittlerweile handelt es sich bei »Großer Austausch« um ein Codewort für einen einschlägigen Diskurs. Auch Akteure der Neuen Rechten nutzen es, ohne dazu nähere Erläuterungen und Klarstellungen vorzunehmen. So bemerkt beispielsweise Götz Kubitschek: »Der ›Große Austausch‹, das Verschieben von Menschenmassen durch halbe Kontinente, folgt dieser Logik der Ersetzbarkeit und Konstruierbarkeit von allem.«[168] Oder Martin Lichtmesz streut Schlagworte wie die folgenden in seine Texte ein: »Bevölkerungsaustausch per Ersatzmigration«, »Problematik des Bevölkerungsaustauschs«.[169] Und es heißt bei Caroline Sommerfeld: »Wer gegenwärtig Widerstand gegen die ›Coronadiktatur‹ oder den Großen Austausch leisten will, sieht sich in der Position des Unterlegenen.«[170]

6.9 Selbstermächtigungen zum »Widerstand«

Aus der Dramatisierung der Migrationsentwicklung, die von der Neuen Rechten publizistisch betrieben wird, leitet sie eine Selbstermächtigung zum »Widerstand« ab. Dabei handelt es sich um eine Begriffsaneignung, was als Strategie noch gesondert Thema sein wird. Bei »Widerstand« geht es nicht nur darum, eine ablehnende Haltung zu einem kritisierten Phänomen einzunehmen. Dann würde man eher vom »Protest« und eben nicht vom »Widerstand« sprechen. »Widerstand« meint eine illegale Handlung, die sich mit unterschiedlichen Mitteln auch gegen reale Regierungspolitik richten kann. Dies wäre etwa der Fall, wenn die Regierung gegen die Verfassung verstößt. Ginge es dabei zum Beispiel um die Einführung eines diktatorischen Systems, dann könnten sich die Bürger dagegen auch notfalls mit Gewaltakten wenden. Als Legitimation dazu dient eine Selbstermächtigung.

Dieser Bedeutungsgehalt sollte immer bewusst sein, wenn es um das »Widerstand«-Verständnis geht. Die Neue Rechte nutzt den Terminus offensiv und spricht über das eigene politische Lager als ein »Widerstandsmilieu«. Hier soll es aber um einen besonderen Diskurs zu dieser Frage gehen, nämlich die Deutung der Flüchtlingsentwicklung ab 2015. Mit Blick auf die Migration veröffentlichte die »Sezession« ein eigenes Themenheft »Widerstand«. Beachtenswert an dieser Ausgabe war bereits das Titelbild: Es zeigte eine junge Frau, die eine Maschinenpistole in Richtung des Zuschauers hielt. Eine Anspielung auf eine potenzielle Gewaltanwendung darf daraus ohne Unterstellungsvorwurf abgeleitet werden, denn eine solche Bildauswahl für ein solches Heft kann wohl schwerlich als unbeabsichtigt und zufällig gelten. Unter den Beiträgen soll der von Thor von Waldstein besonders hervorgehoben werden, worin er das im Grundgesetz enthaltene »Widerstand«-Verständnis thematisierte, um es in seinem ideologischen Sinne politisch umzudeuten.

Dies geschah in »Zehn Thesen zum politischen Widerstandsrecht«, die auf die seinerzeitige Flüchtlingsentwicklung bezogen waren. Dabei beschrieb er die damalige Gegenwart wie folgt: »Im Lichte dieser – von der Regierung seit Sommer 2015 sehenden Auges geschaffenen – Fakten kann aus staatsrechtlicher Sicht wenig Zweifel daran bestehen, daß es sich um einen vorsätzlichen Staatsstreich der Regierung gegen das eigene Volk, einen Putsch von oben handelt.« Der Autor leitete daraus ab, im Namen des Volkes zu sprechen: »Als Deutsche erklären wir nunmehr das demokratiezersetzende Bevölkerungsaustauschprojekt für beendet. Unsere Geduld mit der faktisch oppositionslosen Berliner Despotie und mit den Jakobinern in den Staatsmedien ist vollständig erschöpft.«[171] Ohne selbst über eine demokratische Legitimation zu verfügen, forderte von Waldstein den Rücktritt der demokratisch gewählten Regierung. Seine Auffassungen leitete er aus der Berufung auf ein »Widerstandsrecht« ab, die hier eine Selbstermächtigung und damit einen Willkürakt darstellt.

6.10 Diffusität der eigenen Staatskonzeption

Zum Schluss des Kapitels soll auf eine Leerstelle bei den Positionen hingewiesen werden: Zwar gilt das »Institut für Staatspolitik« für die Neue Rechte als geistiges Zentrum, ihre Anhänger entwickelten aber keine eigene Staatskonzeption. Damit blieb ein wichtiger politischer Gesichtspunkt hinsichtlich der inhaltlichen Legitimation im unverbindlichen Vagen. Welche Bedeutung eine solche Konzeption gehabt hätte, wurde indessen sehr wohl erkannt, was folgende Aussage von Benedikt Kaiser veranschaulicht: »Wer die Alternativlosigkeit des globalistischen Establishments, dieser kruden Mixtur aus Kaptalfraktionen, linken Gesellschaftserziehern und Charaktermasken der politmedialen Elite, verwirft und wer jenen, die diesem Establishment bereits kritisch gegenüberstehen [...], das Bild einer anderen Zukunftsgestaltung bieten möchte – der wird nicht umhinkommen, zumindest Grundrisse einer alternativen Staats- und Gesellschaftsauffassung zu skizzieren.«[172] Es ginge letztendlich um die formalen und inhaltlichen Grundlagen des angestrebten Ziels.

Doch dann kann Kaiser selbst kein positives Modell für die Neue Rechte skizzieren. Er beschränkte sich auf Einwände gegen den bestehenden Staat, wobei der Anlass dazu die Corona-Politik war, welche aus seiner Sicht in einem »Verordnungsrausch« mündete. Der »Bemutterungsstaat« und der Individualismus bestärkten sich angeblich. Bezogen auf den ökonomischen Bereich gebe es auch keinen grundsätzlichen Gegensatz von Markt und Staat. Der Mensch stünde auch in seiner Relevanz über der Wirtschaft. Bei all diesen Aussagen fehlt es aber an einer eigenen Staatskonzeption. Es heißt nur: »Das Hauptziel ist [...] die Stärkung des nationalen Gemeinwohls und des Miteinanders in identitätsbewussten Vertrauenszusammenhängen.« Und dann meint Kaiser noch: »Erstrebt wird als Fernziel der *muskulöse* Staat, und das heißt kein schlanker [...], aber auch kein fetter Staat [...].«[173] Absicht des staatlichen Handelns solle es sein, Ressourcen effizient und gezielt einzusetzen. Angesichts des erhobenen Anspruchs ist dies auch nur ein diffuses Konzept.

Andere Autoren der Neuen Rechten widmen sich meist gar nicht erst dem Problem, was die Formulierung »Staat« als konzeptionelle Leerstelle meint. So verhält es sich auch beim Blick in das »Staatspolitische Handbuch«, worin als einer der »Leitbegriffe« eben »Staat« gilt. Im dortigen Artikel werden von Karlheinz Weißmann realgeschichtliche Entwicklungen und grundlegende Strukturprinzipien genannt, aber es wird kein eigenes Modell für eine Staatsordnung beschrieben. Er beklagt lediglich, dass es gesellschaftlichen Gruppen gelungen sei, staatliche Institutionen ihrer Kontrolle zu unterwerfen: »Der so installierte Pluralismus hatte zwar den Machtverlust des St. zur Folge, allerdings ohne die vor allem von Linken [...] und Liberalen [...] erwarteten wohltätigen Folgen.«[174] Demnach soll ein angestrebter Staat wohl eine antipluralistische Struktur aufweisen. Die aufgeführte Literatur dazu nennt allein von Carl Schmitt drei Titel, womit sich eine genauere Zielsetzung ergeben soll. Diese bestünde demnach zumindest aus einem autoritären und diktatorischen Staatsverständnis.

7
STRATEGIEN FÜR DIE POLITISCHE WIRKUNG

Als politischer Akteur bedient sich die Neue Rechte besonderer Strategien, die in der folgenden Darstellung und Erörterung thematisiert werden. Für sich allein stehen derartige Handlungen nicht für eine extremistische Zielsetzung, denn sie werden auch von demokratischen Kräften im pluralistischen Meinungskampf genutzt. Die extremistische Ausrichtung ergibt sich primär aus den ideologischen Positionen. Fortan geht es bezogen auf die Neue Rechte um folgende Strategien: die Ausrichtung an »Kulturrevolution« und »Metapolitik« (7.1), sowie an der Theoriearbeit zur politischen Wirkung (7.2), Begriffsbesetzungen und -umdeutungen als Praxis (7.3), den Diskurs mit »Maskierung« und »Mimikry« (7.4), die Erkenntnis des Feindes beziehungsweise Hauptfeindes (7.5), »Provokation« im öffentlichen Raum (7.6), »Lernen von links« für das Vorgehen (7.7) und die Einforderung einer »Mosaik-Rechten« (7.8). Schließlich werden noch der Bruch in der Neuen Rechten (7.9) und die Forderung nach »Fundamentalopposition« statt »Selbstverharmlosung« (7.10) thematisiert.

7.1 Ausrichtung an »Kulturrevolution« und »Metapolitik«

Die Begriffe »Kulturrevolution« und »Metapolitik« stehen bei der Neuen Rechten für die primäre strategische Orientierung, womit das bei diesen Intellektuellen kursierende Rollenverständnis deutlich wird. Es geht von folgender Grundannahme aus: Die politischen Änderungen sind auch immer die Folgen von geistigen Veränderungen. Daher müsste es eine kulturelle Hegemonie vor einer politischen Vorherrschaft geben. Und um dieser Absicht willen sollten Intellektuelle einen solchen Wandlungsprozess geistig vorbereiten. Dabei beruft man sich mit Antonio Gramsci (1891–1937) auf einen italienischen Marxisten.[175] Er fragte sich Anfang der 1920er-Jahre, warum es zu einer Revolution in Russland, aber nicht im Westen kam. Seine Antwort lautete, dass im damaligen Europa ein gesellschaftlicher Konsens für die bestehenden Staatsordnungen vorhanden war. Insofern müsse zunächst diese geistige Akzeptanz überwunden werden, erst danach könne man die politische Macht erlangen. Später kamen dafür die Bezeichnungen »kulturelle Hegemonie« und »Kulturrevolution« auf.

Den letztgenannten Begriff übernahm die französische Neue Rechte, wobei dezidiert von einer »Kulturrevolution von rechts« die Rede war. Alain de Benoist veröffentlichte unter gleichnamigem Titel eine Essaysammlung, deren Untertitel: »Gramsci und die Nouvelle Droite« lautete.[176] Darin bekundete er: »Alle großen Revolutionen der Geschichte haben nichts anderes getan, als eine Entwicklung in die Tat umzusetzen, die sich zuvor schon unterschwellig in den Geistern vollzogen hatte. Man kann keinen Lenin haben, bevor man einen Marx hatte.« Und weiter hieß es, »um die politische Mehrheit auf Dauer zu erringen, muß man zunächst die ideologische Mehrheit erringen, denn erst, wenn sie für Werte gewonnen ist, die von ihren eigenen Werten verschieden sind, wird die bestehende Gesellschaft in ihren Grundfesten zu wanken und ihre effektive Macht abzubröckeln beginnen.«[177] Benoist übernahm Gramscis besondere Positionen indessen nur als formale Strategie, ohne deren ideologische und soziale Implikationen mit für das eigene Verständnis zu teilen.

Derartige Auffassungen wurden auch von der deutschen Neuen Rechten übernommen, wobei dort häufiger von »Metapolitik« die Rede war. Denn die Bezeichnung »Kulturrevolution« bringt man eher mit der politischen Linken in Verbindung. Einen kleinen Band zu »Metapolitik. Theorie – Lage – Aktion« legte Thor von Waldstein vor. Doch ähnlich wie Benoist bestimmte er das, was er genau meinte, darin nicht näher. Eher allgemein sollte es um eine Politik hinter der Politik gehen: »Sie begreift als wesentliches Herrschaftselement die *kulturelle* Macht des Staates, also dessen Fähigkeit, sich auf geistige, ethische und traditionelle Werte zu stützen [...]« Demnach könne man zu grundlegenden Änderungen nicht beziehungsweise nicht nur über die Parteipolitik kommen. Angemessen sei auch kein Intellektualismus, gelte es doch vielmehr, »die in der öffentlichen Atmosphäre ständig präsenten Emotionen und Subjektivismen zu bündeln und einem sinnvollen Tätigkeitsgebiet zuzuführen.« Indessen blieb der Autor sehr allgemein und auf ein »neues Lebensgefühl«[178] bezogen.

7.2 Bedeutung der Theoriearbeit für die politische Wirkung

Eine damit angedeutete Aktionsorientierung lehnen die meisten Neuen Rechten für sich eher ab, will man doch primär als Intellektueller im kulturellen Raum wirken. Damit einher geht die Einsicht, dass für die politische Wirkung primär die eigene Theoriearbeit relevant sein soll. Bereits bei der Entstehung der französischen Neuen Rechten war sie von großer Bedeutung, verwies doch Benoist hierbei auf die Differenz von »alter« und »neuer Rechter«. Angesichts einer existenten linken Ideologie bemerkte er: »Gegenüber einem Gegner, der mit einem noch entwickelten ideologischen Rüstzeug in den Kampf zieht, ist der Rechte geradezu waffenlos.« Und weiter hieß es: »Ohne präzise Theorie kein wirksames Handeln.«[179] Damit sprach Benoist ein reales Defizit in seinem politischen Lager an, denn dort war eine systematische Theoriebildung nicht vorangetrieben worden. Als Grundauffassung berief man sich lediglich auf »Leben«, »Natur« und »Tradition«. Eine abstrakte Arbeit an ideologischen Konstrukten passte nicht zum eigenen habituellen und politischen Selbstverständnis.

Demgegenüber arbeitete Benoist diverse politische Klassiker auf, womit er Bausteine für eine eigene politische Theorie entwickeln wollte. Da seine Bücher auch in deutscher Übersetzung erschienen[180], nahm man die erwähnten Denker in der hiesigen extremistischen Rechten mit intellektuellerem Zuschnitt fortan stärker wahr. Dabei kann etwa bezogen auf die Konservative Revolution von einem »Re-Import« gesprochen werden. Denn deren Akteure waren auch in Deutschland im Konservativismus mehrheitlich vergessen worden, sieht man von einzelnen Denkern wie etwa Ernst Jünger oder Carl Schmitt ab. Gerade die erwähnten Klassiker, worauf sich die Neue Rechte heute beruft, bedurften einer Renaissance nach ihrer Wiederentdeckung. Deren Auffassungen wurden in Beiträgen früher in »Criticon«, danach in der »Jungen Freiheit« und später in »Sezession« vorgestellt. Man berief sich in Abhandlungen zu aktuellen Fragen immer wieder auf ihre Positionen, um so auf ein ideologisches Fundament für das politische Selbstverständnis verweisen zu können.

Damit sollten insbesondere akademisch Gebildete für das eigene Lager gewonnen werden, bestand doch hier ein intellektuelles und soziales Defizit. Mit Theoriearbeit wollte man vor allem dort Wirkung entfalten. So formulierte von Waldstein: »Geistige Attraktion ... ist die wesentliche Voraussetzung dafür, den Kampf um die Köpfe zu gewinnen.«[181] Für die konkrete Praxis können indessen zwei Richtungen unterschieden werden: Benoist als früher Denker der Neuen Rechten blickte insbesondere auf eine intellektuelle Zielgruppe, wobei ihm andere politische Akteure für die eigene strategische Wahrnehmung nicht so wichtig waren. Demgegenüber öffnete sich das IfS bei Kooperationen mehr, sei es bezogen auf eine Jugendgruppe, Partei oder Protestbewegung. Denn es bestehe die Gefahr eines »Intellektualismus« und demgegenüber seien auch Emotionen und Provokationen in einem langfristigen Sinne wichtig. Erst dadurch könne »der Boden bereitet werden, auf dem metapolitisch gesät und anschließend politisch geerntet werden kann.«[182]

7.3 Begriffsbesetzungen und -umdeutungen als Praxis

Derartige Aktivitäten sollen später noch gesondert thematisiert werden. Zunächst geht es um die angestrebten Begriffsnutzungen im Diskurs, wird dabei doch bezogen auf einen »Kampf um die Köpfe« ein wichtiges Merkmal der Neuen Rechten deutlich. Diese Einsicht erklärt mit, warum ein mehrteiliges »Staatspolitisches Handbuch« vom IfS herausgegeben wurde. Der erste Band ist den »Leitbegriffen« gewidmet und wurde allein von Karlheinz Weißmann verfasst. Er machte darin bereits zu Beginn auf die politische Relevanz aufmerksam, welche mit Begriffsprägungen und -verwendungen verbunden sei: »Es ist deshalb ein Streit um Worte niemals nur ein Streit um Worte, sondern darum, wer dadurch, daß er einem Wort Geltung verschafft, Einfluß nimmt.« Und weiter heißt es: »Wer einen Begriff platziert und definiert, erreicht, daß man ein Wort benutzt und außerdem, daß man sich darunter etwas bestimmtes vorstellt.«[183] So wurde das Handbuch eine Referenzquelle, auf die insbesondere die jüngeren Akteure der Neuen Rechten häufig verweisen.

Sie arbeiten mit Begriffsdeutungen, um damit in Diskursen für sich Dominanz und Hegemonie erlangen zu können. Dabei geht es in der ideologischen Absicht darum, die Normen und Regeln des demokratischen Verfassungsstaates zu delegitimieren. Denn diese bilden in der gesellschaftlichen Akzeptanz eine schützende Barriere, die gegen die politischen Bemühungen von allen Extremisten eine offene Gesellschaft und ein pluralistisches

System verteidigt. Um nun aber den damit einhergehenden Konsens zu brechen, müssen dessen Legitimationsgrundlagen erodieren. Genau diese Absicht bildet den Kern, welcher der Begriffspolitik der Neuen Rechten eigen ist. Dabei lassen sich zwei Herangehensweisen idealtypisch unterscheiden: die Diffamierung bestehender demokratischer Normen und deren Umdeutung. Im ersten Fall erfolgen Herabwürdigungen und Schmähungen, im zweiten Fall hat man es mit Neuinterpretationen und Vereinnahmungen zu tun. Je nach dem Begriff und seinem öffentlichen Status wird mal das eine, mal das andere getan.

Die der Begriffspolitik eigene Funktion bekunden die Intellektuellen hinsichtlich des strategischen Nutzens indessen nur selten. Ältere Aussagen von dem früher publizistisch aktiven Klaus Kunze, ein Jurist mit Nähen zur Neuen Rechten, machen dies aber in bemerkenswerter Offenheit für den erhofften Wirkungszusammenhang deutlich. Er beschwor eine angemessene Vorgehensweise mit folgenden Worten: »Jede Strategie der Überwindung eines Herrschaftssystems muß mit seiner Delegitimierung beginnen. Hauptwaffe ist der Tabubruch. Er ist der erste Schritt zur nötigen Umwertung der Werte. Diese beginnt mit dem gezielten Lächerlichmachen der gegnerischen Ideologeme, soweit diese nicht angeeignet und umgepolt werden können [...]« Es gehe um »die gezielte Zerstörung oder Umdeutung der tragenden Werte einer Parteienherrschaft [...] diese zu zerstören ist vordringlichste Aufgabe einer geistigen Partisanentätigkeit.«[184] Genau darin sah der Autor die Funktion eben jener Intellektuellen, die damals wie gegenwärtig als Neue Rechte wahrgenommen werden.

7.4 Diskurs mit »Maskierung« und »Mimikry«

Blickt man auf den Diskurs von Konservativer Revolution und Neuer Rechter, so lassen sich bei den Benennungen politischer Positionen gewisse Unterschiede feststellen. Dies gilt insbesondere für die Deutlichkeit in den Formulierungen, die gegen die Normen und Regeln eines demokratischen Verfassungsstaates gerichtet sind. Ganz allgemein wirken die Aussagen der Neuen Rechten eher gemäßigt. Mitunter berufen sich deren Akteure auch formal auf Demokratie und Grundrechte oder Meinungspluralismus und Rechtsstaatlichkeit. Gleichzeitig berufen sie sich aber auch auf die Denker der Konservativen Revolution, die eben diese inhaltliche Basis einer modernen Demokratie verwarfen. Daher stellt sich die Frage, wie ein solches Agieren angesichts dieser Widersprüchlichkeit zu deuten ist. Ein inhaltlicher Einklang kann nicht behauptet werden, ein strategisches Motiv wäre daher wohl wahrscheinlicher. Dann unterstellte man den Akteuren der Neuen Rechten, sie würden ihre Auffassungen bewusst in einer gemäßigten Form an die Öffentlichkeit bringen.

Indessen lässt sich eine solche Sicht nicht so einfach belegen, mangelt es dazu doch meist an einschlägigen Statements. Zwei bedeutsame Akteure der Neuen Rechten haben sich aber einmal offen in diesem Sinne geäußert. Um ihre Aussagen über das öffentliche Wirken besser zu verstehen, muss auf die für politische Handlungen unterschiedlichen Rahmenbedingungen verwiesen werden. Denn die Basiswerte einer modernen Demokratie fanden in der Gesellschaft der Weimarer Republik nur wenig Wertschätzung, was eine offene Ablehnung ihrer normativen Grundlagen unproblematisch erscheinen ließ. Demgegenüber finden in der Bundesrepublik Deutschland diese Grundprinzipien eine hohe soziale Zustimmung, was eine strategische Rücksichtnahme auf gesellschaftliche Stimmungen nötig macht. Insofern müssen extremistische Akteure ihre Positionen so formulieren, dass eine politische Anschlussfähigkeit in die gesellschaftliche Mitte hinein nicht verloren geht. Gerade für Intellektuelle mit einem intellektuelleren Zielpublikum ist dies wichtig.

Anschaulich machen diesen Gesichtspunkt die folgenden beiden Statements. Die erste schon ältere Aussage stammt von Karlheinz Weißmann, der 1986 bemerkte: »Die Fähigkeit, in die Offensive zu gehen, muss entwickelt werden und dazu die Fähigkeit, die Situation zu beurteilen: ob hier der offene Angriff oder die politische Mimikry gefordert ist.«[185] Durchaus zu Recht sah der Autor, dass die politische Grundstimmung damals nicht günstig für sein ideologisches Lager war. Daher plädierte er für eine Anpassung als Schutz und Täuschung, was eben die Bezeichnung »Mimikry« meint. Ein »Angriff« wäre erst in einer anderen Rahmensituation sinnvoll. Auch Götz Kubitschek ist diese Problematik bewusst, was ihn mit einer derartigen Option für das öffentliche Wirken werben ließ. In seinem Buch »Provokation« von 2007 sprach er über die »mühevolle Aufgabe, stets Kulisse und Wirklichkeit getrennt zu halten«. Es gehe, anders ausgedrückt, »um den Drahtseilakt zwischen notwendiger Offenheit und taktischer Maskierung.«[186]

7.5 Erkenntnis des Feindes beziehungsweise Hauptfeindes

Bedeutsam für die ideologische Ausrichtung der französischen Neuen Rechten war als konstitutives Prinzip, dass man den Feind beziehungsweise Hauptfeind im politischen Kampf identifizieren konnte. Diese Grundauffassung führte ihre Protagonisten auf Carl Schmitt zurück. Er hatte die Differenzierung von Freund und Feind zum Kriterium des Politischen erhoben[187], was angesichts der Begeisterung für ihn von der Neuen Rechten übernommen wurde. In diesem Ansatz ging es aber um den Intensitätsgrad von Konflikten, welcher dann für das Politische stehen sollte. Demnach gilt der Feind eben als das Gegenüber, was aber nicht mit einer persönlichen Abneigung oder Herabwürdigung verbunden sein musste. Insofern wurde das Feindverständnis von Schmitt nicht ganz zutreffend rezipiert. Die Anhänger der Neuen Rechten wollten beziehungsweise wollen vielmehr bestimmen, gegen welchen politischen Akteur sich ihr eigenes Wirken zentral richten sollte. Es ging dem erwähnten Alain de Benoist damit hauptsächlich um den Negativfaktor.[188]

Entgegen einer ersten Erwartungshaltung war der Hauptfeind nicht die politische Linke, sah man doch bereits vor 1990 im politischen Liberalismus die eigentlich verwerfliche Position. Beiden gemeinsam sei das Egalitätsprinzip, das Liberale und Linke zu einem identischen Phänomen mit unterschiedlichen Varianten mache. Daraus resultierten dann angeblich »Gleichmacherei«, »Kosmopolitismus« und »Universalismus«. Diese Auffassung richtet sich auch gegen die Gleichwertigkeit der individuellen Menschen und damit gegen ein Grundprinzip demokratischer Verfassungsstaaten. Insofern kommt diesem Aspekt für die extremismustheoretische Deutung hohe Relevanz zu. Hier geht es aber nicht nur um eine ideologische, sondern auch strategische Dimension. Mit der inhaltlichen Ausrichtung gegen einen hauptsächlichen Feind konzentriert man sich auf den angeblichen Kern des gemeinten Übels, was nicht nur für die konkrete Deutung, sondern auch für die politische Mobilisierung relevant ist. So sollen gegen den »Hauptfeind« die Kräfte gebündelt werden.

Die Bestimmung des Feindes ist daher auch für die aktuelle deutsche Neue Rechte relevant. Götz Kubitschek bemerkte etwa, »[…] weil wir also einen Gegner haben, ist es an uns, die Krise als Chance zu nutzen. Die *Zuspitzung der Begriffe* und die *Kennzeichnung der Gegner*: Das ist unsere Aufgabe.«[189] Aber auch hier bleibt der Autor hinsichtlich der konkreten Benennung diffus, ist doch lediglich von einem »multikulturellen Arbeits- und Konsum-Staat«[190] die Rede. Eher allgemein wird die politische Elite für einen postulierten Niedergang verantwortlich gemacht. Denn Schutz und Sicherheit könne der von ihr dominierte deutsche Staat immer weniger garantieren. In dieser inhaltlichen Ausrichtung besteht dann auch die konkrete Feindbestimmung, die demnach nicht primär gegen die politische Linke gerichtet ist. Diese gilt im Diskurs der Neuen Rechten eher als bloßer Systemunterstützer. Demnach richtet sich die eingeforderte Feindbestimmung für die eigene politische Identität darauf, die Basiswerte einer modernen Demokratie und Gesellschaft zu überwinden.

7.6 »Provokation« im öffentlichen Raum

Außerdem sei auf eine Strategie verwiesen, welche Intellektuelle aufgrund ihres Selbstverständnisses eigentlich vermeiden. Dabei geht es um die »Provokation« im öffentlichen Raum, die kein direkter Beitrag zur geistigen Vorherrschaft ist. Gleichwohl plädierte Götz Kubitschek theoretisch wie praktisch für eine solche Vorgehensweise. Damit bestehen gegenüber der französischen Neuen Rechten oder dem »Junge Freiheit«-Komplex erkennbare Unterschiede. Diesen Akteuren ist eine ausgeprägte Aktionsorientierung nicht so wichtig, würden sie doch so um den Ruf der Seriosität fürchten müssen. Demgegenüber trat Kubitschek sogar in einer eigenen Veröffentlichung für einen provokativen Weg ein. Gemeint ist das erwähnte Buch »Provokation«, das als achter Band 2007 in der »Kaplaken«-Reihe erschien und für die heutige Neue Rechte als Klassiker gilt. Die dortigen Ausführungen sind im kämpferischen Ton gehalten, was je nach Betrachter mal mehr nach schwülstigem Kitsch, mal mehr nach ergreifendem Pathos klingen mag.

Der Autor verweist dabei ohne Bedauern auf eine Krise der Nation, entstehe dadurch doch eine politische Spannungssituation für eine grundlegende Umwälzung. Demgegenüber sei nicht Dulden und Grabesruhe, sondern Gegenwehr und Provokation angebracht. Dazu heißt es: »Provokation, kluge, arrogante, witzige, schockierende, plötzliche, stete, situative Provokation ist für unseren Zweck das unausweichliche und das geeignete Mittel.« Kubitschek konstatierte schon, dass es sich um einen Modebegriff für die unterschiedlichsten Nutzer handele. Es gehe jeweils um Aufmerksamkeit und Vermittlung. Diese könnten aber auch Bestandteile einer »rechten Strategie« für öffentliches Wirken sein: »Wahrgenommen wird das Unerwartete, wahrgenommen wird der *gezielte Regelverstoß*, wahrgenommen, zwingend wahrgenommen wird die bewußte oder unbewußte *Verletzung des Regelwerks der Harmlosigkeit*, das die derzeitige deutsche, nur scheinbar nach allen Seiten offene Herrschaftsstruktur absichert und bewehrt.«[191]

Indessen beließ es der Autor auch in diesem Buch bei vagen Formulierungen, womit das konkret Gemeinte eine diffuse Vorstellung blieb. Mit anderen Aktivisten gründete er 2007 eine »Konservativ-Subversive Aktion«, die »Provokationen« öffentlich umsetzen wollte.[192] Meist ging es deren Akteuren darum, Diskussionsveranstaltungen mit als »links« geltenden Podiumsteilnehmern wie Politikern oder Schriftstellern zu stören. Dazu dienten geschlossenes Auftreten und penetrante Zwischenrufe. Erkennbar kopierte Kubitschek so linke Protestgruppen aus früheren Zeiten. Allein die Bezeichnung »Konservativ-Subversive Aktion« erinnerte an die »Subversive Aktion« der Vor-Achtundsechziger. Zwar konnte mit derartigen Aktionen eine gewisse Medienresonanz ausgelöst werden, ein dauerhafter Erfolg mit breiterer Wirkung blieb jedoch aus. Insofern scheiterte dieser Ansatz von Kubitschek, der indessen von den noch zu behandelnden »Identitären« etwas erfolgreicher umgesetzt wurde. Diese Aktivitäten passen aber eigentlich nicht zu den gemeinten Intellektuellen.

7.7 »Lernen von links« für strategische Orientierungen

Es wird mitunter ein »Lernen von links« innerhalb der Neuen Rechten eingefordert, wobei es nicht um eine Akzeptanz von inhaltlichen Einstellungen des gegnerischen politischen Lagers geht. Was damit gemeint ist, erklärt sich aus zwei Erkenntnissen: Man strebt, ähnlich wie die Linke, aus einer randständigen Position heraus grundlegende Veränderungen an. Und die Linke ist für die Neue Rechte auf dem Weg dorthin schon weiter. Insofern meint sie, deren angebliches Erfolgsmodell als strategischen Steinbruch nutzen zu können. Die von Gramsci übernommene »Kulturrevolution«-Strategie stellt dafür ein Musterbeispiel dar. Der Denkansatz des italienischen Marxisten sollte aber nicht in dessen politischem Sinne weiterentwickelt werden. Es ging primär um eine instrumentalisierende Deutung, frei nach dem Motto: Dieses linke Konzept war erfolgreich, es kann auch von der Rechten übernommen werden. Mit einer gewissen Berechtigung darf hier für die Neue Rechte von strategischer »Produktpiraterie« gesprochen werden.

Der dafür bedeutsamste Akteur ist Benedikt Kaiser, etwa mit seiner Auffassung einer »Revolutionären Realpolitik von rechts«, wobei er die Bestandteile dafür ausgerechnet von Rosa Luxemburg übernahm. Die Anfang des 20. Jahrhunderts für Luxemburg bestehende politische Situation, so Kaiser, entspreche formal der für die Rechte dominierenden politischen Situation in der Gegenwart: »So spezifisch Luxemburg argumentierte, und so sehr sie auch das Sozialistische ihrer Zeit im Blick hatte, ist [...] zu konstatieren, daß relevante Aspekte ihrer revolutionär-realpolitischen Überlegungen für die politische Rechte der Gegenwart höchst bedeutsam sind.« Damit deutet Kaiser auch an, dass es ihm um die »Nutzbarmachung ebenjener Konzeptionen durch die politische Rechte« geht. Er abstrahiert von den ideologischen Inhalten und will strategische Optionen übernehmen, wobei die formale Handlungsweise identisch, aber mit rechten Vorzeichen versehen ist. Es geht also allein um Erkenntnisse darüber, wie man die Macht erlangen kann.

Die »Luxemburgsche Dialektik von Nah- und Fernziel«, bestehe für die gegenwärtige Rechte auch. Als Nahziel gelte das »Ende des führenden linksliberalen Blocks« und das »Ende der Merkel-Politik«. Bezüglich des Fernziels bleibt Kaiser indessen überaus diffus, spricht von einer Gesellschaftsordnung, die Recht und Staatsbewusstsein wieder kenne. Dabei gehe es darum, dass das »andere Deutschland« als Fernziel nicht zugunsten des Neoliberalismus in einem »großbürgerlichen Zentrum« aufgegeben werde. Bei all dem ist es nach Kaiser aber falsch, für Fundamentalopposition und Realpolitik von einen Widerspruch auszugehen: »Die Losung der revolutionären Realpolitik überwindet diese falsche Entweder-oder-Simulation und zeigt auf, daß realpolitisch-reformistische Schritte unverzichtbar sind, um langfristige Strategien der Transformation entwickeln zu können.«[193] Einzelne Reformen sind damit nur erste Schritte zu einem zukünftigen Umsturz. Kaiser kopiert auch hier Luxemburg formal für die Rechte.

7.8 Einforderung einer »Mosaik-Rechten« als Option

Um ein beabsichtigtes »neues Deutschland« zu etablieren, genügen nicht nur ideologische Grundpositionen und deren gesellschaftliche Verbreitung. Daher entwickelten Akteure der Neuen Rechten auch strategische Überlegungen, die dem eigenen politischen Lager eine handlungsbezogene und organisatorische Option aufzeigen sollten. Als Beispiel dafür kann die von Benedikt Kaiser thematisierte »Mosaik-Rechte« gelten, wobei er die Formulierung wiederum aus der Linken als ursprüngliche »Mosaik-Linke« übernahm. Dieser Begriff geht auf den Gewerkschaftler Hans-Jürgen Urban zurück, der damit nach der Finanzkrise von 2008 der Linken eine politische Orientierung geben wollte. Die Linke sei jedoch – wie die Gewerkschaften – von Lähmungserscheinungen geprägt. Es müsse eine Gegenbewegung zum dominierenden Neoliberalismus etabliert werden, auch mit Nichtregierungsorganisationen, wie etwa Menschenrechts- und Umweltgruppen. Eine derartige erhoffte Bewegung sollte dann für eine »Mosaik-Linke« stehen.[194]

Die Bezeichnung fand in den politischen Diskursen der Linken danach eine gewisse Verbreitung, führte aber letztendlich doch nicht zu einer erfolgreich wirkenden »Mosaik-Linken«. Gleichwohl machte Kaiser daraus etwas später die »Mosaik-Rechte« und empfahl ihren Protagonisten eine ähnliche Zusammenarbeit. Hierzu gab es Anlass durch die Entwicklungen, die ab Mitte der 2010er-Jahre im politischen Raum für einen »Rechtsruck« standen. Die AfD zog in die Parlamente ein, die Identitären nutzten Provokationen, Pegida mobilisierte die Straße. Für Kaiser entstand dadurch eine »Mosaik-Rechte«, wobei er auf den Bewegungscharakter abstellte. Die AfD solle aber nicht nach »Anerkennung und Koalitionsbeteiligung [...] streben«[195], was auf eine Anpassung an Elite und System hinauslaufe. Dabei galt Kaiser ein bekannter Achtundsechziger-Intellektueller gar als politische Referenzperson: Johannes Agnoli habe ausdrücklich vor entsprechenden Lockungen für oppositionelle Strömungen gewarnt.

Mit der Bezeichnung »Mosaik-Rechte« müsse es indessen eher um eine breite Zusammenarbeit gehen. Das links gescheiterte Projekt sollte für rechts übertragen werden. Dabei gehe es um handlungsbezogene Arbeitsteilung bei gleichzeitiger inhaltlicher Heterogenität. »Die große, zeitbedingte Aufgabe des gesamten Mosaiks und seiner Einzelsteine«, so Kaiser, »macht es [...] erforderlich, inhaltliche Widersprüche zuzulassen und ideelle Vielfalt zu ermöglichen.« Beabsichtigt seien interne Elitenbildung und externes Maximalwachstum. »Die Mosaik-Rechte des frühen 21. Jahrhunderts ist [...] angesichts der Lage, die neue Resonanzräume schuf, der ambitionierte Versuch, ein handlungsfähiges, arbeitsteiliges, weltanschaulich profiliertes und authentisches Milieu aufzubauen.«[196] Davon kann in der politischen Realität durchaus die Rede sein, entstanden doch ganz unterschiedliche Akteure im rechten Spektrum. Gleichwohl erfolgte dies ohne Anregung von Kaiser, er prägte nur den Begriff der »Mosaik-Rechten« für dieses Phänomen.

7.9 Bruch aufgrund unterschiedlicher Strategien

Bereits mehrfach wurde auf den Bruch zwischen Götz Kubitschek und Karlheinz Weißmann verwiesen, welcher sich insbesondere aus Differenzen bezüglich strategischer Orientierungen erklärt. Es ging um die grundsätzliche Frage, durch welche Akteure und unter welchen Umständen politische Veränderungen angestrebt werden sollten. Diese Debatte eskalierte in einem Konflikt zwischen Kubitschek und Weißmann, wonach beide getrennte Wege gingen. Der Erstgenannte sprach sich gegen eine Fixierung auf »Minimalziele« aus: Dies sei ein »Programm für Leute [...], die ausgesorgt haben, für letztlich doch Zufriedene, für Antriebsschwache«. Kubitschek nannte dann drei Personen, die sich für ihre Ideale beruflich oder existenziell geopfert hätten. Sie galten ihm als habituelle Vorbilder. Danach hieß es: »Alles Große dämmert vor sich hin, und selbst die Erinnerung daran schläft ein. Das Radikale ist der Stachel, der wachhält.« Und weiter: »Die Fähigkeit, immer wieder voraussetzungslos über Tun und Lage nachzudenken [...] ist die Grundlage des Widerstands.«[197]

Darauf reagierte ein bezeichnenderweise »Geduld!« betitelter Kommentar von Weißmann, der damit zu der begonnenen Kontroverse in der »Sezession« öffentlich Stellung nahm. Er beschrieb zunächst die beiden Auffassungen in abstrakten Formulierungen wie folgt: »Akzeleration, also Beschleunigung der Prozesse in dem Sinn, daß die bisher eingenommene Stellung verschärft und nach radikaleren Lösungswegen gesucht wird« und »Konzeption, das heißt Aufrechterhaltung der Grundpositionen und deren Fortentwicklung bei dauernder Kritik und Korrektur der getroffenen Vorannahmen in der Erwartung, künftig doch zum Zug zu kommen.« Mit dem erstgenannten Aspekt waren die kritisierten »Bewegungen« gemeint, welche nur in einer Organisation eine Chance zu dauerhafter Wirkung hätten. Denn ihren Trägergruppen sei meist eine natürliche Unreife eigen. Als Beispiel dafür galten die »Identitären« im eigenen politischen Lager, fielen sie doch durch ideologische Diffusität und strategisches Schwanken in der Wahrnehmung von Weißmann auf.

Demgegenüber könne man in »Abwandlung einer berühmten Formel Max Webers [...] sagen ›Metapolitik ist das langsame, geduldige Bohren dicker Bretter‹«. Die Erfahrung zeige, dass längerfristig Erfolge nur bei begrifflicher Klarheit und nicht durch schlichten Voluntarismus möglich seien. Dafür bedürfe es Geduld und Reflexionen: »›Erkenne die Lage‹ (Schmitt dixit) ist die erste Forderung, die erfüllen muß, wer Einfluß gewinnen will. Und die Lage, die deutsche Lage, spricht jedenfalls dagegen, daß irgendeine schweigende Mehrheit nur auf die Einrede oder Ermutigung der rechten Minderheit wartet, um endlich zu sagen, was sie immer sagen wollte.« Es bedürfe einer Ansprache der Mitte, die durch eine Partei mobilisiert werden könnte. In der Gesamtschau müsse man auf den günstigen Moment warten: »Daß Geduld eine konservative Tugend ist, liegt auf der Hand, aber man unterschätze nicht ihr Umsturzpotential.«[198] Diese Differenzen führten 2014 unter anderem zum Bruch mit Kubitschek[199], und die »Sezession« verlor ihren Stammautor Weißmann.

7.10 »Fundamentalopposition« statt »Selbstverharmlosung«

Die Auseinandersetzung war auch ohne explizite Nennung darauf bezogen, wie sich die AfD als politischer Faktor im Parteiensystem positionieren sollte. Hierbei konkurrierten das »Bewegungs«- und das »Partei«-Modell miteinander. Die erstgenannte Ausrichtung setzte auf eine klare Frontstellung gegen die politischen Gegebenheiten, die in eine »Fundamentalopposition« münden sollte. Die letztgenannte Ausrichtung wollte Möglichkeiten im Parteiensystem ausloten, welche durch die AfD im Bundestag und in den Landtagen entstanden waren. Kubitschek und die »Sezession« setzten fortan auf die erste, Weißmann und die »Junge Freiheit« auf die zweite Variante. Dies bedeutete indessen nicht, dass die AfD für Kubitschek und die »Sezession« kein Thema mehr darstellte. Er hatte ohnehin zu Björn Höcke gute Kontakte, war dieser doch ein häufiger Gast im »Institut für Staatspolitik«. Auch Alexander Gauland und Alice Weidel fanden sich dort ein. Dies macht einschlägige Kontakte deutlich, was später noch ein gesondertes Thema sein wird.

Gleichwohl dominiert die Auffassung einer grundlegenden Negation. Dafür plädierte auch Frank Lisson in einem »Über die ethische Pflicht zur Fundamentalopposition« betitelten »Sezession«-Text. Eine solche bestehe immer dann, wenn sich Regierungen politischer Verbrechen schuldig machten. Als Beispiele nannte er 1939 im NS-Deutschland und 1953 in der DDR, um danach in der Flüchtlingsentwicklung ab 2015 einen ähnlichen Prozess zu sehen: »Heute steht öffentlich nicht einmal zur Diskussion, ob es ›moralisch anständiger‹ sei, Millionen vor allem junger Männer aus sogenannten Krisengebieten der Welt nach Europa zu locken [...] als sich dafür einzusetzen, die indigenen Europäer vor solchen Umwälzungen und Einschnitten zu bewahren.« Die damit einhergehende Entwicklung müsste von Gerichten gestoppt werden. »Wo auch dies nicht mehr der Fall ist, wird fundamentaloppositioneller Widerstand für diejenigen zur Pflicht, die sich vor der Geschichte [...] nicht schuldig machen wollen.«[200] Demnach sollte es hier sogar um die Option des Widerstands gehen.

Angesichts einer aufstrebenden »Gegenbewegung«, worunter wohl die AfD, Pegida und andere Protagonisten verstanden wurden, warnte Kubitschek vor einer »Selbstverharmlosung« des »Widerstandsmilieus«. Er diskutierte verschiedene Methoden einer Strategie. Dabei spielte Kubitschek häufig auf die Partei an, welche er von einer solchen Vorgehensweise abbringen will: »Die Methode, mit der diese Aufgabe gelöst werden könnte, ist [...] ein Vorgang, für den der Begriff ›Selbstverharmlosung‹ eingeführt werden könnte: Es ist der Versuch, die Vorwürfe des Gegners durch die Zurschaustellung der eigenen Harmlosigkeit abzuwehren und zu betonen, daß nichts von dem, was man fordere, hinter die zivilgesellschaftlichen Standards zurückfalle.« Dadurch bestehe aber die Gefahr, dass man längerfristig nicht mehr aus der beschworenen »Harmlosigkeit« und »Unterschiedslosigkeit« herausfinde. Die »Selbstverharmlosung« werde »zur zweiten Haut«[201], und aus einer taktischen könne eine tatsächliche Mäßigung werden.

8 AUSWIRKUNGEN UND KONTAKTE INS POLITISCHE UMFELD

Das Agieren der Neuen Rechten entfaltet auf ihr politisches Umfeld unterschiedliche Wirkungen. Wie erwähnt bedeutet die enge Definition von »Neue Rechte« nicht, dass ihre Intellektuellen nicht auch politische Verbindungen eingehen und einschlägige Resonanzen auslösen. Die gegenüber anderen Akteuren bestehenden Kontakte und Kooperationen sind jeweils ein gesondertes Thema: Es geht dabei um die Einstellung zum traditionellen Rechtsextremismus (8.1), gegenüber der AfD als parteipolitischem Instrument (8.2), den Einfluss auf die parteinahe Erasmus-Stiftung (8.3), die Gemeinsamkeiten mit der »Identitären Bewegung« (8.4), die Auftritte bei »Legida«- und »Pegida«-Veranstaltungen (8.5), die Einstellung zu »Compact« als Publikationsorgan mit größerer Verbreitung (8.6), die Rolle von »Ein Prozent« als Unterstützungsnetzwerk (8.7), die Beziehung zum als »rechtslibertär« geltenden »eigentümlich frei«-Komplex (8.8.), die Bedeutung von Thilo Sarrazins Wirkung (8.9) und eine bilanzierende Einschätzung zu Kooperationen und Wirkung (8.10).

8.1 Einstellung zum traditionellen Rechtsextremismus

Zunächst soll nach der Einstellung der Neuen Rechten zum traditionellen Rechtsextremismus gefragt werden. Dazu bedarf es aber einer Erläuterung zur Unterscheidung zwischen neuerem und traditionellem Rechtsextremismus. Sie bezieht sich vor allem auf die zeitliche Dimension, also darauf, wie lange einschlägige Organisationen existierten.[202] Dabei geht es hauptsächlich um die »Nationaldemokratische Partei Deutschlands« (NPD), die seit 1964 besteht, und die Neonazi-Szene, die seit Anfang der 1970er-Jahre existiert. Diese Akteure prägten das Bild des Rechtsextremismus seit dieser Zeit. Damit gingen auch inhaltliche Besonderheiten einher, welche insbesondere auf den historischen Nationalsozialismus bezogen waren. Zwar dominierte bis in die 1990er-Jahre hinein bei der NPD eine deutschnationalistische Orientierung, gleichwohl kam dem propagierten Bild von der nationalsozialistischen Etappe der deutschen Geschichte dort große Relevanz für Selbstverständnis und Wirklichkeitswahrnehmung zu.

Dies war noch ausgeprägter der Fall in der Neonazi-Szene, die sich offen auf die Ideologie und Politik eines totalitären Systems stützte. Insofern erfolgte in der öffentlichen Betrachtung häufig eine Identifizierung von Nationalsozialismus und Rechtsextremismus. Zwar waren Nationalsozialisten auch Rechtsextremisten, doch gab es ebenso das ansonsten häufig ignorierte Phänomen eines nicht nationalsozialistischen Rechtsextremismus. Anhänger derartiger Auffassungen erkannten schnell, dass sie die Berufung auf den Nationalsozialismus öffentlich zu sehr diskreditierte. Deshalb bedurfte es einer formalen Distanz. Darüber hinaus gab es bei den Akteuren inhaltliche Differenzen zur nationalsozialistischen Ideologie – auch wenn ihre Weltsicht insgesamt rechtsextremistisch war. Genau dies lässt sich formal wie inhaltlich bei den Exponenten der Neuen Rechten feststellen. Hinzu kommen habituelle und strategische Differenzen, was ein älteres Interview von Götz Kubitschek veranschaulicht:

Es erschien 2007 in dem NPD-Organ »Deutsche Stimme«. Darin machte er seine Aversionen gegen das politische System deutlich, wobei auf die angeblichen gesellschaftlichen Folgen der Massen- und Parteiendemokratie verwiesen wurde. Außerdem behauptete Kubitschek, es gebe eine staatliche Entwicklung, die der deutschen Nation nicht diene. Er wolle aber nicht wie die NPD für eine revolutionäre Überwindung plädieren, er halte zunächst einmal an einer bestehenden Ordnung fest. Es sei leicht, etwas zu zerschlagen, aber schwer, etwas neu aufzubauen. Darüber hinaus wolle man mit dem »Institut für Staatspolitik« andere Menschentypen als die NPD ansprechen. Die ihm bekannten Angehörigen der NPD verfügten über schlechtes Benehmen und unzureichendes Wissen.[203] Daher bestanden die Differenzen bei ihm weniger in der Frontstellung gegenüber den Normen des demokratischen Verfassungsstaates, sondern mehr hinsichtlich des institutionellen Weges und der ansprechbaren Zielgruppe. Insofern handelt es sich um zwei unterschiedliche Bereiche des rechtsextremistischen Spektrums.

8.2 Einfluss auf die AfD als parteipolitisches Instrument

Auch wenn die »Kulturrevolution« beziehungsweise »Metapolitik« für die Neue Rechte das primäre Betätigungsfeld ist, bedeutet dies keineswegs ein Desinteresse an der Parteipolitik. Denn die ideologischen Auffassungen sollten in Gesellschaft und Staat politisch umgesetzt werden. Dazu bedurfte es eines politischen Akteurs, der eine adäquate Partei in einem Parteiensystem sein sollte. Diese konnte aus den genannten Gründen nicht die NPD sein, gelang ihr doch nur partiell der Brückenschlag in die Mehrheitsgesellschaft. Jetzt waren parteipolitische Akteure nötig, welche um ein bürgerliches, konservatives und seriöses Image bemüht waren und in entsprechenden gesellschaftlichen Kreisen politisch wirken konnten. Ende der 1980er-Jahre und Anfang der 1990er-Jahre kam der Partei »Die Republikaner« (REP)[204] diese politische Rolle zu. Bekanntlich scheiterte das Projekt, die REP konnten sich als Wahlpartei nicht etablieren. Die AfD[205] der Gegenwart stellt für die Neue Rechte ein ähnliches Parteiprojekt in diesem strategischen Sinne dar.[206]

Sie wurde 2013 gegründet und wandte sich zunächst primär gegen die EU-Finanz- und Rettungspolitik, wobei man noch eine rechtsdemokratische Ausrichtung einnahm, aber für die Neue Rechte bereits damals ein interessantes Objekt war. Denn Götz Kubitschek bemühte sich mit seiner Frau Ellen Kositza 2015 um eine Parteimitgliedschaft. Diese wurde ihnen aber noch in der Frühphase mit Bernd Lucke als Vorsitzendem verweigert. Später gab es keine derartigen Anstrengungen mehr, hatten sich doch einschlägige Kontakte und Kooperationen unabhängig davon ergeben. Insbesondere Björn Höcke trat im IfS häufiger als Vortragender auf. Darüber hinaus waren auch andere führende AfD-Politiker dort Gäste, etwa Alexander Gauland oder Alice Weidel. Dies machte eine Annäherung von Neuer Rechter und Partei deutlich. Gleichzeitig positionierte sich Kubitschek im innerparteilichen Machtkampf, wobei er an Höckes politischer Seite stand. Kubitschek kritisierte Mäßigungsprozesse vehement als politischen Opportunismus gegenüber dem System.

Damit stieg der Einfluss der Neuen Rechten auf die Partei. Folgt man den Auffassungen des früheren AfD-Bundesvorsitzenden Lucke, dann ist Kubitschek der »eigentliche Strippenzieher im Hintergrund«. Höcke sei »nicht mehr als Kubitscheks Lakai« und dieser »der Voldemort der AfD«[207]. Diese Auffassungen dürften hinsichtlich des Einflusses übertrieben sein, gleichwohl sind sie aus dem Munde eines ehemaligen Vorsitzenden überaus wichtig. Sie machen die Einflüsse in die Partei hinein deutlich. Diese erfolgen über bedeutsame Einzelpersonen und persönliche Kontakte, aber auch durch ideologische Schulungen in politischen Seminaren. Insofern hat sich der Einfluss der Neuen Rechten auf die Partei erhöht, wenngleich weder für den »Flügel« noch für die Gesamtpartei von einer Steuerung gesprochen werden kann. Aufgrund der Anwesenheit von Parteiprominenz auf dortigen Vortragsveranstaltungen lässt sich aber durchaus davon sprechen, dass für die Neue Rechte so etwas wie ein Normalisierungseffekt in der Partei erfolgte.

8.3 Einfluss auf die parteinahe »Erasmus-Stiftung«

Demgegenüber hat ein anderer Bereich der Neuen Rechten in der parteinahen Politischen Stiftung ein Wirkungsfeld gefunden. Gemeint ist die »Desiderius-Erasmus-Stiftung«[208], die als Bundesstiftung 2017 entstand und seit 2018 durch die Partei offiziell anerkannt wurde. Damit konnte man sich gegen die Konkurrenz von anderen parteinahen Stiftungsprojekten erfolgreich durchsetzen. Ein Grund mit dafür dürfte die Prominenz der Vorsitzenden gewesen sein: der ehemaligen CDU-Bundestagsabgeordneten Erika Steinbach, einer früheren hochrangigen Vertriebenenfunktionärin. Sie war aufgrund der politischen Entwicklung der Unionspartei aus der CDU ausgetreten, aber der AfD als Mitglied zunächst nicht beigetreten. Gleichwohl engagierte sich Steinbach in einschlägigen Zusammenhängen. Als bekannte Politikerin schien sie für Seriosität zu stehen. Darüber hinaus kannte sich Steinbach mit dem Stiftungswesen aus, wodurch sie für die AfD zu einer idealen Kandidatin für den Stiftungsvorsitz wurde und von dort aus langjährige Verbindungen nutzen konnte. Es gab solche auch zur Neuen Rechten.

Denn im Kuratorium der Stiftung wurde ausgerechnet Karlheinz Weißmann stellvertretender Vorsitzender. Er soll die politische Ausrichtung der Stiftung prägen, wie gegenüber den Medien von Steinbach nahegelegt wird.[209] Dabei handelt es sich um einen der bedeutendsten Akteure der Neuen Rechten mit langjährigen einschlägigen Verbindungen. Auch der Geschäftsführer des »Instituts für Staatspolitik« (IfS) Erik Lehnert gehörte zeitweise dem Vorstand an. Doch wurde er nach einer für ihn knapp verlaufenen Abstimmung und ohne öffentliche Begründung abberufen. Folgt man einer Interviewaussage von Steinbach, so hing dies mit der Einstufung des IfS durch den Verfassungsschutz zusammen, was Lehnert laut Satzung der Stiftung untragbar machte.[210] Dies war aber nur eine formal und nicht inhaltlich begründete Aussage. Denn ideologisch unterscheiden sich Lehnert und Weißmann kaum, beide gaben, wie schon erwähnt, die ersten Bände des »Staatspolitischen Handbuchs« gemeinsam heraus.

Im Kuratorium finden sich noch weitere Personen, die zwar nicht direkt der Neuen Rechten zugeordnet werden können, aber in ihnen Publikationsorganen häufig präsent sind. Daher kann von einem bedeutsamen Einfluss auf die politische Orientierung der Stiftung gesprochen werden. Nachdem die AfD bei der Bundestagswahl 2021 erneut ins Parlament einzog, erhofft sie sich hohe finanzielle Mittel für die ihr nahestehende Stiftung. Es ist dabei von einem Betrag von um die 50 Millionen Euro die Rede, womit für verschiedene Bildungs- und Förderprojekte enorme Summen zur Verfügung stünden. Damit würde auch der Einfluss der Neuen Rechten steigen, was an Inhalten und Personalentscheidungen wahrnehmbar sein dürfte: Es können einschlägige Broschüren und Studien mit hohem Verbreitungsgrad erstellt werden; für jüngere Akademiker aus diesen Kontexten entstehen neue berufliche Perspektiven und dementsprechende Wirkungsmöglichkeiten; durch Stipendien lassen sich Studierende mit einem einschlägigen ideologischen Weltbild finanziell und ideologisch fördern.

8.4 Gemeinsamkeiten mit der »Identitären Bewegung«

Ein bedeutsamer Akteur im Kontext der Neuen Rechen gibt sich formal als jugendliche Protestbewegung, womit hier die »Identitäre Bewegung« (IB)«[211] gemeint ist. Deren Akteure existieren in unterschiedlichen Ländern, was für die Bezeichnung eine entsprechende Ergänzung nötig macht. Die IB Deutschland geht auf die IB Frankreich zurück, welche wiederum aus Gruppierungen des traditionellen französischen Rechtsextremismus heraus entstand. Aufmerksam machte man dort auf sich durch öffentliche Aktionen und spezifische Internetvideos. Letztere zeigten Jugendliche, die über das angebliche Ausmaß von Identitätsverlust und Migration mit dramatisierender Musikbegleitung klagten. Darüber hinaus führten die Identitären im öffentlichen Raum einschlägige Protestaktionen durch, wozu etwa die Besetzung von Gebäuden mit symbolischer Relevanz gehörte. Ein

Ableger in Deutschland entstand 2012, zunächst als bloßes Internetphänomen, dann aber auch mit realen Protestaktionen. Man kam aber nicht über 600 aktive Anhänger hinaus.

Gleichwohl löste die IB Deutschland durch öffentlichkeitswirksame Aktionen größere mediale Aufmerksamkeit aus, sei es durch die zeitweilige Besetzung des Brandenburger Tors oder der SPD-Parteizentrale. Dabei forderte man »Stoppt den großen Austausch. Geburtenrückgang, Masseneinwanderung« oder bekundete »100 Prozent Identität – null Prozent Rassismus«. Die letztgenannte Aussage soll ebenso wie die Protestaktionen dazu dienen, in den »Identitären« eine moderne, nicht rechtsextremistische Jugendbewegung zu sehen. Indessen beschwören ihre Aktivisten eine am »Ethnopluralismus« orientierte »ethnisch-kulturelle Identität«, die auf die Bildung von einschlägig homogenen Räumen hinausläuft. Denkt man derartige Auffassungen zu Ende, liefen sie gegenüber Menschen mit Migrationshintergrund auf eine Vertreibung hinaus. Genaue Aussagen zur Bestimmung von Identität oder zur Praxis ihrer Umsetzung findet man indessen nicht. Die Ausrufung einer neuen »Reconquista« deutet indessen auf die letztendliche Option auch einer gewalttätigen Vertreibung hin. Für die Gegenwart postuliert man Gewaltfreiheit, es gelte, mit Aktionen stärker im öffentlichen Raum präsent zu sein.

In ihrer handlungsbezogenen Ausrichtung bestehen gegenüber der intellektuellen Neuen Rechen strategische Unterschiede. Gleichwohl lassen sich bei der ideologischen Ausrichtung viele Gemeinsamkeiten feststellen: So bekannten sich Akteure der »Identitären« zu den erwähnten Klassikern mit Aufdrucken auf T-Shirts. Darüber hinaus nutzt man Diskurse zum »Ethnopluralismus« oder zum »Großen Austausch«. Und schließlich gibt es enge persönliche Kooperationen, wie etwa mit Martin Sellner. Dieser gilt sowohl für die deutschen wie die österreichischen Identitären als zentrale Person. Er ist mit Artikelveröffentlichungen und Buchpublikationen in der Medienwelt der Neuen Rechten präsent. Trotz aller Einflüsse und Gemeinsamkeiten handelt es sich bei den Identitären aber aufgrund ihrer strategischen Orientierung um ein eigenständiges Phänomen.

8.5 Auftritte bei »Legida«- und »Pegida«-Veranstaltungen

Aufgrund der erwähnten elitären wie strategischen Grundhaltung steht die Neue Rechte Protestbewegungen eigentlich distanziert gegenüber, denn mit bestimmten Demonstranten will man sich aufgrund ihres Habitus' und Niveaus nicht unbedingt gemeinmachen. Doch stehen solche Bewegungen auch für einen gesellschaftlichen Wandlungsprozess: Offenbar orientieren sich bedeutsame Bevölkerungsteile nicht mehr an den etablierten politischen Kräften, wodurch die Existenz eines relevanten Protestpotenzials deutlich wird. Dieses wollen die Akteure der Neuen Rechten ansprechen, um es für die eigene politische Ausrichtung gewinnen zu können. Denn für einen erfolgreichen »Kulturkampf« ist längerfristig gesehen eine Massenbasis notwendig, welche dann die soziale Grundlage für einen politischen Umbruch bildet. Einen solchen sehen die aktiven Exponenten der Neuen Rechten bevorstehen, was die einseitige Fixierung auf Seminarräume überwinden lässt. Sie streben eine Ausweitung ihrer Einflussmöglichkeiten eben auch auf Protestbewegungen an.

Diese Absicht erklärt Kubitscheks öffentliche Reden, die er bei »Legida«- und »Pegida«-Veranstaltungen hielt. Damit gemeint ist eine insbesondere in Dresden und Leipzig zeitweise starke Szene, wobei »Pegida« für »Patrioten Europas gegen die Islamisierung des Abendlandes« stand und ganz unterschiedliche Menschen zu regelmäßigen Protesten mobilisieren konnte.[212] Von 2014 bis 2016 nahmen daran über 10.000 Demonstranten regelmäßig teil, danach sank deren Anzahl auf wenige Tausend Teilnehmer. Diese wollten gegen »Glaubenskämpfe« und »Islamisierung« protestieren, wobei es derartige Entwicklungstendenzen kaum in den ostdeutschen Ländern gab. Insofern artikulierte sich eher eine diffuse Aversion gegenüber der etablierten Politik, die bei einigen Demonstrationsteilnehmern auch in verbaler Schärfe deutlich wurden. Dafür standen Bekundungen gegen Medien und Politik wie »Lügenpresse« und »Volksverräter« oder fremdenfeindliche Statements wie »Schmarotzer« und »Verbrecher«.

Diese Aussagen veranschaulichen die Existenz von latenten rechtsextremistischen Einstellungen in der Gesellschaft, die durch die Erfahrung von Massenprotesten in eine manifeste Variante umschlugen. Auch politische Aktivisten sahen sich dadurch in Gruppenform zur Teilnahme ermutigt, machte doch die NPD immer wieder bei derartigen Veranstaltungen mobil. Angehörige der Neuen Rechten hielten sich demgegenüber aufgrund ihres elitären Selbstverständnisses mehr zurück. Kubitschek jedoch trat bei »Legida« wie »Pegida« mehrfach als Redner auf.[213] Dabei konnte er mangels rhetorischen Talents keine besonders große Zustimmung finden, selbst zugespitzte Formulierungen musste er von einem vorbereiteten Redemanuskript ablesen. Gleichwohl machten derartige Auftritte Kubitschek in der Protestszene bekannt. Er fand damit Anschluss an eine breitere Massenbewegung, die als gesellschaftlicher Faktor für eine längerfristige Zielsetzung relevant wäre. Trotz ihrer aktuellen Bedeutungslosigkeit besteht indessen ein latentes Potenzial für sie fort.

8.6 »Compact« als Publikationsorgan mit größerer Verbreitung

Gelegentlich wird auch das »Compact«-Magazin[214] der Neuen Rechten zugeschrieben, wobei diese Einschätzung aufgrund des oben formulierten Verständnisses nicht geteilt wird. Gleichwohl ist das »Compact«-Magazin in einem ähnlich politischen Zusammenhang zu sehen. Bevor näher darauf eingegangen wird, ist aber eine weitere Korrektur vonnöten. Denn häufiger findet sich dafür die Formulierung »Querfront-Magazin«. Die dabei genutzte Bezeichnung von einer »Querfront« geht auf die Weimarer Republik zurück, wo linke wie rechte Gegner des damaligen demokratischen Verfassungsstaates enger miteinander zusammenarbeiten sollten beziehungsweise wollten. Indessen scheiterten derartige Anliegen bereits damals wie auch später immer wieder, sieht man einmal von wenigen Ausnahmen ab. Und auch das »Compact«-Magazin ist kein »Querfront«-Organ, denn dort schreiben keineswegs regelmäßig linke Publizisten.

Ein gegenteiliger Eindruck kam wohl durch den Chefredakteur Jürgen Elsässers und seine politische Vergangenheit auf.[215] Denn er gehörte früher linksextremistischen Gruppierungen an und schrieb für einschlägige Publikationsorgane. Daher war Elsässer in diesem politischen Milieu auch als Person bekannt. Er gehörte gar zu den »Antideutschen«, die jegliche Berufung auf eine »nationale Identität« schon für »faschistoid« hielten. Kurz nach der 2010 erfolgten Gründung des Magazins deutete die inhaltliche Schwerpunktsetzung aber an, dass es sich hier um ein dezidiert »rechtes« Publikationsorgan handelt. Dieser Eindruck verstärkte sich noch in den folgenden Jahrgängen. Ablesbar war dies etwa an der AfD-nahen Berichterstattung zugunsten ihres »Flügel« oder fremdenfeindlichen Inhalten mit emotionalisierten Wirkungsabsichten. Darüber hinaus durchzieht die einzelnen Hefte eine verschwörungsideologische Wahrnehmung der Welt, denn für die Gegenwart wie die Geschichte wird vom Wirken geheimer Mächte gesprochen. Dabei bleibt, wie so oft, im Unklaren, welche Akteure damit genau gemeint sein sollen.

Auch wenn es sich beim »Compact«-Magazin um ein Publikationsorgan des neueren Rechtsextremismus handelt, kann es doch nicht der Neuen Rechten als Phänomen zugeordnet werden. Denn »Compact« ist kein Magazin mit intellektuellem Zuschnitt. Mitunter wirken die Artikel wie aus einem politischen Boulevardblatt, das mit platten Aussagen seine Leserschaft ideologisieren will. Ähnlich ausgerichtet sind auch Elsässers Texte, der damit seinen früheren hohen intellektuellen Anspruch komplett aufgegeben hat. Gleichwohl ist er mit »Compact« erfolgreich, die verkaufte Auflage soll 40.000 Exemplare betragen. Darüber hinaus ist man mit Sonderheften und Videoeinstellungen präsent. Eine engere Kooperation mit der Neuen Rechten gibt es zwar, aber nicht in einem festeren Sinne. Dies erklärt sich aus den Differenzen bezüglich des Niveaus und der Zielgruppen. Ansonsten strebt »Compact« mit teils hetzerischen und polarisierenden Kommentierungen über Politik und Staat einen politischen Systemwechsel an.

8.7 »Ein Prozent« als Unterstützungsnetzwerk

Diese Gemeinsamkeit erklärt auch gewisse Kooperationen, die außerhalb der publizistischen Sphären erfolgen. Götz Kubitschek forciert für die Neue Rechte eben nicht nur Theoriearbeit. Er ist weniger deren Denker und Kopf, sondern mehr deren Organisator und Stratege. Die damit einhergehenden Absichten erklären sein Engagement, das für die Gründung von Netzwerken oder Vereinen wichtig war. Als bedeutsames Beispiel kann das Projekt »Ein Prozent« gelten.[216] Mit ihm sollen andere Akteure des rechten politischen Lagers insbesondere finanziell, aber auch propagandistisch unterstützt werden. 2015 gründete Kubitschek den Verein maßgeblich mit. Der »Compact«-Herausgeber Jürgen Elsässer gehörte ebenfalls zu den Initiatoren, woran die erwähnte Kooperation beider Publikationskomplexe erkennbar ist. Darüber hinaus zählte auch Karl Albrecht Schachtschneider, ein früher angesehener Jura-Professor und Staatsrechtler, zu dessen Unterstützern. Schließlich kam noch der bekannte AfD-Politiker Hans-Thomas Tillschneider hinzu.

Das gemeinsame Agieren dieser vier Personen, die auf ganz unterschiedlichen Ebenen ihr politisches Engagement vorantreiben, veranschaulicht exemplarisch die Kooperation im neueren Rechtsextremismus. Ihrer politischen Ausrichtung folgt das Projekt »Ein Prozent« beziehungsweise der Verein »Ein Prozent für unser Land«. Die dabei gewählte Bezeichnung ist erklärungsbedürftig: Die Aktivisten wollen zunächst einen entsprechenden Bevölkerungsanteil für sich erobern, um damit in der Gesellschaft längerfristig Mehrheiten zu gewinnen. Dazu gibt man sich als »Bürgerinitiative«, die für Deutschland als »Nicht-Regierungsorganisation« wirken will. Man engagiere sich für die »Deutschen« und gegen die »Masseneinwanderung«, um der »Umvolkung« dann »Widerstand« entgegensetzen zu können. Dabei spielen die Finanzen eine wichtige Rolle, sollen doch einschlägige Gruppen mit entsprechenden Mitteln unterstützt werden. Insbesondere die Identitären profitieren dabei von derartigen Spenden.

Wichtig für den Einfluss der Neuen Rechten ist der Vorsitzende des Projekts, der bereits erwähnte Burschenschaftler Philip Stein. Er leitet den »Jungeuropa-Verlag« und verbreitet über ihn einschlägige Klassiker der Neuen Rechten. Angesichts der ideologischen Gemeinsamkeiten mit den Identitären ist es kaum verwunderlich, dass sie finanziell unterstützt werden. Gleichwohl finden auch andere Aktivitäten materielle Förderung, etwa regionale Gruppen, die sich gegen den Bau einer Moschee wenden. Häufig stellt man sie auf der Internetseite des Projekts als engagierte Bürger dar, wobei ihr politischer Hintergrund nicht thematisiert wird. Besondere Aufmerksamkeit verdient noch eine 2016 initiierte Verfassungsbeschwerde, die gegen die Flüchtlingspolitik der Regierung gerichtet war. Zwar hatte das Bundesverfassungsgericht sie eindeutig zurückgewiesen, gleichwohl sollte nach dem Scheitern öffentlichkeitswirksam ein »Widerstandsrecht« postuliert werden. In diese Richtung ging dann auch die »Sezession« in ihrem Themenheft »Widerstand«.[217]

8.8 Beziehung zum »eigentümlich frei«-Komplex

Eine besondere, affirmative wie spannungsreiche Beziehung der Neuen Rechten besteht zum »rechtslibertären« Spektrum, insbesondere zu dem Publikationsorgan »eigentümlich frei« und seinem Umfeld.[218] Die genutzte Bezeichnung »rechtslibertär« ist erklärungsbedürftig, meint doch »libertär« meist eine linksanarchistische Strömung. Die inhaltliche Gemeinsamkeit besteht hier in der Staatsnegierung oder zumindest Staatsskepsis. Während die »Linkslibertären« vor allem gegen den politischen Staat eingestellt sind, wenden sich die »Rechtslibertären« gegen den sozialen

Staat. Ihr Ideal besteht in einer freien Marktwirtschaft, worin Eigentum und Freiheit die höchsten Werte wären. Den Sozialstaat lehnt man als Sozialismus ab. Manche dieser »Libertären« plädieren für einen Minimalstaat, manche wollen die Institution des Staates gänzlich überwinden. In Deutschland finden diese »Libertären« indessen wenig Zustimmung, während derartige Bestrebungen insbesondere in den USA größere politische Wirkung entfalten können.

Die Ausrichtung von »eigentümlich frei« ergibt sich aus einer dort eingestellten »Unabhängigkeitserklärung«. Demnach befindet man sich in Deutschland »auf dem besten Wege in den totalitären Sozialismus«, wozu es dann heißt: »Ein Symptom ist die politisch gewollte Massenzuwanderung [...] in den Sozialstaat – der ›große Austausch‹.«[219] Damit bedient man sich eines aktuell bedeutsamen Narrativs der Neuen Rechten. Angesichts derartiger und weiterer Gemeinsamkeiten konnte André Lichtschlag, Chefredakteur und Herausgeber von »eigentümlich frei«, in der »Sezession« dazu ein grundsätzliches Statement publizieren. Er warb »für die libertär-konservative Sezession«[220] gegen den »Staatsinterventionismus«. Darauf antwortete Götz Kubitschek und kritisierte Lichtschlags Desinteresse an anthropologischen Grundbedingungen des Marktradikalismus. Kubitschek betonte aber auch eine bedeutsame Übereinstimmung: »Um eine Umwälzung der Umwälzung muß es heute gehen, darin sind sich Lichtschlag und ich einig.«[221]

Demnach bestehen Differenzen bezüglich der Einstellung zum Staat und zur Wirtschaft, aber nicht hinsichtlich einer von den »Rechtslibertären« angestrebten politischen Umwälzung. Gleichwohl kann man diese aufgrund der ideologischen Auffassungen nicht der Neuen Rechten zuordnen, berufen sie sich doch auf Ayn Rand oder Murray Rothbard und nicht auf Carl Schmitt oder Oswald Spengler. Insofern kam eine nähere Kooperation nicht zustande, außer beim »Junge Freiheit«-Komplex. Da dort neben Autoren der Neuen Rechten noch viele andere rechte Positionen vertreten sind, finden sich auch »rechtslibertäre« Deutungen stärker im eher marktliberal orientierten Wirtschaftsteil. Derartige Aspekte sind für die finanzielle Basis wichtig, es gibt immer wieder Anspielungen auf einschlägige Geldgeber, wobei jedoch weder Namen noch Summen genannt werden. Mangels Anzeigen dürften in der bisherigen Form weder die »Junge Freiheit« noch die »Sezession« ohne entsprechende Zuwendungen erscheinen können.

8.9 Einschätzung und Einstellung zu Sarrazins Wirkung

Schließlich soll hinsichtlich der Neuen Rechten und ihres Umfelds noch ein anderer, bedeutsamer publizistischer Zusammenhang thematisiert werden. Es geht um den größten Bestsellererfolg der bundesdeutschen Geschichte in der Rubrik »Sachbuch«: »Deutschland schafft sich ab. Wie wir unser Land aufs Spiel setzen« von Thilo Sarrazin.[222] Damit kein falscher Eindruck entsteht, sei direkt klargestellt: Der angesprochene Autor kommt weder aus der Neuen Rechten noch kann er ihr zugerechnet werden. Auch das Buch lässt sich ideologietheoretisch nicht diesem Kontext zuordnen. Gleichwohl bewirkte der Bestseller in der öffentlichen Diskussion um seine politischen Inhalte einen mentalen Stimmungsumschwung, der den Auffassungen der Neuen Rechten und ihrer Verbreitung förderlich war. Mit einer gewissen Berechtigung interpretierten sie das Erscheinen als einen Tabubruch, schienen doch die von Sarrazin entfalteten Argumentationsmuster und Kommentare die diskursiven Wege für ihre eigene politische Weltanschauung zu erweitern.

Bei dem Autor handelte es sich um den früheren Berliner SPD-Finanzsenator Thilo Sarrazin, der durch provozierende Ausführungen etwa zur Migrations- und Sozialpolitik medial stark wahrgenommen wurde. In dem erwähnten Buch von 2010 bündelte er seine Positionen. Dabei wurden mit Bildung, Demografie, Integration und Migration reale gesellschaftliche Probleme angesprochen, wobei bestimmte Interpretationen dann zu heftigen Kontroversen führten. Es ging insbesondere um eine biologistische Deutung von gesellschaftlich negativen Entwicklungen, etwa hinsichtlich des Bildungsgrades und der Geburtenrate von Migranten. Andere Auffassungen bezogen sich auf soziale Einstellungen von Muslimen, die sich weniger in den Arbeitsmarkt integrierten und mehr von Sozialtransfer abhängig seien. Sarrazin stützte sich dabei auf Statistiken und Wissenschaftler. Mitunter distanzierten sich die unfreiwilligen Kronzeugen von derartigen Deutungen ihrer Forschungen. Andere Autoren wiesen auf Fehler und Manipulationen von Sarrazin hin.

Ihm wurden eugenische, rassistische und sozialdarwinistische Einstellungen zugeschrieben, was zu einer heftigen Kontroverse führte. Für die hier zu behandelnden Aspekte ist aber die Frage, wie die Positionen von Sarrazin fachlich und politisch genau eingeschätzt werden sollten[223], nicht primär relevant. Interessanter ist die Bedeutung seines Buchs für die Neue

Rechte: Das »Institut für Staatspolitik« veröffentliche eine »Sezession«-Sonderausgabe zum Thema: »Sarrazin lesen« im apologetischen Sinne.[224] Darüber hinaus erschien eine eigene Broschüre »Der Fall Sarrazin«, worin vom »Katalysator Sarrazin« gegen behauptete Tabus gesprochen wurde. Dort gestanden die Autoren aber auch ein, dass es für manche Behauptungen an Belegen mangele.[225] Gleichwohl zeige sich, dass »Debatten gewinnen kann«, so die postulierte Einsicht, »wer an die Lebenswirklichkeit anzuknüpfen versteht.«[226] Genaue Belege schienen ihnen für die politische Wirkung nicht vorrangig zu sein.

8.10 Einschätzung der Kooperationen und Wirkung

Die engere Definition von »Neue Rechte« ignoriert nicht, dass sich die gemeinten Intellektuellen in einem breiteren politischen Umfeld bewegen. Dies machen auch die Kooperationen unterschiedlicher Repräsentanten deutlich, deren ideologische wie handlungsbezogenen Ebenen jeweils Gemeinsamkeiten und Unterschiede erkennen lassen. Demnach geht es um einen bestimmten intellektuellen Bereich innerhalb des politischen »Rechtsrucks« der Gesellschaft. Erst wenn man dessen Besonderheiten zur Kenntnis nimmt, können Strategie und Wirkung besser verstanden werden. Bei allen Alleinstellungsmerkmalen gibt es Kooperationen. Aus einer analytischen Blickrichtung kann konstatiert werden, dass es eine Arbeitsteilung zwischen den unterschiedlichen Protagonisten gibt. Diese Aussage soll nicht die Existenz eines konspirativen Plans suggerieren; die genannten Protagonisten fanden vielmehr in einem politischen Entwicklungsprozess aufgrund eigener Schwerpunktsetzungen zueinander.

Deutlich wird dies an den Ausführungen von Jürgen Elsässer und Götz Kubitschek auf der Leipziger Buchmesse 2018 bei einem öffentlichen Gespräch, das mitgezeichnet werden konnte. Dabei äußerte der »Compact«-Herausgeber: »Ich sage, Aufgabe der oppositionellen Medien ist es, zum Sturz des Regimes beizutragen. Und da gehen wir Schulter an Schulter. Die Sezession sorgt für die Tiefe und wir sorgen für die Breite.« Und Kubitschek reagierte darauf mit folgendem Statement: »Also ich würde von der Sprache dieses Gestus auf eine ganz andre Art sehen.[...] Ich würde sagen, ich meine in manchem dasselbe und drücke es anders aus.«[227] Letzterem war die Aussage von einem »Sturz des Regimes« offenkundig unangenehm, daher distanzierte er sich formal von dieser Botschaft, um dann mit anderer Formulierung doch zustimmen zu wollen. Für den hier angesprochenen thematischen Aspekt ist aber die von Elsässer kommende Formulierung relevant, wonach beide genannten Publikationsorgane politisch die gleichen Ziele, aber eben unterschiedliche Zielgruppen haben.

Welche inhaltliche Bedeutung die Neue Rechte für das ihr zuzurechnende politische Spektrum hat, zeigt sich bei gelegentlichen Aussagen von Funktionsträgern anderer rechtsextremistischer Organisationen. Dabei weisen diese auf eine direkte oder indirekte Fernwirkung der gemeinten Intellektuellen hin. Deutliche wird dies an einer Aussage von Hans-Thomas Tillschneider. Der AfD-Landtagsabgeordnete in Sachsen-Anhalt äußerte seine Wertschätzung wie folgt: »Götz Kubitschek ist ein Geistesverwandter dieser Strömung, die in der AfD Ausdruck findet, die in Pegida Ausdruck gefunden hat. [...] Wir rezipieren natürlich das, was aus Schnellroda kommt. Wir schreiben nicht ab, aber wir rezipieren die Werke. Schon lange bevor es die AfD gab, wurde hier eine Kritik des herrschenden politischen Diskurses geliefert, auf die wir zurückgreifen.«[228] Affirmativ und deutlich benennt hier ein AfD-Politiker die Funktion, welche sich die Neue Rechte selbst für einen »Rechtsruck« zuschreibt. Der Einfluss der Intellektuellen auf die Partei bestand somit schon längerfristig – auch in einem indirekten Sinne.

9 DEMOKRATIE- UND EXTREMISMUSTHEORETISCHE EINSCHÄTZUNG

Angesichts der vorstehenden Ausführungen und weiterer Belege soll nun eine demokratie- und extremismustheoretische Einschätzung der Neuen Rechten erfolgen, wobei es um ihre Aversion gegen die erwähnten Basiswerte einer modernen Demokratie geht. Dazu bedarf es zunächst aber einiger Anmerkungen zu Kategorien, Quellen und Verallgemeinerbarkeit der Vorstellungen (9.1). Danach geht es um die Einstellung zu politischen Klassikern als Vorbildern (9.2), die allgemeinen ideologischen Grundlagen und ihre Implikationen (9.3), die Einstellung zu Menschenrechten als Wertekonsens (9.4), die Einstellung zu Homogenität als Strukturprinzip (9.5), die Einstellung zum Pluralismus als Strukturprinzip (9.6), die Einstellung zur Geschichtsdeutung des Nationalsozialismus (9.7), die Einstellung zur Judenfeindschaft als Thema (9.8), die Einstellung zur Gewalt als Handlungsstil (9.9) und die Einstellung zum Systemwechsel als Umsturz (9.10). Gerade der letztgenannte Aspekt zeigt, dass die Intellektuellen der Neuen Rechten einen extremistischen Personenkreis bilden.

9.1 Anmerkungen zu Kategorien, Quellen und der Verallgemeinerbarkeit der Vorstellungen

Die beabsichtigte demokratietheoretische Einschätzung der Neuen Rechten orientiert sich an den erwähnten Untersuchungskriterien, die an einen politischen Akteur zur Erfassung seiner Extremismusintensität angelegt werden können. Deutlich wurde bereits bei den bisherigen Ausführungen, dass hier in Denkungsart und Handlungen einschlägige Orientierungen auszumachen sind. Die Intellektuellen der Neuen Rechten lassen sich daher dem Rechtsextremismus zuordnen. Eine solche Bewertung stellt hier darauf ab, dass einige der Basiswerte einer modernen Demokratie negiert werden, was mit einem ideologischen Bezug auf die Denker der Konservativen Revolution geschieht. Die Argumentationsmuster der Jungkonservativen entsprechen formal und inhaltlich auch der Neuen Rechten. Nur in der Deutlichkeit der Formulierungen lassen sich Unterschiede zwischen Jungkonservativen und Neuer Rechter konstatieren, was primär mit der Berücksichtigung von unterschiedlichen politischen Rahmenbedingungen für das frühere und heutige Wirken zusammenhängt.

Bei der folgenden Analyse wird erneut auf die bereits oben erwähnten Publikationen verwiesen. Hinzu kommt das »Staatspolitische Handbuch«, das bei »Antaios« mit dem ersten Band »Leitbegriffe« erschien. Dieser enthält zahlreiche Begriffe, die von Karlheinz Weißmann allein erläutert wurden.[229] Auch nach dem Bruch mit Weißmann handelt es sich beim »Staatspolitischen Handbuch« um ein im »Institut für Staatspolitik« immer wieder genutztes Referenzwerk. Es ist gleichwohl von einem Autor geprägt, der etwa im Gegensatz zu Götz Kubitschek sprachliche Zuspitzungen eher vermeidet. Allerdings werden Auffassungen etwa zu »Homogenität« oder »Pluralismus« in einem doch eindeutigen Sinne vorgetragen. Auch hier gilt, dass viele Ausführungen im inhaltlich Vagen verbleiben. Antworten auf die Frage, was genau bestimmte Äußerungen für die gesellschaftliche Praxis bedeuten würden, findet man dort nicht. Gern wird mit Andeutungen und Anspielungen gearbeitet, gleichwohl lassen sich in den Forderungen auch Konsequenzen erkennen.

Schließlich geht es um die Frage der Verallgemeinerbarkeit: Teilen alle Akteure der Neuen Rechten die erwähnten Positionen? Da es sich bei der Bezeichnung »Neue Rechte« um ein Konstrukt handelt, welches auf eine lose Intellektuellengruppe ohne verbindliche Weltanschauung bezogen ist, muss diese Frage in letzter Konsequenz verneint werden. Doch ergeben sich aus den erwähnten Grundauffassungen und rezipierten Klassikern inhaltlich identifizierbare und zuortbare Positionen und Strategien. Dies schließt nicht Differenzen in bestimmten Politikfeldern aus, etwa bei Religion, Umweltschutz oder Wirtschaft. Ähnlich verhält es sich bei anderen Akteuren wie politischen Parteien, kennen sie doch diverse Flügel auf einem gemeinsamen Wertefundament. Dies erlaubt es auch, von einer

Neuen Rechten zu sprechen. Entgegen anderslautenden Deutungen aus ihrem Kontext ist sie kein »Phantom«.[230] Es bedarf aber der Differenzierung, was eine klare Begriffsbestimmung, eine kritische Erörterung des Kontextes sowie eine Bestimmung eventueller falscher Zuschreibungen nötig macht.

9.2 Einstellung zu politischen Klassikern als Vorbildern

Eine demokratie- und extremismustheoretische Einschätzung der Neuen Rechten soll hier zunächst mit Blick auf die ideologischen Vorbilder vorgenommen werden. Dafür spricht folgender Grund: Die Anhänger der Neuen Rechten orientieren ihr Denken konstitutiv an den genannten Klassikern, woraus sich für sie entsprechende Erkenntnisse ergeben. Denn wenn man bestimmte Denker als geistige Leitlinie ansieht, teilt man die politischen Konsequenzen ihrer Schriften. Wenn also immer wieder die Diffusität von Einstellungen der Neuen Rechten bemängelt wurde, erlaubt ihre Bezugnahme und Orientierung an den und auf die genannten Klassiker dann doch inhaltliche Rückschlüsse. Hinsichtlich der hier zu erörternden Frage bedeutet dies: Die Berufung auf antidemokratische Denker zieht eine Orientierung an antidemokratischen Positionen nach sich. Dagegen könnte allenfalls eine ausgeglichene Berufung auf antidemokratische und demokratische Klassiker sprechen, was indessen bei der Neuen Rechten gerade nicht wahrnehmbar ist.

Diese Feststellung bezieht sich allgemein auf die Denker der Jungkonservativen beziehungsweise der Konservativen Revolution der Weimarer Republik. Betrachtet man nun die damaligen politischen Aussagen von Edgar Julius Jung, Arthur Moeller van den Bruck oder Oswald Spengler, so wird ihre fundamentale Ablehnung der normativen Grundlagen der demokratischen Republik deutlich. Wenn in einer Broschüre des »Instituts für Staatspolitik« (IfS) behauptet wird, sie hätten eine »grundsätzlich wohlwollende«[231] Position gegenüber Weimar eingenommen, so darf dies angesichts der vielen Belege für ihre Demokratieverachtung und Diktaturbejahung als inhaltlich unangemessenes Zerrbild gelten. Auch die Berufung auf Carl Schmitt, der im »Staatspolitischen Handbuch« am häufigsten im Stichwortverzeichnis genannt wird, steht für die erwähnten politischen, eben nicht demokratischen Vorstellungen. Denn bereits vor seinem staatsrechtlichen Engagement für die politische Etablierung des nationalsozialistischen Totalitarismus postulierte er, dass die autoritäre Diktatur demokratischer als der liberale Parlamentarismus sei.

Wer sich inhaltlich auf derartiges Gedankengut beruft, kann schwerlich die Normen und Regeln eines demokratischen Verfassungsstaates teilen. Ähnlich verhält es sich bei den meisten anderen erwähnten geistigen Vorbildern. Ausnahmen stellen einige wenige demokratische Konservative dar, wobei manchmal nur partielle Aspekte ihres Denkens von der Neuen Rechten übernommen wurden. Die Berufung auf die Vordenker der Konservativen Revolution erfolgt meist fragmentarisch, nur in seltenen Fällen darf man vermuten, dass das Studium ihrer Schriften in die Tiefe ging. Ansonsten müssten die Differenzen zwischen den genannten Vorbildern stärker thematisiert werden. Hier hat man es jedoch eher mit ideologischem Eklektizismus, einem inhaltlichen Potpourri zu tun. Angesichts der Dominanz von antidemokratischen Intellektuellen als geistigen Vorbildern, wird deutlich, dass die Akteure der Neuen Rechten die gleiche ideologische Prägung aufweisen.

9.3 Allgemeine ideologische Grundlagen und ihre Implikationen

Wie bereits mehrfach ausgeführt, präsentieren die Akteure der Neuen Rechten ihr ideologisches Selbstverständnis nicht systematisch. Allenfalls sind ihre Ausführungen von fragmentarischen Inhalten geprägt. Eine Ausnahme stellt eine frühere Bekundung von Götz Kubitschek mit einigen Positionierungen dar. »Rechts zu sein heißt«, so Kubitschek, »auf drei kurze Formeln gebracht: den Menschen von der Anthropologie her als problematisch zu verstehen, Erziehung zur Mündigkeit als über weite Strecken stets wieder scheiternden Versuch zu begreifen, die Welt in ihrer Komplexität für nicht konstruierbar zu halten.« Während die erstgenannte Aussage diffus bleibt, negieren die beiden folgenden Aussagen die Entwicklungsmöglichkeiten des Menschen. Er wird durch seine biologische Bedingtheit als anthropologisch fest fixiert gedacht, womit jede Entwicklung zur Mündigkeit als unnatürlich erscheint. Mit der Autonomie des Individuums werden gesellschaftliche Potenziale für Veränderungen geleugnet.

Anschließend bemerkte Kubitschek: »Daraus leitet sich alles andere ab: die freie Entfaltung des Menschen zum Guten ist ein Hirngespinst, der edle Wilde ein Mythos; Ordnung, ethische Verbindlichkeit, institutionelle Sicherheit sind das Ergebnis eines aufwendigen Prozesses kultureller Erziehung; Mündigkeit, das heißt: verantwortungsbewußte Selbständigkeit, erreicht längt nicht jeder Mensch; Elitenbildung ist statthaft, Hierarchie eine Tatsache, Gleichheit und Freiheit sind je konkret zu bestimmen, und für jede Entwicklung sind Rahmen eine Notwendigkeit: Staat, Familie, Schule.« Hier wird zwar auf konstitutive Bedingungsfaktoren für ein geregeltes Miteinander verwiesen, wozu auch Institutionen wie der Rechtsstaat zählen. Doch dass die individuelle Entfaltung hin zum Guten unter solchen Rahmenbedingungen möglich ist, wird ignoriert und mit dem pauschalen und unbegründeten »Hirngespinst«-Vorwurf in Abrede gestellt. Der einzelne Mensch erscheint primär als unmündig und unterworfen – der Biologie, der Elite, der Hierarchie und den Institutionen.

Schließlich führte Kubitschek aus: »Konstruktionen haben wenig Raum, Utopien keinen, daher kommt der Hang der Rechten zur Nüchternheit, zum Realismus, zum Erreichbaren. Den ›neuen Menschen‹ gibt es nicht, der Mensch ist nie neu, seine Substanz ist stets dieselbe, Lehm, Rippe und Fleisch, es kommt nichts hinzu, alles bleibt geschichtlich bedingte Ausformung; jede Gegenwart ist ein Ergebnis und zugleich eine Bedingung für den nächsten Wurf und Schritt; die Zusammenballung der geschichtlichen Erinnerung: das ist der Mythos, das große Bild, wie überhaupt Bild und Gestalt rechter Auffassung entsprechen und der Labormethode und dem Reißbrett gegenüberstehen.«[232] Hier wird das Bestehende allen Möglichkeiten zur Veränderung entgegengestellt und behauptet, dass der »Rechten« primär Realismus eigen sei. Gleichzeitig gilt die Änderungsbereitschaft des Menschen als unwesentlich, weil Menschen eben seien, wie sie sind. Diese Auffassungen machen die Individuen zu Objekten eines biologischen und politischen Rahmens, was auch für das Gesellschaftsbild und Politikverständnis der Neuen Rechten relevant ist.

9.4 Einstellung zu Menschenrechten als Wertekonsens

Bedeutsam für die demokratietheoretische Einschätzung der Neuen Rechten ist, dass sie eine Delegitimierung der individuellen Menschenrechte vorantreiben will. Es geht hierbei um die Auffassung, dass dem Einzelnen durch sein Menschsein bestimmte Rechte eigen sind. Damit stehen diese Rechte grundsätzlich über den Kollektiven, seien diese Kulturen, Nationen oder Religionsgemeinschaften. Allerdings gibt es auch bei der Neuen Rechten eine ambivalente – also nicht nur ablehnende – Einstellung zu den

Menschenrechten, denn ihre Angehörige berufen sich gern auf die Meinungs- und Organisationsfreiheit. Gleichwohl sehen sie eine Gefahr im Individualitätsprinzip, das angeblich gewachsene Gemeinschaften durch seinen normativen Universalismus zerstöre. Derartige Auffassungen gab es bereits in der Konservativen Revolution. So schrieb etwa der erwähnte Edgar Julius Jung: »Menschenrechte sind uferlos. Die Ausstattung aller Teile des Ganzen mit gleichen und unbedingten Rechten führt immer zum Kampfe aller gegen alle, zum Zerfall des Ganzen.«[233]

Eine derartige offene Ablehnung der Menschenrechte findet sich bei der gegenwärtigen Neuen Rechten eher selten. Deren Akteure stellen mehr darauf ab, dass man es mit einem westlichen Produkt zu tun habe. »Insbesondere der individualistische Gedanke hat«, so Martin Lichtmesz, »außerhalb Europas [...] so gut wie keine Tradition.«[234] Diese Aussage ist ideengeschichtlich falsch: In vielen Kulturen und Ländern entstand ein individuelles Menschenrechtsverständnis, es kam nur nicht allgemein zu einer gesellschaftlichen und konstitutionellen Verankerung.[235] Bedeutsam ist bei den Auffassungen der Neuen Rechten, dass derartige Argumentationsmuster auch von autoritären Regimen genutzt werden. Damit wollen sie den Vorwurf von Menschenrechtsverletzungen parieren. Gelegentlich wird auch von der Neuen Rechten auf die politische Instrumentalisierung der Menschenrechte verwiesen. Zwar gab und gibt es in der Machtpolitik des Westens solche Tendenzen, dies spricht aber nicht gegen die Menschenrechte als Prinzip im konstitutiven Sinne.

Eine offene Ablehnung der Menschenrechte durch die Neue Rechte ist problematisch, sind sie doch eine normative Basis moderner Demokratien und werden als solche in der Gesellschaft als grundlegende Merkmale positiv wahrgenommen. Eine Ausnahme bildete Alain de Benoist in seinem Buch »Kritik der Menschenrechte«, die er als Ideologie, Moral und Religion verwarf. Ihn störte dabei insbesondere der Gleichheitsgedanke: »Der Schlüsselgedanke ist, daß die Menschen überall dieselben Rechte besitzen, weil sie im Grund *dieselben Menschen* sind.« Dies gilt jedoch nur für die grundlegenden Basisrechte und die rechtliche Gleichstellung von Menschen und trifft demnach in dieser Verallgemeinerung nicht zu. Ferner heißt es bei Benoist: »Dadurch droht die Aushebelung oder Auslöschung kollektiver Identitäten [...]«[236] Auch diese Einschätzung ist unzutreffend. Zwar stehen Individualrechte in der Prioritätensetzung über Kollektivrechten, diese werden aber in keiner Weise negiert. Der erstgenannte Aspekt erklärt denn auch die Frontstellung gegen die Menschenrechte bei der Neuen Rechten.

9.5 Einstellung zu Homogenität als Strukturprinzip

Ein weiterer demokratietheoretisch bedeutsamer Aspekt bei der Neuen Rechten ist ihre Grundposition zu Homogenität und Pluralismus als Strukturprinzipien der Gesellschaft. Zunächst soll dazu der Blick auf den ersten Gesichtspunkt fallen, wobei es um die Einheitlichkeit der Gesellschaft geht. Eine gewisse Homogenität benötigt jede Sozialordnung, bildet sie doch die Basis für ein geregeltes Miteinander. Das Ausmaß der eingeforderten Homogenität und die Frage, was mit dem nicht Homogenen in der Praxis geschehen soll, bilden die hier relevanten Punkte. Auf Einwände, die darin einen Beleg für rechtsextremistische Positionen sahen, reagierte Götz Kubitschek. Er betonte, dass die Neue Rechte keine »Reinheitsvorstellungen« vertrete. Es gehe allenfalls um »substantielle Gleichheit«, »relative Homogenität« und das »Wir« und »die Anderen«.[237] Genauere Angaben machte er dazu indessen nicht, verwies aber ausdrücklich auf den entsprechenden Artikel im »Staatspolitischen Handbuch«.

Betrachtet man den gemeinten Beitrag, so findet sich dort eine allgemeine Definition, die auch auf die Funktion von »Homogenität« für eine Sozialordnung verweist. Dann heißt es: »H. wird in erster Linie dadurch erreicht, daß das Andere als anders erkannt und diszipliniert oder ausgeschlossen wird.« Es gebe unterschiedliche Eigenschaften und unterschiedliche Konsequenzen. »Grundsätzlich gilt aber, daß man den, der wegen körperlicher oder seelischer Abweichung der Normalität widerspricht, absondert oder eliminiert.«[238] Damit deutet sich bereits für die Auffassung der gemeinten Homogenität an, dass Abweichungen von einem angeblichen Konsens nicht toleriert werden sollen. In diesem Zusammenhang wird wieder auf Carl Schmitt verwiesen. Er habe gerade für die Demokratie eine Homogenität eingefordert, die nur im Kontext eines Nationalstaates existieren könne. Dafür wird als Beleg ein von Schmitt stammendes Zitat angegeben. Sieht man sich die Stelle einmal näher an, findet sich dort aber nicht die bedeutsamste Aussage von Schmitt über Homogenität.

Er schrieb, wie erwähnt, dass zur Demokratie Homogenität gehöre, was folglich beim Heterogenen auf potenzielle Vernichtung ziele. Eine Demokratie müsste, so die Forderungen des Staatsrechtlers, das Fremde beseitigen. Dies sind sehr deutliche politische Bekundungen, die sogar die Option realer Tötungen einschließen. Derartige Forderungen sollen der Neuen Rechten nicht unterstellt werden, gleichwohl sind solche Konsequenzen bei ihren geistigen Vorbildern bis in die Wortwahl hinein angelegt. Wie angesichts derartiger Bekundungen die Homogenitätsvorstellungen der Neuen Rechten nicht in einem rechtsextremistischen Sinne verstehbar sein sollen, erschließt sich bei den deutlichen Formulierungen im »Staatspolitischen Handbuch« und bei Schmitt nicht. Es wird nur nicht angegeben, welche Individuen genau betroffen wären. Daher bleibt die postulierte Grundlage für die Entscheidung, was »relative Homogenität« sei, diffus, doch schließt das die dem Heterogenen angedrohte Vernichtung nicht grundsätzlich aus.

9.6 Einstellung zum Pluralismus als Strukturprinzip

Ähnlich bedenkliche Konsequenzen ergeben sich, wenn man die Einstellung zum Pluralismus genauer betrachtet. Gemeint ist mit dieser Bezeichnung das Grundprinzip, wonach unterschiedliche Interessen und Meinungen legitim nebeneinander bestehen können. Dies fordern die Anhänger der Neuen Rechten auch gern für sich selbst ein, um so Kritik und Protesten zu begegnen. Insofern existiert eine ambivalente, auch instrumentelle Einstellung zum Pluralismus als Strukturprinzip. Denn angesichts der erwähnten Auffassung von Homogenität als positivem Orientierungsfaktor steht artikulierter Pluralismus dieser dann als Widerspruch gegenüber. Lediglich in Abgrenzung der jeweiligen gesellschaftlichen Bereiche kann man sich »Pluralismus« vorstellen, was die Ausführungen zum »Ethnopluralismus«-Konzept veranschaulicht haben. Ansonsten findet bei der Neuen Rechten »Pluralismus« als Thema nur eine geringe Wahrnehmung. Auch hier sei auf den entsprechenden Artikel im »Staatspolitischen Handbuch« verwiesen:

Darin wird zunächst betont, dass konservatives Denken unterschiedliche Lebensentwürfe tolerieren könne. Eine moderne Auffassung von Pluralismus habe aber andere Vorstellungen, welchen ein »integrierendes Moment« fehle. Diese Aussagen, die auf Harald Laski bezogen sind, treffen auf ihn in einem allgemeinen Sinne zu. Laski hatte gesellschaftliche Akteure und den regelnden Staat auf die gleiche Stufe gestellt. Genau diese Auffassung lehnte indessen der »Neo-Pluralismus« ab, wie er insbesondere von Ernst Fraenkel vertreten wurde. All dies referiert der Beitrag nicht falsch, aber schief. Denn ein bedeutsamer Gesichtspunkt fehlt dabei: dass notwendigerweise ein »nicht kontroverser Sektor« bestehen muss. Damit sind die für eine pluralistische Gesellschaft notwendigen minimalen Merkmale gemeint, welche in der Akzeptanz von Demokratie, Menschenrechten und Rechtsstaatlichkeit bestehen. Fraenkel hatte auf die mögliche Gefahr verwiesen, dass Parteien um des Machterhalts willen den Pluralismus instrumentalisieren könnten.[239]

Daraus macht das »Staatspolitische Handbuch« eine gesellschaftliche Realität, wozu Karlheinz Weißmann schrieb: »Angesichts der Tatsache, daß die modernen westlichen Gesellschaften diesem Zustand mittlerweile sehr nahegekommen sind, gewinnt die Frage an Bedeutung, ob nicht auf die ältere – vor allem von Carl Schmitt formulierte – Pluralismuskritik zurückzugreifen wäre, die allerdings immer die Annahme vertrat, daß der P. überhaupt zum Zerfall des Staates als politischer Einheit führen werde und [...] innerhalb der politischen Gemeinschaft den Bürgerkrieg vorbereite.«[240] Was hier aber erneut keine Erwähnung findet, sind die Folgerungen des Staatsrechtlers. Denn der Pluralismus wurde von Schmitt abgelehnt, weil er darin eine Gefahr für die Homogenität sah. Um die politische Einheit des Staates wahren zu können, so seine Position, bedürfe es eines autoritären Systems. Diese Auffassung setzte dualistisch Bürgerkrieg und Pluralismus ebenso wie Diktatur und Stabilität gleich, was auch das Denken der Neuen Rechten latent bis manifest prägt.

9.7 Einstellung zur Geschichtsdeutung des Nationalsozialismus

Gelegentlich wird das Etikett »Nazi« auf die Neue Rechte übertragen, was formal und inhaltlich keine Gültigkeit beanspruchen kann und für eine unangemessene Wirklichkeitswahrnehmung stehen würde. Diese Aussage bestreitet nicht, dass es ideologische Gemeinsamkeiten gibt, welche aber zu unterschiedlichen Orientierungen führten. In beiden Fällen – Neue Rechte und Nationalsozialismus – handelt es sich um politische Rechtsextremisten, aber eben mit unterschiedlichen Handlungsfeldern und Ideologievarianten. Eine gewisse Distanz gegenüber dem Nationalsozialismus kann für die Neue Rechte daher durchaus konstatiert werden, was aus ihnen aber keine Demokraten im dargestellten modernen Sinne macht. Die

Ablehnung des historischen Nationalsozialismus erklärt sich bei der Neuen Rechten außerdem dadurch, dass der Nationalsozialismus als politische Bewegung und Diktatur mit einem nicht zu leugnenden Menschheitsverbrechen und opferreichen Weltkrieg verbunden ist. Die Erinnerung daran diskreditiert grundsätzlich auch die Rechtsextremisten und ihre Werte.

Darauf bezogen ergaben sich unterschiedliche Einstellungen, die von der Leugnung bis zur Verherrlichung des Nationalsozialismus reichten. Beide Auffassungen findet man bei der Neuen Rechten meist nicht, dominieren doch andere Einstellungen zu diesbezüglichen Fragen. Es geht in der NS-Deutung um historische Relativierungen und ideologische Verschiebungen. Letzteres meint eine Auffassung, wonach der Nationalsozialismus grundsätzlich oder partiell nicht mehr der politischen Rechten zugeordnet wird. Dabei betont man die »sozialistische« Dimension, um dem Nationalsozialismus auch linke Positionen zuzuordnen. Zwar stammten bedeutende Faschisten in Frankreich oder Italien aus der politischen Linken, das trifft aber nicht für den deutschen Nationalsozialismus zu. Die jeweilige Auffassung von »Sozialismus« unterschied sich fundamental, in der ideologischen Ausrichtung ebenso wie in der politischen Praxis. Gleichwohl wurden dem Nationalsozialismus etwa in dem Buch »Der nationale Sozialismus« von Karlheinz Weißmann sozialistische Wurzeln angedichtet.[241]

Weißmann legte auch eine Gesamtdarstellung zur NS-Zeit mit »Der Weg in den Abgrund« vor.[242] Diese kann als ein Musterbeispiel für die gemeinte Relativierung gelten, wobei die nationalsozialistischen Untaten und Verbrechen aber nicht geleugnet wurden. Die Hauptschuld am Kriegsausbruch ist darin ebenso wie die Judenverfolgung und Judenvernichtung ein Thema. Es sind andere Aspekte, welche die politische Interpretation im Sinne der Neuen Rechten veranschaulichen. Dies gilt etwa für die Deutung eines »Epochenphänomens«, habe es doch gleichzeitig in anderen Ländern ähnliche Tendenzen gegeben. Dabei bleibt aber die Besonderheit der deutschen Entwicklung außen vor, womit Gründe für den Nationalsozialismus entkontextualisiert und universalisiert werden. Die spezifischen Bedingungsfaktoren aus der deutschen Geschichte überging Weißmann. Dies gilt auch für die antidemokratische Einstellung der konservativen Elite vor und während der Weimarer Republik. Man merkt die ideologischen Absichten von Weißmann, indessen stehen solche Deutungen nicht allein für Rechtsextremismus.

9.8 Einstellung zur Judenfeindschaft als Thema

Antisemitismus bei der Neuen Rechten soll hier noch besonders thematisiert werden, gilt doch die Judenfeindschaft als typisch für Rechtsextremismus. Diese Auffassung lässt sich indessen nicht verallgemeinern, denn es gibt dort auch eine minoritäre, nicht antisemitische Haltung. Insofern bedarf es eines differenzierten Blicks, der zunächst Antisemitismus als Einstellung und Thema unterscheidet. Letzteres meint die bloße inhaltliche Beschäftigung mit Judenfeindschaft, wobei deren Existenz dann meist primär unter Linken und Migranten gesehen wird. So behauptete etwa Karlheinz Weißmann: »Antisemitismus kommt von links«[243], womit er die Judenfeindschaft im eigenen politischen Lager ignorierte. Wichtig ist aber auch die Relevanz der Judenfeindschaft für das eigene Weltbild. Dazu müssen zwei Anmerkungen vorangestellt werden: Antisemitismus gab es auch bei den Denkern der Konservativen Revolution, diese Einstellung war aber für ihr politisches Selbstverständnis nicht sonderlich relevant.[244]

Die Neue Rechte will auch nicht den Eindruck einer Nähe zum traditionellen Rechtsextremismus aufkommen lassen, wo bis in die Gegenwart hinein eine manifeste Judenfeindschaft zu erkennen ist. Gleichwohl gibt es bei den Autoren der Neuen Rechten immer wieder Randbemerkungen, die zumindest als Anspielungen auf antisemitische Ressentiments wahrgenommen werden können. So bemerkte etwa Martin Lichtmesz, inhaltlich ohne weitere Bezüge zu jüdischen Themen: »Die Welt wird heute [...] nicht mehr von nationalen Regierungen, sondern von Goldman Sachs beherrscht.«[245] Diese Aussage kann als latent judenfeindliches Stereotyp verstanden werden, denn sie nimmt indirekt Bezug auf den politischen beziehungsweise sozioökonomischen Antisemitismus. Demnach stehen die Juden hinter der Politik und Wirtschaft, und sie seien die wahrhaft Mächtigen, nicht die Regierenden. Wenn der Autor nur den Einfluss des Finanzkapitals kritisieren wollte, dann hätte er es in dieser Deutlichkeit auch ohne Nennung eines als jüdisch geltenden Unternehmens tun können.

Ansonsten werden direkte Bezüge zur Judenfeindschaft oder zum Judentum von der Neuen Rechten eher vermieden. Daher finden sich auch nur wenige Artikel hierzu in ihrem wichtigsten Publikationsorgan »Sezession«. Einschlägige Einstellungen werden in einer eher latent zu nennenden Form vermittelt. So bezeichnete der Autor Michael Böhm den »Holocaust als mythisches Zentrum des zwanzigsten Jahrhunderts«, womit dann Israels militärische und politische Schlachten als eine »Art Versicherungspolice«[246] legitimiert und verteidigt werden würden. Der Autor Siegfried Gerlich meinte, der Holocaust sei keine Konsequenz des »Rassenantisemitismus«, sondern stelle »eine angst- und haßerfüllte Überreaktion auf die europäische Fundamentalrevolution der Moderne dar, an der Juden [...] maßgeblich beteiligt waren.«[247] Dominanter ist indessen die Fixierung auf die Judenfeindschaft, die bei Linken und Muslimen, aber nicht in der Mehrheitsgesellschaft und Rechten gesehen wird. Diese Ausrichtung prägt auch die kleine Gruppe »Juden in der AfD« in ähnlicher Weise.[248]

9.9 Einstellung zur Gewalt als Handlungsstil

Schließlich soll die Einstellung zur Gewalt bei der Neuen Rechten thematisiert werden. Da es sich um Intellektuelle handelt, die über eine »Kulturrevolution« und über »Metapolitik« wirken wollen, müsste hier von einer klaren Distanzierung von einem solchen Handlungsstil ausgegangen werden. Indessen greift eine solche Einschätzung aus mehreren Gründen zu kurz. Auffällig ist zum Beispiel, dass die Akteure der frühen französischen Neuen Rechten aus gewaltorientierten Strömungen kamen. Und auch für die deutsche Neue Rechte kann nicht konstatiert werden, dass man grundsätzlich Gewalt als politisches Mittel ablehnt. Es gibt Bekundungen wie die folgende von Götz Kubitschek: »Wir halten nicht viel von langwierigen Begründungen, von Herleitungen von der systematischen Stimmigkeit unseres Handlungsantriebs. [...] Nein diese Mittel sind aufgebraucht, und von der Ernsthaftigkeit unseres Tuns wird euch kein Wort überzeugen, sondern bloß ein Schlag ins Gesicht.«[249] Das sind – bezogen auf die Diskursbereitschaft – sehr deutliche Worte.

Zwar darf eine solche Ankündigung wohl eher symbolisch und nicht als konkrete Gewaltdrohung verstanden werden. Aber gerade Kubitschek neigt dazu, gelegentlich mit derartigen martialischen Formulierungen zu arbeiten. Er geht etwa von einem herannahenden Bürgerkrieg aus und bemerkte zu dessen Verlauf: »Wenn wir Deutschen zu zivilisiert für die Notwendigkeiten des Vorbürgerkriegs bleiben, ist die Auseinandersetzung bereits entschieden: ›Nur Barbaren können sich verteidigen‹, sagt Nietzsche.«[250] Indessen darf auch hier eine beschworene Entschlossenheit und Stärke hinter der Wortwahl vermutet werden. Zumindest gibt es keine Belege dafür, dass Gewalt gegenwärtig als konkreter Handlungsstil von Kubitschek angesehen wird. Dieser Rückschluss erklärt sich aber weniger durch eine grundsätzliche Negierung, sondern mehr durch eine dafür unangemessene Rahmensituation. Gewalttätige Aktivitäten wie Anschläge auf Einrichtungen oder Personen dürften gegenwärtig in der breiteren Öffentlichkeit wie im eigenen Umfeld verurteilt werden.

Auch die anderen Akteure der Neuen Rechten vermeiden eine solche Wortwahl. Alain de Benoist dürfte sich dazu wohl ebenso wenig herablassen wie Karlheinz Weißmann, sie sind beide mehr auf die Handlungsoption einer »Kulturrevolution von rechts« hin orientiert. Gleichwohl darf beim Blick auf die Einstellung zur Gewalt nicht ignoriert werden, dass manche Diskurse der Neuen Rechten hier in einem befördernden Sinne wirken können. Deutlich zeigte sich dies bei dem »Großer Austausch«-Narrativ, das einige Lone Actors aus dem Rechtsterrorismus zu ihren Taten mit motivierte.[251] Auch die erwähnte Deutung beziehungsweise Umdeutung des Begriffs »Widerstand« könnte so wirken, werden damit doch letztendlich sogar Gewalthandlungen gegen die Regierungspolitik legitimiert. Zwar lässt sich kein direkter Einfluss auf solche Taten belegen. Gleichwohl finden derartige Auffassungen über unterschiedliche Stufen auch inhaltliche Verbreitung. Eine geistige Anregung zur Gewalt über solche Etappen ist in der längerfristigen Wirkung demnach durchaus vorstellbar.

9.10 Einstellung zum Systemwechsel als Umsturz

Am Ende dieses Teils soll die Einstellung der Neuen Rechten zum Systemwechsel als Umsturz thematisiert werden. Zuvor bedarf es dazu aber einer aufmerksamen Betrachtung dessen, wie sie die Kategorie »Krise« deutet, wird darin doch nicht primär eine Gefahr, sondern mehr ein Hoffnungsfaktor für das Land gesehen. Diese Ausrichtung machte Götz Kubitschek in seiner mehrfach erwähnten »Provokation«-Schrift deutlich, worin es heißt: »Wünschen wir uns die Krise! Sie bedrängt, sie bedroht unser krankes Vaterland zwar, aber gerade dies weckt vielleicht seinen Mut, ins Unvorhersehbare abzuspringen und das zu wagen, was den Namen ›Politik‹ verdiente. Nur kein Rückfall ins Siechtum, ins Latente, ins Erdulden!« Man erhofft sich demnach gerade eine Bedrohung, Gefahr und Krise, seien diese doch günstige Rahmenbedingungen für Bürgerkriegsszenarien und Kämpfe. Kubitschek formulierte: »Wir bewegen uns auf das zu, was wir den *Vorbürgerkrieg* nennen können, wohl wissend wie groß das Wort vom

›Bürgerkrieg‹ ist, wie unvorstellbar die Angst und Zerrüttung, wenn eine echte Wolfszeit anbricht.«[252]

Solche Einstellungen wollen politische Veränderungen nicht über den parlamentarischen Weg von einschlägigen Mehrheitsverhältnissen erwirken, was in einer Demokratie die Voraussetzung wäre. Wer ihre Normen und Regeln akzeptiert, dem ist es möglich, grundlegende Änderungen im Rahmen des demokratischen Verfassungsstaates anzustreben. Indessen geht es der Neuen Rechten gerade nicht um einen solchen Prozess. Nicht die »Abwahl« ist ihre bevorzugte Forderung, sondern der »Umsturz« und die »Umwälzung«. Was konkret mit Bürgerkriegshoffnung oder Konfliktschüren gemeint ist, bleibt unklar. Dafür gefallen sich die Akteure in pathetischen Distanzbekundungen. Eine bekannte Aussage von Kubitschek lautet: »Unser Ziel ist nicht die Beteiligung am Diskurs, sondern sein Ende als Konsensform, nicht ein Mitreden, sondern eine andere Sprache, nicht der Stehplatz im Salon, sondern die Beendigung der Party.«[253]

Damit wird auch deutlich, dass er nicht bereit ist, sich der öffentlichen Debatte zu stellen. Entgegen so mancher Beschwerden, man werde aus Diskursen ausgegrenzt, will man sich an solchen Formen in Wahrheit gar nicht beteiligen. Nicht im Mitwirken oder in Reformen, sondern eben in Umsturz und Umwälzung sieht man die Zukunft. Derartige Bekenntnisse werden zwar von der Neuen Rechten nur selten öffentlich und offensiv vorgetragen, man findet aber durchaus solche Eingeständnisse in ihren Veröffentlichungen. So heißt es etwa über die Konservative Revolution bei Kubitschek: »Vielmehr nahmen die Volkskonservativen das Volk in seiner Gesamtheit als politische Größe ernst und konzipierten eine Umwälzung der Umwälzung, also eine neue Ordnung [...] Um eine Umwälzung der Umwälzung muss es auch heute gehen [...]«[254] Und auch Karlheinz Weißmann bemerkte: »Daß Geduld eine konservative Tugend ist, liegt auf der Hand, aber man unterschätze nicht ihr Umsturzpotential.«[255]

10
SCHLUSSWORT UND ZUSAMMENFASSUNG

Abschließend sollen die wichtigsten Erkenntnisse im analytischen Sinne zusammengefasst werden. Dabei geht es zunächst noch einmal um eine bilanzierende Definition der Neuen Rechten (10.1). Dem folgen eine extremismustheoretische Einschätzung dieser Intellektuellengruppe (10.2) sowie eine Erläuterung ihrer Funktionen im ideologischen Selbstverständnis (10.3). Anschließend wird die Diffusität der Ideologie im politischen Programm (10.4) herausgestellt sowie diese Diffusität im Kontext des öffentlichen Wirkens (10.5) thematisiert. Letzteres ist für die Bedeutung der Neuen Rechten im erfolgten gesellschaftlichen »Rechtsruck« (10.6) wichtig, was dann auch Einschätzungen zur gesamtgesellschaftlichen Relevanz (10.7) ermöglicht. Daraus lässt sich das extremistische Gefahrenpotenzial der Neuen Rechten (10.8) differenziert einschätzen. Anschließend wird die Diskurs- und Ideologiekritik zur Neuen Rechten (10.9) als wichtige Strategie gegen die postulierten Wirkungen vorgestellt, wonach eine Bilanz der Detailbilanzen (10.10) folgt.

10.1 Bilanzierende Definition der Neuen Rechten

Angesichts der vorstehenden Ausführungen soll »Neue Rechte« noch einmal definiert werden, wobei nun auch die Bezüge zu ähnlichen Phänomenen innerhalb der politischen Rechten erörtert werden können. Demnach geht es um eine Bezeichnung für einzelne Intellektuelle in einem informellen Netzwerk. Sie können hinsichtlich ihrer ideologischen Ausrichtung, organisatorischen Einbindung und strategischen Orientierung analytisch erfasst werden, wobei die genannten Merkmale nicht bei allen erwähnten Personen der Neuen Rechten in gleicher Prägung vorhanden sein müssen. Ideologisch konstitutiv ist die Berufung auf das politische Gedankengut der Jungkonservativen beziehungsweise der Konservativen Revolution der Weimarer Republik. Darüber hinaus orientiert man sich an den Auffassungen anderer ideengeschichtlicher Klassiker mit einer dezidiert antidemokratischen Haltung. Diese Aussage unterstellt nicht, dass die genannten Intellektuellen der Neuen Rechten »ihre« Klassiker auch gründlich gelesen haben müssen.

Bezüglich der strategischen Ausrichtung steht die Konzeption einer »Kulturrevolution von rechts« im Zentrum. Damit ist die Auffassung von einem »geistigen Kampf« gemeint, der einen angestrebten politischen Umsturz ideologisch vorausdenken und vorbereiten soll. Die Ausrichtung an den Gedanken Antonio Gramscis geht meist nicht mit einer tiefgründigen Kenntnis von dessen Werken einher. Häufig erfolgt die Berufung auf ihn lediglich auf Grundlage oberflächlicher Wahrnehmungen, um sich so in ein besonderes intellektuelles Licht zu stellen und Offenheit gegenüber gegnerischen Protagonisten zu vermitteln. Gleichwohl sehen die Akteure der Neuen Rechten in der Theoriearbeit ihre konstitutive Hauptaufgabe. Dies bedeutet in der Gesamtbetrachtung nicht, dass es hier um das einzige Handlungsfeld geht. Denn letztendlich wollen die Intellektuellen der Neuen Rechten auf andere politische Protagonisten einwirken, wozu Bewegungen, Medien, Parteien oder Vereine gehören können.

Ein informelles Netzwerk bildet ihre prägende Organisationsform. Demnach hat man es nicht mit einer festen Gruppe zu tun, denn häufig sind ideologische wie persönliche Spezifika auszumachen. Dies kann durchaus zu politischen Brüchen etwa angesichts strategischer Differenzen führen, wofür der Konflikt zwischen Götz Kubitschek und Karlheinz Weißmann steht. Gleichwohl gehören beide aufgrund der erwähnten Merkmale demselben Netzwerk an. Auch mit der Existenz des »Instituts für Staatspolitik« lässt sich für die Neue Rechte nicht von einer einzigen Organisation sprechen. Zwar handelt es sich um einen bedeutsamen Akteur, der Publikationen, Schulungen, Seminare und Verbindungen ermöglicht. Derartige Handlungsoptionen hatten die Intellektuellen der Neuen Rechten aber bereits zuvor. Der entscheidende Unterschied besteht darin, dass es nun eine organisatorische Konzentration konstatiert werden kann. Zwar gehört das »Institut für Staatspolitik« zur Neuen Rechten, die Neue Rechte kann aber nicht als ein darauf beschränktes Phänomen gelten.

10.2 Extremismustheoretische Einschätzung der Neuen Rechten

Die vorstehenden Ausführungen erlauben es, eine bilanzierende extremismustheoretische Einschätzung der Neuen Rechten vorzunehmen. Hinsichtlich des Begriffsverständnisses sei zunächst daran erinnert, dass als extremistische Ausrichtung jene Einstellungen und Handlungen erfasst werden, die gegen die Normen und Regeln des demokratischen Verfassungsstaates gerichtet sind. Dies bedeutet nicht nur Gewaltorientierung, denn es kann auch gewaltfreie extremistische Praktiken geben. Zwar sind mit Extremismus meist Aktivitäten von Gruppen oder Parteien gemeint, gleichwohl gibt es auch extremistische Intellektuelle und Publizisten. Sofern sie mit ihren Auffassungen Gleichwertigkeitsideale und Individualitätsprinzip, Menschenrechte und Pluralismus negieren oder relativieren, können sie als Bestandteile eines extremistischen politischen Lagers wahrgenommen und zugeordnet werden. Für diese Einordnung sind ihre ideologischen Grundpositionen entscheidend, die über die angestrebte »Kulturrevolution von rechts« in eine politische Praxis münden sollen.

Diese Grundpositionen lassen sich aber nicht aus einer entwickelten politischen Theorie ableiten, denn dazu sind die Intellektuellen der Neuen Rechten gar nicht fähig. Ihre Aussagen bleiben häufig vage und lassen kein systematisches »Gegen«-Programm erkennen. Gleichwohl erlauben der Blick auf ihre geistigen »Klassiker« sowie der Blick auf das von ihnen Kritisierte entsprechende Zuordnungsmöglichkeiten. Die erwähnten Denker der Konservativen Revolution, die der Neuen Rechten als geistige Vorbilder dienen, lehnten meist dezidiert demokratische Wertvorstellungen ab. Allerdings gibt es auch Ausnahmen, wenn nur ein bestimmter Gesichtspunkt eines Klassikers selektiv vereinnahmt wurde. Mit der Berufung etwa auf den Staatsrechtler Carl Schmitt, der als bedeutendster Vordenker der Neuen Rechten gilt, lassen sich Menschenrechte und Pluralismus jedoch nicht mehr rechtfertigen. Er trat wie die meisten anderen Denker der Konservativen Revolution für ein autoritäres Diktaturmodell mit einer symbolischen Massenakzeptanz ein. Daraus ergibt sich auch das politische Idealbild und Ziel der Neuen Rechten.

Bestärkt werden solche Einschätzungen noch durch das, was die Neuen Rechten kritisieren, wobei dann aber praktisch kein Gegenbild auf der Grundlage eigener Wertvorstellungen entworfen wird. So beklagt man etwa die angeblichen oder realen Folgen einer »multikulturellen Gesellschaft«, stellt diesen aber nur die Beschwörung einer »ethnisch-kulturellen Identität« entgegen. Oder es erfolgt eine Kritik an behaupteten oder tatsächlichen Problemen des gesellschaftlichen Zusammenhalts, man hält dem aber nur die Forderung nach einem diffusen Gemeinschaftsmodell mit antipluralistischer Prägung entgegen. Meist mangelt es an genaueren Aussagen zu den konkreten Folgen einer angestrebten Praxis. Daher sollte man die postulierten Ansprüche der Neuen Rechten hinsichtlich ihrer gesellschaftlichen Konsequenzen kritisch reflektieren. Denn wären die aufgestellten Forderungen anders gemeint gewesen, hätten für sie auch andere, klarere politische Positionen formuliert werden können. Dass dies bei der Neuen Rechten erkennbar nicht der Fall ist, steht für eine extremistische Ausrichtung sowie für eine programmatische Diffusität.

10.3 Funktionen der Neuen Rechten im Selbstverständnis

Die bisherigen Ausführungen vermitteln Erkenntnisse darüber, welche Funktionen die Neue Rechte sich in ihrem Selbstverständnis zuschreibt. Dazu gehört erstens der Anspruch, einer geistigen Avantgarde und Elite anzugehören. Dies macht letztendlich die Attraktivität für die Intellektuellen aus, haben sie angeblich doch für ihr politisches Lager den richtigen Weg und das richtige Ziel erkannt. Betrachtet man das interne Gebaren unter den Neuen Rechten, offenbart sich ein mitunter peinliches Selbstverständnis. Da berufen sich die Autoren auf andere Autoren in ein und demselben Publikationsorgan und zitieren deren Begriffe in Klammern mit Verfassernachweisen. So meint man, sich in der Außenwirkung in die breitere Gesellschaft sowie in das eigene Umfeld als bedeutsame Denker und Philosophen gerieren zu können. Eine Bestärkung erhalten solche Inszenierungen dadurch, dass die Schreibenden in ihrem politischen Lager oft als herausragende Intellektuelle und über kritische Medienberichterstattung mitunter auch als wichtige Vordenker der Neuen Rechten wahrgenommen werden.

Zweitens gehört zu den Funktionen der Neuen Rechten in deren Selbstverständnis, dass ihre Auffassungen über Ideologie und Strategie mit einer politischen Zielsetzung vermittelt werden sollen. Dies gilt zunächst für das eigene intellektuelle Umfeld. Denn dort agieren sie als Buchautoren und Publizisten, Referenten und Seminarleiter gegenüber einem gesinnungsnahen Zuhörerkreis. Er soll ideologisiert und dann auch radikalisiert werden. Der damit gemeinte »Kampf um die Köpfe« zielt hierbei vor allem auf Schulungen ab, in denen längerfristig intellektuelle Kader für einen politischen Umbruchprozess vorbereitet werden sollen. Dieses Vorgehen ergibt sich aus der berechtigten Einsicht, dass im Rechtsextremismus der Nachkriegszeit kaum Intellektuelle existierten. Das Defizit erklärt zwar nicht allein – aber auch – die geringeren Resonanzen bei formal höher gebildeten Schichten. Indessen: Soll ein angestrebter politischer Umbruchprozess erfolgreich sein, bedarf es auch dort einer Anhängerschaft.

Drittens geht es um die erhofften praktischen Konsequenzen für die Neue Rechte. Deren Akteure beabsichtigen nicht nur, einschlägige Ideen zu liefern. Sie wollen auf die Richtung der politischen Entwicklung einwirken, was Kontakte zu deren organisatorischen Trägern voraussetzt. Dabei müssen die Intellektuellen der Neuen Rechten ihre Schreibtische und Seminarräume zeitweise verlassen, um als Berater für Parteien oder Protestbewegungen in ihrem Sinne zu wirken. Die AfD, Identitäre und »Pegida« stehen für solche Verbindungen und Zielsetzungen. Darüber hinaus ist die Brückenfunktion der Intellektuellen der Neuen Rechten wichtig, da sie auch auf das demokratisch-konservative Lager Einfluss nehmen wollen. Mit diesem bestehen gewisse ideologische Gemeinsamkeiten, die von den Akteuren der Neuen Rechten thematisiert werden, weil sie sich davon geistige Wirkungen erhofften. Über einschlägige Diskurse und Ideologieelemente wollen sie Menschen bis in die gesellschaftliche Mitte hinein in ihrem Sinne politisieren.

10.4 Diffusität der Ideologie im politischen Programm

Betrachtet man die Buchpublikationen der Neuen Rechten, so fällt auf, dass ein grundlegendes programmatisches Werk fehlt. Von dezidiert politisch orientierten Denkern, die einen besonderen geistigen Anspruch für sich postulieren, würde man eine solche systematische Schrift eigentlich erwarten. Wie die obigen Ausführungen schon verdeutlicht haben, liegen allenfalls Fragmente in diesem Sinne vor. Man sollte schon in der Lage sein, auf Basis bestimmter Grundprinzipien darüber zu reflektieren, wie eine angestrebte Gesellschaft oder ein erhoffter Staat ausgerichtet sein sollten. Entgegen ihrem behaupteten Anspruch entwickelten die Intellektuellen der Neuen Rechten aber weder in einem allgemeinen noch in einem konkreten Sinne derartige Vorstellungen. Viele ihrer verwendeten Begriffe sind nicht genauer definiert, viele Forderungen nicht klar entwickelt. Mitunter bekannten sich manche Autoren – wie die zitierten Götz Kubitschek, Martin Lichtmesz oder Karlheinz Weißmann – sogar dazu, dass sie ein genaues Konzept oder einen klaren Kriterienkatalog nicht präsentieren könnten oder wollten.

Wenn nun allerdings die »ethnisch-kulturelle Identität« für das ideologische Selbstverständnis beschworen wird, müsste man doch erwarten dürfen, dass ihre konstitutive Bedeutung und eine Liste mit einschlägigen Merkmalen und der nötigen Trennschärfe vorgestellt und erläutert werden. Meist wird jedoch nur allgemein auf »Biologie« und »Natur« oder auf »Erfahrung« und »Tradition« verwiesen. Eine genauere Ableitung und Begründung erfolgt nicht, was eigentlich nötig wäre. So wird das persönliche Empfinden zum letztendlichen Kriterium, was bei konkreten Schlussfolgerungen zu entsprechender Willkür führt. Was »Deutschsein« ist und bedeutet, können die Autoren der Neuen Rechten nicht nur nicht begründen, sondern noch nicht einmal beschreiben. Sie müssten genaue Merkmale für konkrete Zugehörigkeiten benennen, mit direkten Folgen für das gesellschaftliche Miteinander. Doch einschlägigen Fragen weichen die Intellektuellen der Neuen Rechten regelmäßig aus, sieht man einmal von Allgemeinplätzen und Phrasen als rhetorischen Zuspitzungen ab.

Mögliche Gründe dafür können sein: Die Akteure sind dazu erstens intellektuell nicht in der Lage, da ihnen die entsprechenden Grundkenntnisse fehlen und sie auch keine entwickelte Konzeption haben. Dem ist angesichts ihrer einschlägigen Publikationen so. Eine zweite Erklärung könnte darauf abstellen, dass sie so etwas als Ausdruck »rationalen Denkens« ablehnen und dem ein »natürliches Empfinden« entgegenstellen wollen. Diese antiaufklärerische Dimension ist der Neuen Rechten durchaus eigen – allerdings wäre eine faktenbasierte Kommunikation mit ihnen dann schlicht nicht mehr möglich. Drittens könnte das angesprochene Defizit nur hinsichtlich der Öffentlichkeit bestehen, während man intern ansonsten klare Vorstellungen zur Zugehörigkeit hat. Dass es dazu keine präzisen Aussagen gibt, mag an den möglichen konkreten Folgen liegen, denn jede Aussage über Identitätskriterien hätte Konsequenzen, die für Menschen mit Migrationshintergrund von der Aberkennung ihres Bürgerstatus bis hin zu ihrer Vertreibung reichen könnten.

10.5 Diffusität der Positionen im öffentlichen Wirken

Die vorstehenden Ausführungen sind im ideologiekritischen Sinne wichtig. Gleichwohl darf aus solchen Einsichten nicht abgeleitet werden, dass die Neue Rechte keine gesellschaftliche Wirkung entfalten könnte. Aussagen zu einer Ideologie, die auf Klarheit und Stringenz aus sind, sagen nichts über deren Wahrnehmung und Wirkung aus. Denn hier hat man es mit unterschiedlichen Ebenen zu tun. Wie die Erfolge von populistischen Parteien zeigen, können gerade unklare und widersprüchliche Botschaften breitere Resonanzen auslösen. Zwar mag ein solcher Effekt in intellektuellen Kontexten weniger möglich sein, gleichwohl gibt es auch dort gewisse Moden mit merkwürdigen Orientierungen. Insofern wäre eine Auseinandersetzung mit der Neuen Rechten in einem ideologiekritischen Sinne zwar ein notwendiges Unterfangen. Doch aus diesbezüglichen Einsichten könnten kaum Erkenntnisse darüber abgeleitet werden, wie es um die gesellschaftliche Wirkung der gemeinten Intellektuellen steht.

Eine solche Diffusität hat auch Vorteile, lassen sich doch konkrete Folgerungen in unverbindliche Worte kleiden. So können unterschiedliche Deutungsmöglichkeiten unterschiedliche Zielgruppen ansprechen. Bleiben die konkret gemeinten Inhalte, die mit Begriffen wie »Homogenität«, »Kultur«, »Nation« oder »Volk« einhergehen, im Vagen, so ergeben sich daraus auch politisch unterschiedliche Konsequenzen, die von demokratisch-konservativen Reformen bis zu autoritär-umstürzlerischen Vorstellungen reichen würden. Damit steht die inhaltliche Diffusität auch für eine bündnispolitische Option, die auf Annäherungen und Kooperationen der Neuen Rechten mit unterschiedlichen rechten Kreisen zielt. Genau dies meint der hier genutzte Begriff eines »Brückenspektrums«, können doch so die Grenzen zum demokratischen Konservativismus bis hinein in die breitere Mehrheitsgesellschaft überschritten werden. Darin besteht zumindest ein bedeutsames Anliegen und Ziel der Intellektuellen der Neuen Rechten.

Darüber hinaus kann die extremistische Dimension ihrer Ideologie mitunter nicht unmittelbar wahrgenommen werden. Bei kritischen Anmerkungen erfolgen manchmal sogar inhaltliche Relativierungen. Das lässt sich an dem erwähnten »Große Austausch«-Diskurs veranschaulichen: Damit kann die bloße Beschreibung einer gesellschaftlichen Entwicklung gemeint sein, wonach der Anteil der autochthonen Bevölkerung zurückgeht und der Anteil der migrantischen Bevölkerung zunimmt – eine solche Darstellung würde für die empirische Feststellung einer sozialen Realität stehen. Gleichzeitig suggeriert der »Große Austausch«-Diskurs aber auch ein planvolles Handeln und unterstellt der politischen Elite bösartige Absichten gegen das eigene Volk. Daraus können sich Konsequenzen ergeben, die in mehreren Fällen bereits in tödliche Gewalt umschlugen. Zwar forderte die Neue Rechte zu solchen Aktionen nicht direkt auf, gleichwohl entsprechen sie einer von mehreren Deutungsmöglichkeiten ihres Diskurses.

10.6 Bedeutung der Neuen Rechten im politischen »Rechtsruck«

Wie beschrieben, kann inhaltliche Diffusität also auch ein strategischer Vorteil sein. Insofern müssen die beiden Dimensionen »ideologische Klarheit« und »politische Wirkung« hier differenziert werden. Man hat es jeweils mit einer anderen Blickrichtung auf die Neue Rechte zu tun, mit unterschiedlichen Aspekte ihrer gesellschaftlichen und politischen Wirkung. Zunächst soll deren Bedeutung für den realen »Rechtsruck« thematisiert werden. Dies setzt eine Definition des Begriffs »Rechtsruck« voraus, denn es geht nicht um ein bloßes Schlagwort. Gemeint sind in Deutschland auszumachende politische Entwicklungen, die zu einem Bedeutungsanstieg »rechter« Politikvorstellungen geführt haben. Eine AfD im Bundestag und in allen Landtagen steht dafür. Gleiches gilt für die Identitären als Jugendbewegung oder die »Legida«- und »Pegida«-Veranstaltungen mit zeitweise Zehntausenden Teilnehmern. Solche Entwicklungen waren vor 2010 in Gesellschaft und Politik nicht wahrnehmbar.

Dazu stellt sich die Frage: Welchen Anteil haben beziehungsweise hatten die Intellektuellen der Neuen Rechten an diesem »Rechtsruck«? Auf den ersten Blick könnte sowohl die Auffassung vertreten werden, dass sie keinen direkten Einfluss darauf hatten, als auch die, dass sie diesen Prozess vorausdachten. Beide Deutungen schließen sich verständlicherweise aus, gleichwohl ist ihnen jeweils ein wahrer Kern eigen. Er besteht hinsichtlich der ersten Deutung darin, dass die AfD ohne Akteure der Neuen Rechten gegründet wurde und diese erst nach einem anfänglichen Entwicklungsprozess an ihr Interesse zeigten. Anders verhält es sich bei den Identitären, wo bereits früh ideologische Einflüsse auszumachen waren. Die Entwicklungen von »Legida« und »Pegida« wurden von den Intellektuellen der Neuen Rechten nur beobachtet, wenngleich Götz Kubitschek dort mehrfach als Referent auftrat. Bezogen auf die zweite Deutung könnte darauf verwiesen werden, dass viele Auffassungen der Neuen Rechten in den erwähnten Zusammenhängen nachwirkten. Demgemäß hätten sie der Entwicklung doch den Weg gewiesen.

Die letztgenannte Deutung würde den Intellektuellen allgemein schmeicheln, erscheinen sie so doch als die eigentlichen Subjekte der politischen Veränderung. Davon kann aber weder bei Denkern im Allgemeinen noch bei der Neuen Rechten im Besonderen die Rede sein. Ähnliche Fehleinschätzungen der eigenen Rolle waren auch den Intellektuellen der Konservativen Revolution in der Weimarer Republik eigen. Gleichwohl lieferten ihre geistigen Anhänger damals – wie auch die Neue Rechte heute – wichtige Stichworte, die den Diskurs der politischen Protagonisten aus ihrem Spektrum prägten und prägen. Dabei darf kein direkter Einfluss auf politisch Handelnde unterstellt werden. Denn bei den Einflüssen der Intellektuellen geht es eher darum, ihre Positionen in vereinfachter Weise weiterzugeben. Man könnte von einem stufenweisen Durchsickern politischer Inhalte von der intellektuellen Ebene zur praktischen Ebene sprechen. Und mit diesem Effekt kommt der Neuen Rechten beim politischen »Rechtsruck« auch eine Relevanz für die Verschiebungen zu.

10.7 Gesamtgesellschaftliche Bedeutung der Neuen Rechten

Wie steht es angesichts derartiger Einschätzungen mit der gesamtgesellschaftlichen Relevanz der gemeinten Intellektuellen? Bevor diese Frage näher erörtert wird, bedarf es einer allgemeinen Vorbemerkung: In der breiteren Gesellschaft nimmt man politische Intellektuelle eher selten wahr. Eine Ausnahme gibt es nur dann, wenn einem oder einer von ihnen etwa ein Bestseller gelingt. Dies war zum Beispiel bei der Monografie »Deutschland schafft sich ab« von Thilo Sarrazin der Fall. Immerhin handelte es sich um das bundesdeutsche Sachbuch mit der höchsten Verkaufsauflage. Darin hatte der Autor unter anderem mit kruden Thesen und dramatischem Stil Migration und Multikulturalität kommentiert, was von vielen Menschen als Bestätigung fremdenfeindlicher Einstellungen wahrgenommen wurde. Diesem Buch kommt in der Rückschau große Relevanz zu, weil sich mit ihm der spätere gesellschaftliche »Rechtsruck« ankündigte. Gleichwohl handelte es sich dabei um ein Symptom, nicht um die Ursache.

Die Anhänger der Neuen Rechten sprachen indessen von einem bahnbrechenden Werk, wobei sie es als Befreiungsschlag im wörtlichen Sinne für sich verstanden. Dies erklärt die große Aufmerksamkeit für das Buch innerhalb der Neuen Rechten. Der Autor selbst kann von seiner ideologischen Orientierung her nicht diesem Spektrum zugeordnet werden. Sarrazin gehörte der SPD an. Bedenkt man die große Aufmerksamkeit, die ihm in der Gesamtgesellschaft zuteil wurde, zeigt sich, wie wenig im Vergleich die Neue Rechte in der breiteren Öffentlichkeit wahrgenommen wird. Die Akteure der Konservativen Revolution schrieben zwar ebenfalls keine Bestseller, waren aber als Denker in gebildeten Kreisen präsent: Carl Schmitt gehörte zu den einflussreichsten Staatsrechtlern, Oswald Spengler war als Untergangsphilosoph überaus bekannt. Ähnliche Bedeutung konnte bislang keiner der gegenwärtigen Denker der deutschen Neuen Rechten erlangen.

Ihre Auffassungen werden nicht in den Feuilletons diskutiert; die Buchpublikationen nimmt man kaum in der breiteren Öffentlichkeit wahr; sie sind keine Dozenten an Hochschulen. Dies alles wird als Ausgrenzung durch einen angeblich linksliberalen Mainstream interpretiert, man sieht sich sogar schon als Opfer einer informellen Zensur. Derartige Auffassungen haben zwar einen wahren Kern, denn die Denker der Neuen Rechten können meist nicht an Universitäten auftreten. Ein Grund ist aber mit das dazu fehlende intellektuelle und persönliche Format, das eine formale Voraussetzung für jede breitere Wirkung wäre. Eine solche entfalten die Akteure der Neuen Rechten jedoch auf ihr eigenes politisches Umfeld, das nicht auf die genannten Organisationen des rechtsextremistischen Spektrums begrenzt ist. Auch in einschlägig rechtsextremistischen Burschenschaften und studentischen Korporationen lösen ihre Publikationen politische Zustimmung aus. Doch gegenwärtig ist nicht von einem breiteren Einfluss auf die Gesellschaft oder politischer Relevanz auszugehen.

10.8 Extremistisches Gefahrenpotenzial der Neuen Rechten

Worin besteht dann das extremistische Gefahrenpotenzial der Neuen Rechten? Antworten auf diese Frage müssen sich auf beobachtbare und potenzielle Wirkungen beziehen, wobei es um die Frontstellung der gemeinten Intellektuellen gegen die Normen und Regeln eines demokratischen Verfassungsstaates geht. Zunächst darf hinsichtlich ihres Gefahrenpotenzials kritisch darauf verwiesen werden, dass es gemeinhin überschätzt wird. Ein gesellschaftlich befürchtetes Kippen der Republik durch die Neue Rechte steht gegenwärtig wie zukünftig für eine unrealistische Einschätzung. Dies macht auch der vergleichende Blick auf die Konservative Revolution deutlich, deren Anhänger in der Weimarer Republik weitaus wirkmächtiger waren. Zwar konnten sie ihr antidemokratisches Denken gesellschaftlich verbreiten, gleichwohl erklärt dies nicht allein oder primär den Niedergang des ersten deutschen Verfassungsstaates. Damals wie heute sind die gemeinten Intellektuellen nur ein spezifischer Teilbereich in einem politischen Prozess.

Bei einer differenzierten Einschätzung ihres konkreten Gefahrenpotenzials geht es daher auch um diesen besonderen Kontext, der mit dem eigentlichen Handlungsfeld der Neuen Rechten zusammenhängt. Es sei noch einmal an den »Kampf um die Köpfe«, die »Kulturrevolution von rechts« und die »Metapolitik« erinnert: Die Intellektuellen der Neuen Rechten beanspruchen, politische Veränderungsprozesse geistig vorzubereiten. Dabei wollen sie demokratische Normen delegitimieren oder umdeuten, etwa indem Demokratie primär als gesellschaftliche Homogenität oder indem Pluralismus als gemeinschaftsauflösender Verfall interpretiert wird. Durch die Akzeptanzsteigerung derartiger Deutungen erfolgt eine Frontstellung gegen demokratische Wertvorstellungen. Dadurch entstehen Leerstellen in der normativen Orientierung, die mit eigenen Wertvorstellungen gefüllt werden sollen. Sie bestehen in der Beschwörung von ethnisch-kulturellen Identitäts- oder nationalistischen Staatsvorstellungen.

Damit wollen die Akteure der Neuen Rechten politische Wirkung entfalten. Genau in dieser Absicht besteht das konkrete Gefahrenpotenzial, denn sie streben an, die pluralistische Demokratie letztlich durch ein autoritäres Staatsmodell zu ersetzen. Indessen ist den Intellektuellen der Neuen Rechten klar, dass sie diese Entwicklung nicht selbst vorantreiben können. Ihre geistige Aktion braucht einen politischen Träger. Damit sind einschlägige Bewegungen und Parteien gemeint, welche derartiges Gedankengut in den politischen Raum vermitteln. Das Gefahrenpotenzial der gemeinten Intellektuellen ergibt sich an dieser Schnittstelle. In der Hauptsache gefährden jene Kräfte die Demokratie, die einen Systemwechsel und Umsturz vorantreiben. Doch auch bei ihnen steht der Gedanke am Anfang, erst dann folgt die Tat. Und genau diesen geistigen Anstoß zu einer solchen Entwicklung will die Neue Rechte in einem ideologischen wie strategischen Sinne geben.

In dem Anspruch und allen Folgen, die er haben könnte, besteht ihr extremistisches Gefahrenpotenzial.

10.9 Diskurs- und Ideologiekritik gegenüber der Neuen Rechten

Eine Analyse des öffentlichen Diskurses der Neuen Rechten muss sich der erwähnten strategischen Optionen bewusst sein, die über den politischen Konservativismus hinaus auf eine Beeinflussung der breiteren Mehrheitsgesellschaft abzielt. Angesichts der allgemeinen Akzeptanz, die demokratische Einstellungen genießen, dürften krude rechtsextremistische Positionen eher verschrecken. Diese Einsicht motivierte die Intellektuellen der Neuen Rechten dazu, sich im öffentlichen Raum in eher gemäßigter Form zu positionieren. Demgemäß wollen sie mit ambivalenten, mehrdeutigen Auffassungen ihre extremistische Botschaft vermitteln. Auf den ersten Blick mag diese Einschätzung wie eine bloße Unterstellung erscheinen, doch sprechen die Bekundungen der gemeinten Intellektuellen dafür: So war von notwendiger »Maskierung« (Götz Kubitschek) die Rede oder von notwendiger »Mimikry« (Karlheinz Weißmann). Man will auch »von der Sprache her diesen Gestus auf eine ganz andere Art sehen« (Kubitschek).

Solche Aussagen, die nur selten in dieser Offenheit getätigt werden, sind für die ideologiekritische Betrachtung wichtig. Dabei ist die Berufung auf bestimmte politische Klassiker relevant, denn diese zeigen, welche politischen Konsequenzen die vorgetragenen Positionen hatten beziehungsweise haben könnten. Nur in wenigen Ausnahmefällen sieht man in demokratischen Konservativen einen geistigen Orientierungspunkt, mehrheitlich stützt sich die Neue Rechte auf dezidiert antidemokratische Vorbilder. Mit einer intellektuellen Begeisterung für Ernst Jünger, Carl Schmitt oder Oswald Spengler kann eben keine Begeisterung für den demokratischen Verfassungsstaat einhergehen. Daher ist die Kenntnis dieser Klassiker für die analytische Kritik der Neuen Rechten so wichtig, denn in ihnen zeigt sich die extremistische Ausrichtung der heutigen Rezipienten, die sich auf die Ideologie und Politikvorstellungen der Konservativen Revolution berufen. Die Jüngers, Schmitts und Spenglers bilden die konstitutive Basis für die vorgetragene Gesellschafts- und Staatskritik der Neuen Rechten, deren Konsequenzen jedoch sind für die politische und soziale Wirklichkeit wichtig.

Gleichwohl bleiben die Akteure der Neuen Rechten hinsichtlich ihrer genauen Positionen in der Regel diffus, woran die intellektuellen Schwächen ihres politischen Weltbildes erkennbar sind. Ein entwickeltes Konzept will man nicht präsentieren, es erscheine lebensfremd. Deshalb bleibt auch die beschworene »ethnisch-kulturelle Identität« im unerklärten Vagen. Welche besonderen ethnischen Kriterien sollten ausschlaggebend sein? Welche konkreten kulturellen Merkmale sollten die prägenden sein? Wie beabsichtigt man konkret mit Menschen umzugehen, die diese Eigenschaften nicht aufweisen? Antworten auf solche Fragen findet man bei der Neuen Rechten nicht. Ebenso verhält es sich mit ihren »Leerformeln« bei anderen politischen Themen. Anstatt sich über die Neue Rechte zu empören, wäre es besser, bei ihr inhaltlich genau und beharrlich nachzufragen. Dies wäre eine angemessene Umgangsweise mit der Neuen Rechten, denn die aufklärerischen Methoden einer kritischen Prüfung sind bis heute von hoher Relevanz und sind geeignet, intellektuelle Substanzlosigkeit zu erkennen.

10.10 Bilanzierende Einschätzung zur Neuen Rechten

Daher ist eine dramatisierende Sicht auf die Neue Rechte ebenso abzulehnen wie eine ignorierende Verharmlosung. Die bilanzierende Einschätzung soll hier mit folgender Feststellung beginnen: Beim Blick auf die Entwicklung des bundesdeutschen Rechtsextremismus lässt sich eine kontinuierliche Theorieschwäche feststellen, es mangelte häufig an einer konzeptionellen Begründung für eigene Positionen. Dies hängt mit dem Fehlen jüngerer einschlägiger Intellektueller zusammen. Denn von den rechtsextremistischen Denkern mit NS-Sozialisation war nicht zu erwarten, dass sie theoretische Konzepte für die neue politische Gegenwart entwickeln. Zugleich schreckte das intellektuelle Defizit höher Gebildete davon ab, sich in rechtsextremistischen Kontexten aktiv zu betätigen. Durch das Aufkommen der Neuen Rechten, die sich an der Konservativen Revolution der Weimarer Republik orientiert, hat sich an dieser Rahmensituation etwas geändert, und zwar schon vor dem gesellschaftlichen »Rechtsruck«.

Einige frühere Akteure der Neuen Rechten entstammten dem politischen Konservativismus und warben in einschlägigen Publikationen für eine ideologische Zuspitzung. Als gegenwärtig bedeutsamster Ausdruck dieser Entwicklung kann das »Institut für Staatspolitik« (IfS) gelten, um das sich eine erweiterte Struktur mit Verlag und Zeitschrift entwickelt hat. Dort kommen auch jüngere Akteure zum Zuge, die in den Zwanziger- bis

Vierzigerjahren ihres Lebens stehen. Ihre ideengeschichtliche Ausrichtung ist auf die Konservative Revolution und nicht auf den Nationalsozialismus bezogen. Insofern greift das Etikett »Nazi« nicht, um das Phänomen »Neue Rechte« einzuordnen. Gleichwohl bemühen sich die Intellektuellen der Neuen Rechten durch ihr vielfältiges Wirken, die geistige Basis einer modernen Demokratie zu delegitimieren und werben für ein autoritäres und nationalistisches Ordnungsmodell. Die von ihnen gemeinte politische Alternative beschreiben sie aber nicht näher, was sowohl Ausdruck eines intellektuellen Defizits wie auch taktischer Rücksichtnahmen auf das gesellschaftliche Umfeld ist.

Gleichwohl verstehen sich die Intellektuellen der Neuen Rechten als ideologische Vordenker eines grundlegenden Wandels. Dass dies eine gewisse Berechtigung hat, lässt sich anhand von Einflüssen und Kontakten veranschaulichen: Führende AfD-Politiker kooperieren nicht nur öffentlich mit ihnen. Erstere erhoffen sich dadurch eine intellektuelle Aufwertung – die Neue Rechte will dadurch ihre politische Wirkung erhöhen. Ihre angestrebte »Kulturrevolution von rechts« soll ideologische Verschiebungen in ihrem Sinne über die Partei ermöglichen. Genau darin besteht das extremistische Gefahrenpotenzial der Neuen Rechten. Insofern veranschaulicht der Blick auf ihre Diskurse, was dem neueren Rechtsextremismus an Strategien und Zielsetzungen eigen ist oder sein soll. Umso wichtiger ist es, sich immer wieder kritisch mit dem Denken, den Diskursen und den Strategien der Neuen Rechten auseinanderzusetzen, wofür die aufklärerische Ideologiekritik alle passenden Instrumente bereithält.

NACHWORT

Die vorstehende Auffassung, wonach die Neue Rechte sowohl durch rechtsextremistische Grundauffassungen wie durch diffuse Politikvorstellungen geprägt ist, mag zunächst wie ein Widerspruch wirken. Die erste Aussage ergibt sich durch die konstitutive Berufung auf antidemokratische Klassiker, die politische Einforderung einer identitären Gemeinschaft, die primäre Fixierung auf ethnische Identität und die erklärte Frontstellung gegen demokratische Werte. Für eine Einordnung als rechtsextremistisch genügt hier eine Negierung der gemeinten Normen, wozu insbesondere die Menschenwürde und der Pluralismus zählen, in der inhaltlichen Kombination mit einer ideologisch rechten Positionierung. Diese muss nicht in einem entwickelten Konzept oder einer stringenten Theorie bestehen, lassen sich doch bei den genannten intellektuellen Akteuren allenfalls einzelne Fragmente für eine politische Programmatik erkennen. Es gibt eine Eindeutigkeit und Klarheit darüber, was abgelehnt wird, aber keine Eindeutigkeit und Klarheit darüber, was man stattdessen will.

Dementsprechend können die Akteure der Neuen Rechten häufig ihre eigenen Politik- wie Wertvorstellungen nicht systematisch begründen. Wer ethnische Identität zu einem wichtigen Maßstab erhebt, muss auch klare Kriterien für einschlägige Unterscheidungen vortragen. Wer Angehörige unterschiedlicher Kulturen voneinander getrennt sehen will, muss Konzepte zu einer praktischen Umsetzung präsentieren. Eine kritische Auseinandersetzung mit den ideologischen Bekundungen der Neuen Rechten wird hier jeweils auf viele Unklarheiten und Widersprüche stoßen. Der Blick in deren einschlägige Bücher hat schon gezeigt, dass einigen Akteuren diese Defizite durchaus bewusst sind. Mit Allgemeinplätzen oder Beschwörungen, Diffusitäten oder Leerformeln versuchen sie einer Systematisierung zu entgehen. Da wird von dem »Gefühl«, der »Geschichte«, dem

»Kampf« oder dem »Leben« als Legitimationsbasis gesprochen, doch eine genauere Begründung und Erläuterung auch und gerade in einem intersubjektiven Sinne erfolgt im publizistischen Wirken nicht.

Dafür sind die gemeinten Äußerungen gelegentlich von einem peinlichen Kitsch durchzogen: Es werden Grenzen überschritten und Kämpfe gefochten, Opfer gebracht und Widerstand eingefordert. Als geistige Avantgarde will man richtige Wege weisen, das Lebensfremde und Morsche soll zerfallen. Oder es werden unter Berufung auf »Wir Deutsche« dann »Umsturz« und »Umwälzung« als Ziele beschworen. Neben der Ideologiekritik kann gegenüber der Neuen Rechten auch die Satire eine angemessene Umgangsform sein. Das kontinuierliche selbstgefällige Gehabe, als heldenhafter Kämpfer gegen den angeblichen Mainstream zu wirken, lädt zu solchem Vorgehen ein. Indessen durchzog die vorstehenden Ausführungen eine solche Form der Kritik nicht, ging es doch primär um die extremistischen Auffassungen der Neuen Rechten, ihre Strategien und ihr Wirken. Deren Bedeutung und Gefahrenpotenzial sollte weder dramatisiert noch verharmlost werden, differenzierte und kritische Reflexionen fördern auch demokratietheoretische Weiterentwicklungen.

LITERATURVERZEICHNIS

AK Neue Rechte (Hrsg.): Thule-Seminar. Spinne im Netz der Neuen Rechten, Kassel 1990.

Albertoni, Eltore A.: Mosca and the Theory of Elitism, Oxford 1987.

Amos, Thomas: Ernst Jünger, Reinbek 2011.

Artikel: Thule-Seminar – Forschungs- und Lehrgemeinschaft für die indoeuropäische Kultur e. V., in: Thomas Grumke/Bernd Wagner (Hrsg.), Handbuch Rechtsradikalismus. Personen – Organisationen – Netzwerke vom Neonazismus bis in die Mitte der Gesellschaft, Opladen 2002, S. 433–436.

Bach, Maurizio: Jenseits des rationalen Handelns. Zur Soziologie Vilfredo Paretos, Wiesbaden 2004.

Barth, Hans: Masse und Mythos. Die ideologische Krise an der Wende zum 20. Jahrhundert und die Theorie der Gewalt. Georges Sorel, Reinbek 1959.

Barthel, Michael/Anna-Lena Herkenhoff: Die Zeitschrift »Compact« und die Soziale Frage, in: Andrea Becker/Simon Eberhardt/Helmut Kellershohn (Hrsg.), Zwischen Neoliberalismus und völkischem »Antikapitalismus«. Sozial- und wirtschaftspolitische Konzepte und Debatten innerhalb der AfD und der Neuen rechten, Münster 2019, S. 148–158.

Bartsch, Günther: Revolution von rechts? Ideologie und Organisation der Neuen Rechten, Freiburg 1975.

Bauer, Katja/Maria Fiedler: Die Methode AfD. Der Kampf der Rechten: im Parlament, auf der Straße – und gegen sich selbst, München 2021.

Beiers, Jürgen (Hrsg.): Zur Sache Sarrazin. Wissenschaft – Medien – Materialien, Berlin 2010.

Beneyta, José Maria: Apokalypse der Moderne. Die Diktaturtheorie von Donoso Cortés, Stuttgart 1988.

Benoist, Alain de: Die entscheidenden Jahre. Zur Erkenntnis des Hauptfeindes, Tübingen 1982.

Benoist, Alain de: Aus rechter Sicht. Eine kritische Anthologie zeitgenössischer Ideen, zwei Bände, Tübingen 1983 und 1984.

Benoist, Alain de: Kritik der Menschenrechte. Warum Universalismus und Globalisierung die Freiheit bedrohen, Berlin 2004.

Benoist, Alain de: Abschied vom Wachstum. Für eine Kultur des Maßhaltens, Berlin 2009.

Benoist, Alain de: Die Aktualität Carl Schmitts, in: Sezession, 9. Jg., Nr. 42/Jun 2011, S. 14–17.

Benoist, Alain de: Am Rande des Abgrunds. Eine Kritik der Herrschaft des Geldes, Berlin 2012.

Benoist, Alain de: Die alte und die neue Rechte, in: Alain de Benoist, Kulturrevolution von rechts (1985), Dresden 2017, S. 29–64.

Benoist, Alain de: Die kulturelle Macht, in: Alain de Benoist, Kulturrevolution von rechts (1985), Dresden 2017, S. 65–81.

Benoist, Alain de: Wider den Rassismus, in: Alain de Benoist, Kulturrevolution von rechts, (1985), Dresden 2017, S. 83–103.

Benoist, Alain de: Carl Schmitts »Land und Meer«, Schnellroda 2019.

Benoist, Alain de: Gegen den Liberalismus. Die Gesellschaft ist kein Markt, Dresden 2021.

Berding, Helmut: Rationalismus und Mythos. Geschichtsauffassung und politische Theorie bei Georges Sorel, München 1969.

Bielefeldt, Heiner: Philosophie der Menschenrechte. Grundlagen eines weltweiten Freiheitsethos, Darmstadt 2005.

Böhm, Michael: Alain de Benoist. Denker der Nouvelle Droite, Bad Vilbel 2000.

Botsch, Gereon: Die extreme Rechte in der Bundesrepublik 1949 bis heute, Darmstadt 2012.

Boudahi, Nicolai/Alexander Leschik: Im Bann der AfD. Chats, Worte, Taten. Zwei Kronzeugen berichten, München 2021.

Brasillach, Robert/Henri Massis: Die Kadetten von Alcazar, Dresden 2017.

Braun, Stephan/Anton Maegerle: Rechtsanwälte der extremen Rechten, in: Stephan Braun/Alexander Geisler/Martin Gerster (Hrsg.), Strategien der extremen Rechten. Hintergründe – Analysen – Antworten, Wiesbaden 2009, S. 378–403.

Braun, Stephan/Voigt Ute (Hrsg.): Die Wochenzeitung »Junge Freiheit«. Kritische Analysen zu Programmatik, Inhalten, Autoren und Kunden, Wiesbaden 2007.

Breuer, Stefan: Anatomie der Konservativen Revolution, Darmstadt 1993.

Brumlik, Micha: Martin Heidegger. Vom wahren Sein zur Volksgemeinschaft, in: Zentrum Liberale Moderne (Hrsg.), Das alte Denken der neuen Rechten. Die langen Linien der antiliberalen Revolte, Berlin 2009, S. 31–37.

Camus, Renaud Revolte gegen den großen Austausch, Schnellroda 2016.

Cortés, Juan Donoso: Essay über den Katholizismus, den Liberalismus und den Sozialismus (1851), Weinheim 1989.

Daniels, Ellen: Alain de Benoist. Nouvelle Droite – Antikapitalismus von rechts, in: Zentrum Liberale Moderne (Hrsg.), Das alte Denken der neuen Rechten, Berlin 2019, S. 101–107.

der rechte rand. Das antifaschistische Magazin (Hrsg.): Das IfS. Faschst*innen des 21. Jahrhunderts. Einblicke in 20 Jahre »Institut für Staatspolitik«, Hamburg 2021.

Dittrich, Sebastian: Zeitschriftenporträt: Criticon, in: Uwe Backes/Eckhard Jesse (Hrsg.), Jahrbuch Extremismus & Demokratie. Bd. 19, Baden-Baden 2007, S. 300–323.

dpa, AfD-nahe Stiftung trennt sich von Vorstandsmitglied Lehnert (26. Mai 2020), in: www.sueddeutsche.de.

Drieu la Rochelle, Pierre: Die Unzulänglichen (1939), Dresden 2017.

Dupeux, Louis: »Nationalbolschewismus« in Deutschland 1919–1933. Kommunistische Strategie und konservative Dynamik, München 1985.

Eichberg, Henning: Ethnopluralismus. Eine Kritik des naiven Ethnozentrismus und der Entwicklungshilfe, in: Junges Forum, Nr. 5/1973, S. 3–12.

Eigentümlich frei: Meine Unabhängigkeitserklärung, in: www.ef-magazin.de.

Eisermann, Gottfried: Vilfredo Pareto. Ein Klassiker der Soziologie, Tübingen 1987.

Engels, David: Was tun? Leben mit dem Niedergang Europas, Bad Schiedeberg 2020.

Engels, David: Der Wille des Bürgers, in: Cato, Nr. 2/März 2020, S. 46–50.

Epstein, Klaus: Die Ursprünge des Konservativismus in Deutschland. Der Ausgangspunkt: Die Herausforderung durch die Französische Revolution, Frankfurt/M. 1994.

Erk, Daniel: Die Bundesbrüder (9. März 2017), in: www.zeit.de.

Evola, Julius: Heidnischer Imperialismus (1928), Leipzig 1933.

Evola, Julius: Grundrisse der faschistischen Rassenlehre (1941), Berlin 1942.

Evola, Julius: Revolte gegen die moderne Welt (1934), Vilsbiburg 1993.

Evola, Julius: Den Tiger reiten (1962), Leising 2019.

Exakt (MDR): Rechtsextremer Think Tank (13. Oktober 2021), in: www.youtube.com.

Fay, Emmanuel: Heidegger. Die Einführung des Nationalsozialismus in die Philosophie, Berlin 2005.

Faye, Guillaume: Ein Tag im Leben des Dimitri Leonidowitsch Oblomow. Eine Chronik aus dem Zeitalter des Archäofuturismus, Dresden 2020.

Fechter, Konstantin: Feindschaft. Eine Klärung, Schnellroda 2021.

Feit, Margret: Die »Neue Rechte« in der Bundesrepublik. Organisation – Ideologie – Strategie, Frankfurt/M. 1987.

Felken, Detlef: Oswald Spengler. Konservativer Denker zwischen Kaiserreich und Diktatur, München 1988.

Fichte, Johann Gottlieb, Reden an die Deutsche Nation (1808), Hamburg 1978.

Forschbach, Edmund: Edgar Julius Jung. Ein konservativer Revolutionär 30. Juni 1934, Pfullingen 1984.

Foroutan, Naika (Hrsg.): Sarrazins Thesen auf dem Prüfstand. Ein empirischer Gegenentwurf zu Thilo Sarrazins Thesen zu Muslimen in Deutschland, Berlin 2010.

Fraenkel, Ernst: Deutschland und die westlichen Demokratien (1964), erweiterte Ausgabe, Frankfurt/M. 1991.

Freyer, Hans: Pallas Athene. Ethik des politischen Volkes, Jena 1935.

Fritsche, Johannes: Geschichtlichkeit und Nationalsozialismus in Heideggers *Sein und Zeit*, Baden-Baden 2014.

Fröhlich, Eric/Benedikt Kaiser: Phänomen Inselfaschismus. Blackshirts, Blueshirts und weitere autoritäre Bewegungen in Großbritannien und Irland 1918–1945, Kiel 2013.

Fuchs, Christian/Paul Middelhoff: Die Wutmacher. Wie der kleine Verein »Ein Prozent« versucht, radikal rechtes Gedankengut in die deutsche Gesellschaft zu mischen (13. März 2019), in: www.zeit.de.

Gauland, Alexander: Nation, Populismus, Nachhaltigkeit. Drei Vorträge, Schnellroda 2019.

Gehlen, Arnold: Der Mensch, eine Natur und seine Stellung in der Welt, Berlin 1940.

Gehlen, Arnold: Moral und Hypermoral. Eine pluralistische Ethik, Frankfurt/M. 1969.

Geiges, Lars/Stine Marg/Frank Walter: Pegida. Die schmutzige Seite der Zivilgesellschaft?, Bielefeld 2015.

Gerhard, Volker: Friedrich Nietzsche, München 1992.

Gessenharter, Wolfgang: Die »Neue Rechte« als Scharnier zwischen Konservativismus und Rechtsextremismus in der Bundesrepublik, in: Rainer Eisfeld/Ingo Müller (Hrsg.), Gegen Barbarei. Essays für Robert M. W. Kempner zu Ehren, Frankfurt/M. 1989, S. 424–452.

Gessenharter, Wolfgang: Kippt die Republik? Die Neue Rechte und ihre Unterstützung durch Politik und Medien, München 1994.

Grebing, Helga: Konservative gegen die Demokratie. Konservative Kritik an der Demokratie nach 1945, Frankfurt/M 1971.

Greiffenhagen, Martin: Das Dilemma des Konservatismus in Deutschland, München 1971.

Gruppi, Luciano: Gramsci. Philosophie der Praxis und die Hegemonie des Proletariats, Hamburg 1977.

Gutmann, Thomas/Christoph Weischer/ Fabian Wittreck (Hrsg.): Helmut Schelsky. Ein deutscher Soziologe im zeitgeschichtlichen, institutionellen und disziplinären Kontext, Berlin 2017.

Heidegger, Martin: Sein und Zeit (1927), Tübingen 2006.

Herbert, Ulrich: Best. Biographische Studien über Radikalismus, Weltanschauung und Vernunft. 1903–1989, Bonn 1996.

Hernández, Arias/Rafael José: Donoso Cortés und Carl Schmitt. Eine Untersuchung über die staats- und rechtsphilosophische Bedeutung von Donoso Cortés im Werk Carl Schmitts, Paderborn 1998.

Hesse, Eva: Ezra Pound. Von Sinn und Wahnsinn, München 1978.

Hochstätter, Matthias: AfD-Stiftung lehrt den Untergang des Abendlands – und will dafür abkassieren (26. Dezember 2021), in: www.focus.de.

Hofmann, Hasso: Legitimität gegen Legalität. Der Weg der politischen Philosophie Carl Schmitts, Berlin 1995.

Institut für Staatspolitik (Hrsg.): Die »Neue Rechte«. Sinn und Grenze eines Begriffs, Schnellroda 2008.

Institut für Staatspolitik (Hrsg.): Der Fall Sarrazin. Eine Analyse, Schnellroda 2010.

Jacobs, Wilhelm G.: Johann Gottlieb Fichte, Reinbek 1984.

Jäger, Lorenz: Gelehrter ohne Amt. Kriegstheorie: Zum sechzigsten Geburtstag von Günter Maschke, in: Frankfurter Allgemeine Zeitung vom 15. Januar 2003, S. 35.

Jaschke, Hans-Gerd: Die Republikaner. Profile einer Rechtsaußen-Partei, Bonn 1993.

Jenschke, Bernhard: Zur Kritik der konservativ-revolutionäreren Ideologie in der Weimarer Republik. Weltanschauung und Politik bei Edgar Julius Jung, München 1971.

Jesse, Eckhard: Zeitschriftenporträt »Wir selbst«, in: Uwe Backes/Eckhard Jesse (Hrsg.), Jahrbuch Extremismus & Demokratie. Bd. 11, Baden-Baden 1999, S. 239–253.

Jung, Edgar Julius: Die Herrschaft der Minderwertigen. Ihr Zerfall und ihre Ablösung durch ein neues Reich (1927), 3. Auflage, Berlin 1930.

Jung, Edgar Julius: Deutschland und die konservative Revolution, in: Edgar Julius Jung (Hrsg.), Deutsche über Deutschland. Die Stimme des unbekannten Politikers, München 1932, S. 369–382.

Jung, Edgar Julius: Neubelebung von Weimar?, in: Deutsche Rundschau, Band 59, Juni 1932, S. 153–162.

Jünger, Ernst: Politische Publizistik 1919 bis 1933. Herausgegeben, kommentiert und mit einem Nachwort von Sven Olaf Berggötz, Stuttgart 2001.

Kailitz, Steffen: Die Republikaner, in: Frank Decker/Viola Neu (Hrsg.), Handbuch der deutschen Parteien, 2. Auflage, Wiesbaden 2013, S. 375–391.

Kaiser, Benedikt: Eurofaschismus und bürgerliche Dekadenz. Europakonzeption und Gesellschaftskritik bei Pierre Drieu la Rochelle, Kiel 2011.

Kaiser, Benedikt: Querfront, Schnellroda 2017.

Kaiser, Benedikt: Mosaik-Rechte und Jugendbewegung, in: Sezession, 15. Jg., Nr. 77/ April 2017, S. 46 f.

Kaiser, Benedikt: Revolutionäre Realpolitik von rechts?, in: Sezession, 15. Jg., Nr. 81/ Dezember 2017, S. 10–14.

Kaiser, Benedikt: Blick nach links oder: Die konformistische Rebellion, Schnellroda 2019.

Kaiser, Benedikt: Mosaik-Rechte. Eine Aktualisierung, in: Sezession, 17.Jg., Nr.93/ Dezember 2019, S.34–37.

Kaiser, Benedikt: Solidarischer Patriotismus. Die soziale Frage von rechts, Schnellroda 2020.

Kaiser, Benedikt: rechts-(Mitte-)links, in: Götz Kubitschek/Erik Lehnert (Hrsg.), Lage denken. 20 Jahre Institut für Staatspolitik, Schnellroda 2020, S.31–45.

Kaiser, Benedikt: Der Staat auf dem Prüfstand – ein Plädoyer, neun Thesen, in: Sezession, 19.Jg., Nr.103/August 2021, S.20–25.

Kaiser, Benedikt (Hrsg.): Marx von rechts, Dresden 2018.

Kaltenbrunner, Gerd-Klaus: Europa. Seine geistigen Quellen in Porträts aus zwei Jahrtausenden, Bd.II, Heroldsberg 1982.

Kaltenbrunner, Gerd-Klaus: Elite. Erziehung für den Ernstfall (1984), Schnellroda 2008.

Kamann, Matthias: Warum so verbittert? Die Zeitschrift »Cato« bietet der Neuen Rechten eine Plattform, in: Welt am Sonntag vom 11.März 2018, S.6.

Kamann, Matthias/Annelie Naumann: AfD lädt völkischen Strategen in den Bundestag ein (4.Juli 2018), in: www.welt.de.

Kebir, Sabine: Gramscis Zivilgesellschaft. Alltag, Ökonomie, Kultur, Politik, Hamburg 1991.

Kellershohn, Helmut: Widerstand und Provokation. Strategische Optionen im Umkreis des »Instituts für Staatspolitik«, in: Stephan Braun/Alexander Geisler/Martin Gerster (Hrsg.), Strategien der extremen Rechten. Hintergründe – Analysen – Antworten, Wiesbaden 2009, S.290–309.

Kellershohn, Helmut: Provokationselite von rechts: die Konservativ-Subversive Aktion, in: Regina Wamper/Helmut Kellershohn/Martin Dietzsch (Hrsg.), Rechte Diskurspiraterien. Strategien der Aneignung linker Codes, Symbole und Aktionsformen, Münster 2010, S.224–240.

Kellershohn, Helmut: »Es geht um Einfluss auf die Köpfe« – Das Institut für Staatspolitik (7.Juli 2016), in: www.bpb.de.

Kellershohn, Helmut: Götz Kubitschek und das Institut für Staatspolitik, in: Helmut Kellershohn/Wolfgang Kastrup (Hrsg.): Kulturkampf von rechts. AfD, Pegida und die Neue Rechte, Münster 2016, S.92–106.

Kellershohn, Helmut (Hrsg.): Die »Deutsche Stimme« der »Jungen Freiheit«. Lesarten des völkischen Nationalismus in zentralen Publikationen der extremen Rechten, Münster 2013.

Kirch, Hans-Christian: Ezra Pound, Reinbek 1992.

Kosova, Vera/Wolfang Fuhl/Arthur Abramovych (Hrsg.): Was Juden zur AfD treibt. Neues Judentum und neuer Konservatismus. Jüdische Stimmen aus Deutschland, Schussenried 2019.

Krebs, Pierre (Hrsg.): Das unvergängliche Erbe. Alternativen zum Prinzip der Gleichheit, Tübingen 1981.

Krebs, Pierre (Hrsg.): Mut zur Identität. Alternativen zum Prinzip der Gleichheit, Strukum 1988.

Kubitschek, Götz: Provokation, Schnellroda 2007.

Kubitschek, Götz: »Respektlosigkeit als politische Waffe verwenden« (Interview), in: Deutsche Stimme, Nr.1/Januar 2007, S.3.

Kubitschek, Götz: 1932, 1933, 1936, in: Sezession, 9.Jg., Nr.42/Juni 2011, S.2–6.

Kubitschek, Götz: Die Strahlkraft der KR, in: Sezession, 9.Jg., Nr.44/Oktober 2011, S.8–11.

Kubitschek, Götz: Wir selbst, das Wesentliche und das Magnetische, in: Sezession, 11. Jg., Nr. 52/Februar 2013, S. 8–10.

Kubitschek, Götz: Die Spurbreite des schmalen Grats. 2000–2016, Schnellroda 2016.

Kubitschek, Götz: Selbstverharmlosung, in: Sezession, 15. Jg., Nr. 76/Februar 2017, S. 26–28.

Kubitschek, Götz: Pegida-Rede vom 10. April 2017 (19. April 2017), in: www.youtube.com.

Kubitschek, Götz: Nassehi, ich und Leggewie. Zwei Briefwechsel, Schnellroda 2021.

Kubitschek, Götz: Wiedervorlage (2): Volk und Homogenität (14. Oktober 2021), in: www.sezession.de.

Kubitschek, Götz (Hrsg.): 20 Jahre Junge Freiheit. Idee und Geschichte einer Zeitung, Schnellroda 2006.

Kubitschek, Götz/Erik Lehnert (Hrsg.): Lagedenken. 20 Jahre Institut für Staatspolitik, Schnellroda 2020.

Kühnhardt, Ludger: Die Universalität der Menschenrechte. Studien zur ideengeschichtlichen Bestimmung eines politischen Schlüsselbegriffs, München 1987.

Kunze, Klaus: Wege aus der Systemkrise, in: Andreas Molau (Hrsg.): Opposition für Deutschland. Widerspruch und Erneuerung, Berg 1995, S. 202–223.

Lang, Jürgen P.: Biographisches Porträt: Jürgen Elsässer, in: Uwe Backes/Alexander Gallus/Eckhard Jesse (Hrsg.): Jahrbuch Extremismus & Demokratie. Bd. 28, Baden-Baden 2016, S. 225–240.

LEGIDA-Kundgebung am 30.01.2015 in Leipzig. Rede von Götz Kubitschek auf dem Augustusplatz (3. Februar 2015), in: www.youtube.com .

Lehnert, Erik: Lebensreform und Politik, in: Sezession, 9. Jg., Nr. 44/Oktober 2011, S. 14–16.

Lehnert, Erik (Hrsg.): Staatspolitisches Handbuch. Bd. 5: Deutsche Daten, Schnellroda 2017.

Lehnert, Erik/Karlheinz Weißmann (Hrsg.): Staatspolitisches Handbuch. Bd. 1: Leitbegriffe, Schnellroda 2009.

Lehnert, Erik/Karlheinz Weißmann (Hrsg.): Staatspolitisches Handbuch. Bd. 2: Schlüsselwerke, Schnellroda 2010.

Lehnert, Erik/Karlheinz Weißmann (Hrsg.): Staatspolitisches Handbuch. Bd. 3: Vordenker, Schnellroda 2012.

Lehnert, Erik/Karlheinz Weißmann (Hrsg.): Staatspolitisches Handbuch. Bd. 4: Deutsche Orte, Schnellroda 2014.

Lenk, Kurt: Deutscher Konservativismus, Frankfurt/M. 1989.

Lichtmesz, Martin: Casa Pound, in: Sezession, 8. Jg., Nr. 34/Februar 2010, S. 22–26.

Lichtmesz, Martin: Die Verteidigung des Eigenen. Fünf Traktate, Schnellroda 2011.

Lichtmesz, Martin: Kirche und Migration. Jetzt heiß ich Rom, dann heiß ich Menschheit, in: Neue Ordnung, Nr. 1/2015, S. 26–33.

Lichtmesz, Martin: Ein amerikanischer Alptraum, Schnellroda 2020.

Lichtmesz, Martin: Ethnopluralismus. Kritik und Verteidigung, Schnellroda 2020.

Lichtmesz, Martin: Soll die AfD eine multiethnische Partei werden? (1) (26. November 2020), in: www.sezession.de.

Lichtmesz, Martin: notfall-libertär, in: Sezession, 19. Jg., Nr. 103/August 2021, S. 16–19.

Lichtmesz, Martin/Caroline Sommerfeld: Mit Linken leben, Schnellroda 2017.

Lichtschlag, André: Für die libertär-konservative Sezession, in: Sezession, 1. Jg., Nr. 3/ Oktobe 2003, S. 36–40.

Linden, Markus: Revolutionärer Konservatismus. Der rechte Angriff auf Freiheit und Demokratie, in: Blätter für deutsche und internationale Politik, 66. Jg., Nr. 1/Januar 2021, S. 62–72.

Linden, Markus: Apologeten der Diktatur. Die Liberalismus- und Demokratiekritik des neuen europäischen Nationalkonservatismus am Beispiel von Ryszard Legutko und David Engels, in: Zeitschrift für Politik, 68. Jg., Nr. 1/2021, S. 26–47.

Lisson, Frank: Über die ethische Pflicht zur Fundamentalopposition, in: Sezession, 14. Jg., Nr. 75/Dezember 2016, S. 10–13.

Litschko, Konrad: Rechtes Netzwerk »Ein Prozent«, die ungestörten Handwerker (27. Februar 2018), in: www.taz.de.

Litschko, Konrad: Das Fanal, in: taz vom 22. Juli 2020, S. 5.

Lucke, Bernd: Systemausfall. Europa, Deutschland und die AfD. Warum wir von Krise zu Krise taumeln und wie wir den Problemstau lösen, München 2019.

Maegerle, Anton: Criticon: Die Junge Freiheit im Zeitschriftenformat. Ein rechtsintellektuelles Strategieorgan, in: Helmut Kellershohn (Hrsg.), Das Plagiat. Der Völkische Nationalismus der »Jungen Freiheit«, Duisburg 1994, S. 117–131.

Mantino, Suanne: Die »Neue Rechte« in der »Grauzone« zwischen Rechtsextremismus und Konservatismus, Frankfurt/M. 1992.

Maschke, Günter: »Der Raum der geistigen Freiheit ist geradezu verdampft« (Interview), in: Junge Freiheit, Nr. 6/Juni 1991, S. 3.

Mehring, Reinhard: Carl Schmitt. Aufstieg und Fall. Eine Biographie, München 2009.

Meisel, James Hans: Der Mythus der herrschenden Klasse. Gaetano Mosca und die Elite, Düsseldorf 1962.

Michels, Robert: Masse, Führer, Intellektuelle. Politisch-soziologische Aufsätze 1906–1933, Frankfurt/M. 1987.

Michels, Robert: Zur Soziologie des Parteiwesens in der modernen Demokratie. Untersuchungen über die oligarchischen Tendenzen des Gruppenlebens (1911), Stuttgart 1989.

Mideelhoff, Paul: Womit hat er das verdient?, in: Die Zeit, Nr. 43/21. Oktober 2021, S. 4.

Moeller van den Bruck, Arthur: Das Dritte Reich (1923), 3. Auflage, Hamburg 1931.

Mohler, Armin: Die Konservative Revolution in Deutschland 1918–1932. Ein Handbuch (1950), zwei Bände, Darmstadt 1989.

Mohler, Armin: »Ich bin ein Faschist« (Interview), in: Leipziger Volkszeitung vom 25./26. November 1995.

Mohler, Armin: Georges Sorel. Erzvater der Konservativen Revolution, Bad Vilbel 2000.

Mohler, Armin: Gegen die Liberalen (1988), Schnellroda 2013.

Mohler, Armin: Der faschistische Stil (1973), Schnellroda 2020.

Moreau, Patrick: Die neue Religion der Rasse. Der Biologismus und die kollektive Ethik der Neuen Rechten in Frankreich und Deutschland, in: Iring Fetscher (Hrsg.), Neokonservative und »Neue Rechte«. Der Angriff gegen Sozialstaat und liberale Demokratie in den vereinigten Staaten, Westeuropa und der Bundesrepublik, München 1983, S. 122–162.

Mosca, Gaetano: Die Politische Klasse. Elemente der politischen Wissenschaft (1896), zwei Bände, Berlin 2020.

Mosley, Oswald: Ich glaube an Europa. Ein Weg aus der Krise. Eine Einführung in das europäische Denken, Lippoldsberg 1962.

Mosley, Oswald: Weg und Wagnis. Ein Leben für Europa, Leoni 1973.

Müller, Mario Alexander: Kontra Kultur, Schnellroda 2017.

Müller, Petra: Armin Mohler – ein nonkonformistischer Intellektueller von rechts, unveröffentlichte sozialwissenschaftliche Diplomarbeit, Duisburg 1989.

Naeher, Jürgen: Oswald Spengler, Reinbek 1984.

Nietzsche, Friedrich: Der Antichrist. Fluch auf das Christentum (1895), in: Friedrich Nietzsche, Werke in sechs Bänden, München 1980, Bd. IV, S. 1161–1231.

Nym, Alexander (Hrsg.): Schillerndes Denken. Geschichte, Entwicklung und Themen der Gothic-Szene, Leipzig 2010.

Ort, Stefan/Volker Resing (Hrsg.): AfD, Pegida & Co. Angriff auf die Religion?, Freiburg 2017.

Paresse, Charles: Rechte Homestory, in: der rechte rand. Das antifaschistische Magazin (Hrsg.), Das IfS. Faschist*innen des 21. Jahrhunderts. Einblicke in 20 Jahre »Institut für Staatspolitik«, Hamburg 2021, S. 133–138.

Petisch, Fabian/Ralf Niemzyk: Soundtrack eines rechten Gefühls (6. August 2016), in: www.welt.de.

Pfahl-Traughber, Armin: Brücken zwischen Rechtsextremismus und Konservativismus. Zur Erosion der Abgrenzung auf publizistischer Ebene in den achtziger und neunziger Jahren, in: Wolfgang Kowalsky/Wolfgang Schroeder (Hrsg.), Rechtsextremismus. Einführung und Forschungsbilanz, Opladen 1994, S. 160–182.

Pfahl-Traughber, Armin: Rechtsextremismus nach der Wiedervereinigung. Eine kritische Bestandsaufnahme, 2. Auflage, Bonn 1995.

Pfahl-Traughber, Armin: Armin Mohlers offenes Bekenntnis »Ich bin ein Faschist«, in: Blick nach rechts, 13. Jg., Nr. 13/26. Juni 1996, S. 4 f.

Pfahl-Traughber, Armin: Konservative Revolution und Neue Rechte. Rechtsextremistische Intellektuelle gegen den demokratischen Verfassungsstaat, Opladen 1998.

Pfahl-Traughber, Armin: Friedrich Nietzsche – ein ideologischer Wegbereiter des Hitler-Regimes? Zu den politischen Auffassungen des Philosophen und deren Gemeinsamkeiten mit denen des Nationalsozialismus, in: Aufklärung und Kritik, Sonderheft 4/2000, S. 14–27.

Pfahl-Traughber, Armin: Friedrich Nietzsche »Der Antichrist« – eine programmatische Schrift des Atheismus? Zu den Motiven der Kritik am Christentum im Werk des Philosophen, in: Aufklärung und Kritik, Sonderheft 4/2000, S. 38–52.

Pfahl-Traughber, Armin: Friedrich Nietzsche – ein anti-antisemitischer Freund der Juden oder ein geistiger Wegbereiter des Holocaust?, in: Aufklärung und Kritik, 10. Jg., Nr. 1/2000, S. 208–221.

Pfahl-Traughber, Armin: Extremismusintensität, Ideologie, Organisation, Strategie und Wirkung. Das E-IOS-W-Schema zu Analyse und Vergleich extremistischer Organisationen, in: Armin Pfahl-Traughber (Hrsg.), Jahrbuch für Extremismus- und Terrorismusforschung 2011/2012 (I), Brühl 2012, S. 7–27.

Pfahl-Traughber, Armin: Pegida als neue Protestbewegung von »rechts«, in: Uwe Backes/Alexander Gallus/Eckhard Jesse (Hrsg.): Jahrbuch Extremismus & Demokratie. Bd. 27, Baden-Baden 2015, S. 154–171.

Pfahl-Traughber, Armin: Zeitschriftenporträt: Sezession, in: Uwe Backes/Alexander Gallus/Eckhard Jesse (Hrsg.), Jahrbuch Extremismus & Demokratie. Bd. 29, Baden-Baden 2017, S. 216–230.

Pfahl-Traughber, Armin: Auf der Sachbuch-Bestsellerliste (26. Juli 2017), in: www.bnr.de.

Pfahl-Traughber, Armin: Liberalismus als Hauptfeind (27. November 2017), in: www.bnr.de.

Pfahl-Traughber, Armin: Rechtsextremismus in Deutschland. Eine kritische Bestandsaufnahme, Wiesbaden 2019.

Pfahl-Traughber, Armin: Der Extremismus der Neuen Rechten. Eine Analyse aus politikwissenschaftlicher Sicht, Wiesbaden 2019.

Pfahl-Traughber, Armin: Die AfD und der Rechtsextremismus. Eine Analyse aus politikwissenschaftlicher Sicht, Wiesbaden 2019.

Pfahl-Traughber, Armin: »Was Juden zur AfD treibt«. Die AfD instrumentalisiert Antisemitismus unter Muslimen in einem Sammelband zur Selbstbeweihräucherung (10. Januar 2020), in: www.hagalil.com.

Pfahl-Traughber, Armin: Positionen gegen den demokratischen Staat (24. Juni 2020), in: www.bnr.de.

Pfahl-Traughber, Armin: Der japanische Schriftsteller Mishima als Vorbild für den neueren Rechtsextremismus (25. November 2020), in: www.bnr.de.

Pfahl-Traughber, Armin: Extremismus aus politikwissenschaftlicher Sicht. Definition, Herleitung und Kritik in Neufassung, in: Hendrik Hansen/Armin Pfahl-Traughber (Hrsg.), Jahrbuch für Extremismus- und Terrorismusforschung 2019/2020 (I), Brühl 2021, S. 8–72.

Pfahl-Traughber, Armin: Vom »Rassegedanken« zum »Ethnopluralismus«. Nationalrevolutionäre Intellektuelle der 1970er Jahre und die Entwicklung des Rassismus-Verständnisses im deutschen Rechtsextremismus, in: Henrik Hansen/Armin Pfahl-Traughber (Hrsg.), Jahrbuch für Extremismus- und Terrorismusforschung 2019/20 (I), Brühl 2021, S. 199–221.

Pfahl-Traughber, Armin: Vom »jüdischem Instinkt« und »zersetzender Wirkung«. Antisemitismus gab es auch bei den Intellektuellen der Konservativen Revolution in der Weimarer Republik (16. Februar 2021), in: www.hagalil.com.

Pfahl-Traughber, Armin: Antisemitismus bei den Denkern der Konservativen Revolution – das Fallbeispiel Ernst Jünger (2. März 2021), in: www.hagalil.com.

Pfahl-Traughber: Neue Rechte: Antisemitismus als angeblich linke Erfindung (29. Juni 2021), in: www.hagalil.com.

Pfahl-Traughber, Armin: Benedikt Kaiser: Lernen von links«. Eine Analyse zur Produktpiraterie als Strategie, in: Hendrik Hansen/Armin Pfahl-Traughber (Hrsg.): Jahrbuch für Extremismus- und Terrorismusforschung 2021/2022 (I), Brühl 2022, i. E.

Pfetsch, Frank R.: Die Entwicklung zum faschistischen Führerstaat in der politischen Philosophie von Robert Michels, Heidelberg 1964.

Pflüger, Friedbert: Deutschland driftet. Die Konservative Revolution entdeckt ihre Kinder, Düsseldorf 1994.

Pirincci, Akif: Der Übergang. Bericht aus einem verlorenen Land, Schnellroda 2017.

Pittwald, Michael: Ernst Niekisch. Völkischer Sozialismus, nationale Revolution, deutsches Endimperium, Köln 2002.

Püttmann, Andreas: Christlicher Sozialethiker über die AfD: »Der Mensch ist nicht gut« (Interview) (15. April 2018), in: www.taz.de.

Pugh, Marin: »Hurrah for the Blackshirts!« Fascists and Fascism in Britain between the Wars, London 2005.

Rabehl, Bernd: Raumrevolution. Das Kapital und die Flüchtlingskrise, Schnellroda 2018.

Raddatz, Fritz J.: Sterben ist Kultur. Porträt des japanischen Exzentrikers, Selbstmörders und Dichters Yukio Mishima (23. November 2000), in: www.zeit.de.

Rätsch-Langejürgen, Birgit: Das Prinzip Widerstand. Leben und Wirken von Ernst Niekisch, Bonn 1997.

Raspail, Jean: Das Heerlager der Heiligen, Schnellroda 2015.

Remmers, Hartmut: Hans Freyer: Heros und Industriegesellschaft, Opladen 1994.

Röhrlich, Wilfried: Robert Michels. Vom sozialistisch-syndikalistischen zum faschistischen Credo, Berlin 1972.

Rohs, Peter: Johann Gottlieb Fichte, München 1991.

Ross, Werner: Der ängstliche Adler. Friedrich Nietzsches Leben, Stuttgart 1980.

Safranski, Rüdiger: Ein Meister aus Deutschland. Heidegger und seine Zeit, Frankfurt/M. 1994.

Salalzar, Antonio de Oliveira: Nationale Revolution und autoritärer Staat. Drei Reden, Schnellroda 2020.

Sarrazin, Thilo: Deutschland schafft sich ab. Wie wir unser Land aufs Spiel setzen, München 2010.

Schachtschneider, Karl Albrecht: Verfassungsbeschwerde gegen die Politik der Masseneinwanderung, in: Sezession, 14. Jg., Nr. 70/Februar 2016, S. 33–35.

Scheil, Stefan: Präventivkrieg Barbarossa. Fragen und Antworten, Schnellroda 2011.

Scheil, Stefan: Polen 1939. Kriegskalkül, Vorbereitungen, Vollzug, Schnellroda 2013.

Schelsky, Helmut: Die Arbeit tun die anderen. Klassenkampf und Priesterherrschaft der Intellektuellen, Opladen 1979.

Schilk, Felix: Souveränität statt Komplexität. Wie das Querfront-Magazin Compact die politische Legitimationskrise der Gegenwart bearbeitet, Münster 2017.

Schmitt, Carl: Die geistesgeschichtliche Lage des heutigen Parlamentarismus (1923/1926), Berlin 1991.

Schmtt, Carl: Verfassungslehre (1928), Berlin 1993.

Schmitt, Carl: Staat – Großraum – Nomos. Arbeiten von Carl Schmitt aus den Jahren 1916–1969, Berlin 1995.

Schmitt, Carl: Der Begriff des Politischen. Text von 1932 mit einem Vorwort und drei Corollarien, 3. Auflage, Berlin 2015.

Schröder, Christoph: Römisches Rechtsaußen (8. September 2017), in: www.zeit.de.

Schöning, Matthias (Hrsg.), Ernst Jünger-Handbuch. Leben – Werk – Wirkung, Stuttgart 2014.

Schüddekopf, Otto-Ernst: Linke Leute von rechts. Die nationalrevolutionären Minderheiten und der Kommunismus in der Weimarer Republik, Stuttgart 1960.

Scott-Stokes, Henry: Yukio Mishima. Leben und Tod, München 1986.

Sellner, Martin: Identitär! Geschichte eines Aufbruchs, Schnellroda 2017.

Sellner, Martin/Walter Spatz, Gelassen in den Widerstand. Ein Gespräch über Heidegger, Schnellroda 2015.

Semsrott, Arne/Matthias Jakubowski: Desiderius-Erasmus-Stiftung. Politische Bildung von Rechtsaußen. Ein Projekt der Otto Brenner-Stiftung, Frankfurt/M. 2021.

Sepp, Benedikt: Linke Leute von rechts? Die nationalrevolutionäre Bewegung in der Bundesrepublik, Marburg 2013.

Serrao, Marx Felix: Der kalte Blick von rechts (17. Mai 2010), in: www.sueddeutsche.de.

Seubert, Harald: Der Frühling des Missvergnügens. Eine Intervention, Baden-Baden 2018.

Sezession, Sarrazin lesen, Was steht in Deutschland schafft sich ab?, Schnellroda 2010.

Sieferle, Rolf Peter: Finis Germania, Schnellroda 2017.

Sommerfeld, Caroline: Sind wir Teil des Plans?, in: Sezession, 18. Jg., Nr. 99/Dezember 2020, S. 22–25.

Sontheimer, Kurt: Antidemokratisches Denken in der Weimarer Republik. Die politischen Ideen des deutschen Nationalismus zwischen 1918 und 1933, München 1983.

Soucy, Robert: Fascist Intellectual: Drieu la Rochelle, Berkley 1979.

Speit, Andreas (Hrsg.): Das Netzwerk der Identitären. Ideologie und Aktionen der Neuen Rechten, Berlin 2018.

Spengler, Oswald: Preußentum und Sozialismus (1919), München 1922.

Spengler, Oswald: Jahre der Entscheidung. 1. Teil: Deutschland und die weltgeschichtliche Entwicklung, München 1933.

Spengler, Oswald: Der Untergang des Abendlandes. Umrisse einer Morphologie der Weltgeschichte (1918/22), Ausgabe in einem Band, München 1990.

Stein, Dieter: Phantom »Neue Rechte«. Die Geschichte eines politischen Begriffs und sein Mißbrauch durch den Verfassungsschutz, Berlin 2005.

Stern, Fritz: Kulturpessimismus als politische Gefahr. Eine Analyse nationaler Ideologie in Deutschland, München 1986.

Theis, Christian: Arnold Gehlen zur Einführung, Hamburg 2017.

Thomä, Dieter (Hrsg.), Heidegger-Handbuch. Leben – Werk – Wirkung, Stuttgart 2003.

Thurlow, Richard: Fascism in Britan. A History, 1918–1985, Oxford 1987.

Ümer, Elfriede: Soziologie als »geistige Bewegung«. Hans Freyers System der Soziologie und die »Leipziger Schule«, Weinheim 1992.

Urban, Hans-Jürgen: Die Mosaik-Linke. Vom Aufbruch der Gewerkschaften zur Erneuerung der Bewegung: Blätter für deutsche und internationale Politik, 54. Jg., Nr. 5/Mai 200, S. 71–78.

Venner, Dominique: Für eine positive Kritik (1962), Dresden 2017.

Venner, Dominique: Was ist Nationalismus? (1963), Dresden 2019.

Wagner, Thomas: Die Angstmacher. 1968 und die Neuen Rechten, Berlin 2017.

Waldmann, Gert: Von der Linken lernen. Respektlose Gedanken eines jungen Nationalisten, in: Nation Europa, 19. Jg., Nr. 8/ August 1969, S. 23f.

Waldstein, Thor von: Sechzig verweht, in: Junge Freiheit, Nr. 10/Oktober 1992, S. 17.

Waldstein, Thor von: Schmitt lesen, in: Sezession, 9. Jg., Nr. 42/Juni 2011, S. 8–13.

Waldstein, Thor von: Metapolitik. Theorie – Lage – Aktion, Schnellroda 2015.

Waldstein, Thor von: Zehn Thesen zum politischen Widerstandsrecht, in: Sezession, 14. Jg., Nr. 70/Februar 2016, S. 30–32.

Waldstein, Thor von: Die entfesselte Freiheit. Vorträge und Aufsätze wider die liberalistische Lagevergessenheit. Schnellroda 2017.

Walkenhaus, Rolf: Armin Mohlers Denkstil, in: Uwe Backes/Eckhard Jesse (Hrsg.), Jahrbuch Extremismus & Demokratie. Bd. 9, Baden-Baden 1997, S. 97–116.

Weber, Niklas: Rückruf aus den Neunzigern, in: Merkur, 74. Jg., Nr. 12/2020, S. 18–31.

Weiß, Volker: Moderne Antimoderne. Arthur Moeller van den Bruck und der Wandel des Konservatismus, Paderborn 2012.

Weiß, Volker: Die Autoritäre Revolte. Die Neue Rechte und der Untergang des Abendlandes, Stuttgart 2017.

Weißmann, Karlheinz: Neo-Konservatismus in der Bundesrepublik. Eine Bestandaufnahme, in: Criticon, 16. Jg., Nr. 96/1986, S. 176–178.

Weißmann, Karlheinz: Unsere Zeit kommt. Gespräch mit Götz Kubitschek, Schnellroda 2006.

Weißmann, Karlheinz: Rückruf in die Geschichte. Die deutsche Herausforderung.

Alte Gefahren – neue Chancen, Frankfurt/M. – Berlin 1992.

Weißmann, Karlheinz: Der Weg in den Abgrund. Deutschland unter Hitler 1933 bis 1945, Berlin 1995.

Weißmann, Karlheinz: Der nationale Sozialismus. Ideologie und Bewegung 1890–1933, München 1998.

Weißmann, Karlheinz: Arnold Gehlen. Vordenker eines neuen Realismus, Bad Vilbel 2000.

Weißmann, Karlheinz: Das konservative Minimum, Schnellroda 2007.

Weißmann, Karlheinz: Faschismus. Eine Klarstellung, Schnellroda 2009.

Weißmann, Karlheinz: Homogenität, in: Erik Lehnert/Karlheinz Weißmann (Hrsg.), Staatspolitisches Handbuch. Bd. 1: Leitbegriffe, Schnellroda 2009, S. 80f.

Weißmann, Karlheinz: Pluralismus, in: Erik Lehnert/Karlheinz Weißmann (Hrsg.), Staatspolitisches Handbuch. Bd. 1: Leitbegriffe, Schnellroda 2009, S. 117f.

Weißmann, Karlheinz: Staat, in: Erik Lehnert/Karlheinz Weißmann (Hrsg.), Staatspolitisches Handbuch. Bd. 1: Leitbegriffe, Schnellroda 2009, S. 138f.

Weißmann, Karlheinz: Editorial, in: Sezession, 8. Jg., Nr. 34/Februar 2010, S. 1.

Weißmann, Karlheinz: Editorial, in: Sezession, 9. Jg., Nr. 42/Juni 2011, S. 1.

Weißmann, Karlheinz: Editorial, in: Sezession, 9. Jg., Nr. 44/Oktober 2011, S. 3

Weißmann, Karlheinz: Geduld! Lage und Möglichkeit der intellektuellen Rechten, in: Sezession, 11. Jg., Nr. 55/August 2013, S. 10–13.

Weißmann, Karlheinz: Nation. Eine Begründung (2001), Schnellroda 2020.

Weißmann, Karlheinz: Antisemitismus kommt von links, in: Cato, Nr. 4/2021, S. 40–44.

Werner, Sebastian: Werner Best – der völkische Ideologe, in: Ronald Smelser/Enrico Syring/Rainer Zitelmann (Hrsg.), Die braune Elite. Bd. 2. 21 weitere biographische Skizzen, Darmstadt 1999, S. 13–25.

Wildt, Michael: Volk, Volksgemeinschaft, AfD, Hamburg 2017.

Willms, Bernhard: Identität und Widerstand. Rede aus dem deutschen Elend (1986), Schnellroda 2013.

Wöhrle, Patrick: Metamorphosen des Mängelwesens. Zu Werk und Wirkung Arnold Gehlens, Frankfurt/M. 2010.

Wölk, Volkmar: Der (S)choc(k) des Monats. Oder: Wie Jürgen Elsässer zur extremen Rechten kam (7. Dezember 2006), in: www.hagalil.com.

Zimmermann, Margarete: Die Literatur des französischen Faschismus. Untersuchungen zum Werk Pierre Drieu la Rochelles 1917–1942, München 1979.

ANMERKUNGEN

1 In den folgenden Anmerkungen werden nicht nur Zitate belegt. Es erfolgen auch Hinweise auf weiterführende Literatur, die zur allgemeinen Information diente bzw. als Lektüreempfehlung gelten kann. Meist erfolgen nur zwei Angaben, würde ansonsten doch der Rahmen gesprengt. Ansonsten sei hier noch folgende Erläuterung vorgenommen: Bei der ersten Angabe zu einer Belegquelle werden die bibliografischen Daten vollständig genannt. Nach einer erneuten Berufung auf eben diese Quelle finden sich in der Fußnote nur noch Nachname und Titel. Die gesamten Daten stehen dann erneut im Literaturverzeichnis.

2 Vgl. ausführlicher dazu aus der Perspektive des Verfassers: Armin Pfahl-Traughber, Extremismus aus politikwissenschaftlicher Sicht. Definition, Herleitung und Kritik in Neufassung, in: Hendrik Hansen/Armin Pfahl-Traughber (Hrsg.), Jahrbuch für Extremismus- und Terrorismusforschung 2019/20 (I), Brühl 2021, S. 8–72. Dort findet sich auch eine Auseinandersetzung mit der Kritik.

3 Vgl. ausführlicher dazu ebenfalls aus der Perspektive des Verfassers: Armin Pfahl-Traughber, Rechtsextremismus in Deutschland. Eine kritische Bestandsaufnahme, Wiesbaden 2019, S. 23–42.

4 Vgl. Wolfgang Gessenharter, Die »Neue Rechte« als Scharnier zwischen Konservativismus und Rechtsextremismus in der Bundesrepublik, in: Rainer Eisfeld/Ingo Müller (Hrsg.), Gegen Barbarei. Essays für Robert M. W. Kempner zu Ehren, Frankfurt/M. 1989, S. 424–452. Diese Deutung fand später weite Verbreitung.

5 Dabei handelt es sich um den inhaltlichen Kern eines fünfteiligen Untersuchungsrasters, vgl. dazu: Armin Pfahl-Traughber, Extremismusintensität, Ideologie, Organisation, Strategie und Wirkung. Das E-IOS-W-Schema zu Analyse und Vergleich extremistischer Organisationen, in: Armin Pfahl-Traughber (Hrsg.), Jahrbuch für Extremismus- und Terrorismusforschung 2011/2012 (I), Brühl 2012, S. 7–27.

6 Alain de Benoist, Die alte und die neue Rechte, in: Alain de Benoist, Kulturrevolution von rechts (1985), Dresden 2017, S. 29–64, hier S. 29 und 38.

7 Vgl. Klaus Epstein, Die Ursprünge des Konservativismus in Deutschland. Der Ausgangspunkt: Die Herausforderung durch die Französische Revolution Berlin 1973; Kurt Lenk, Deutscher Konservativismus, Frankfurt/M. 1989.

8 Vgl. Helga Grebing, Konservative gegen die Demokratie. Konservative Kritik an der Demokratie nach 1945, Frankfurt/M. 1971; Martin Greiffenhagen, Das Dilemma des Konservatismus in Deutschland, München 1971.

9 Diesen bedeutsamen Gegensatz thematisierten auch demokratische Konservative, vgl. als ältere Darstellung: Friedbert Pflüger, Deutschland driftet. Die Konservative Revolution entdeckt ihre Kinder, Düsseldorf 1994 und als neuerer Sammelband: Stefan Ort/Volker Resing (Hrsg.), AfD, Pegida & Co. An-

griff auf die Religion?, Freiburg 2017. Aufschlussreich ist hier auch die klare Distanzierung von Andreas Püttmann: Christlicher Sozialethiker über die AfD: »Der Mensch ist nicht nur gut« (Interview) (15. April 2018), in: www.taz.de.

10 Darauf hat der Autor bereits in einem frühen Beitrag hingewiesen, vgl. Armin Pfahl-Traughber, Brücken zwischen Rechtsextremismus und Konservativismus. Zur Erosion der Abgrenzung auf publizistischer Ebene in den achtziger und neunziger Jahren, in: Wolfgang Kowalsky/Wolfgang Schroeder (Hrsg.), Rechtsextremismus. Einführung und Forschungsbilanz, Opladen 1994, S. 160–182. Die hier noch auszumachende grundsätzliche Entgegensetzung von Konservativismus und Rechtsextremismus wurde vom Verfasser später korrigiert.

11 Günter Bartsch, Revolution von rechts? Ideologie und Organisation der Neuen Rechten, Freiburg 1975.

12 Susanne Mantino, Die »Neue Rechte« in der »Grauzone« zwischen Rechtsextremismus und Konservatismus, Frankfurt/M. 1992; Wolfgang Gessenharter, Kippt die Republik? Die Neue Rechte und ihre Unterstützung durch Politik und Medien, München 1994.

13 Armin Pfahl-Traughber, Konservative Revolution und Neue Rechte. Rechtsextremistische Intellektuelle gegen den demokratischen Verfassungsstaat, Opladen 1998. Das vorliegende Buch versteht sich als aktuelle Fortsetzung dieser früheren Veröffentlichung.

14 Vgl. z. B. Helmut Kellershohn, Widerstand und Provokation. Strategische Optionen im Umkreis des »Instituts für Staatspolitik«, in: Stephan Braun/Alexander Geisler/Martin Gerster (Hrsg.), Strategien der extremen Rechten. Hintergründe – Analysen – Antworten, Wiesbaden, Wiesbaden 2009, S. 290–309.

15 Volker Weiß, Die autoritäre Revolte. Die Neue Rechte und der Untergang des Abendlandes, Stuttgart 2017.

16 Thomas Wagner, Die Angstmacher. 1968 und die Neuen Rechten, Berlin 2017.

17 Ernst Jünger, Schließt Euch zusammen!, in: Standarte, 3. Juni 1926, abgedruckt in: Ernst Jünger, Politische Publizistik 1919 bis 1933. Herausgegeben, kommentiert und mit einem Nachwort von Sven Olaf Berggötz, Stuttgart 2001, S 216–223, hier S. 218.

18 Arthur Moeller van den Bruck, Das Dritte Reich (1923), 3. Auflage, Hamburg 1931, S. 27 und 264.

19 Edgar Julius Jung, Deutschland und die konservative Revolution, in: Edgar Julius Jung (Hrsg.), Deutsche über Deutschland. Die Stimme des unbekannten Politikers, München 1932, S. 369–382, hier S. 380.

20 Armin Mohler, Die Konservative Revolution in Deutschland 1918–1932. Ein Handbuch (1950), Darmstadt 1989, Bd. I, S. 11.

21 Stefan Breuer, Anatomie der Konservativen Revolution, Darmstadt 1993, S. 181.

22 Vgl. Thomas Amos, Ernst Jünger, Reinbek 2011; Matthias Schöning (Hrsg.), Ernst Jünger-Handbuch. Leben – Werk – Wirkung, Stuttgart 2014.

23 Vgl. Hasso Hofmann, Legitimität gegen Legalität. Der Weg der politischen Philosophie Carl Schmitts, Berlin 1995; Reinhard Mehring, Carl Schmitt. Aufstieg und Fall. Eine Biographie, München 2009.

24 Vgl. Detlef Felken, Oswald Spengler. Konservativer Denker zwischen Kaiserreich und Diktatur, München 1988; Jürgen Naeher, Oswald Spengler, Reinbek 1984.

25 Bibliografische Angaben zu derartigen Büchern folgen erst später, wird daraus doch noch gesondert das politische Gedankengut der Konservativen Revolution abgeleitet.

26 Vgl. Fritz Stern, Kulturpessimismus als politische Gefahr. Eine Analyse nationaler Ideologie in Deutschland, München 1986, S. 221–317; Volker Weiß, Moderne Antimoderne. Arthur Moeller van den Bruck und der Wandel des Konservatismus, Paderborn 2012.

27 Vgl. Edmund Forschbach, Edgar Julius Jung. Ein konservativer Revolutionär 30. Juni 1934, Pfullingen 1984; Bernhard Jenschke, Zur Kritik der konservativ-revolutionären Ideologie in der Weimarer Republik. Weltanschauung und Politik bei Edgar Julius Jung, München 1971.

28 Vgl. Ulrich Herbert, Best. Biographische Studien über Radikalismus, Weltanschauung und Vernunft 1903–1989, Bonn 1996; Sebastian Werner, Werner Best – der völkische Ideologie, in: Ronald Smelser/Enrico Syring/Rainer Zitelmann (Hrsg.), Die braune Elite. Bd. 2. 21 weitere biografische Skizzen, Darmstadt 1999, S. 13–25.

29 Ernst Jünger, Vorwort des Herausgebers, in: Friedrich Georg Jünger, Aufmarsch des Nationalismus, Leipzig 1926, zit. nach: Jünger, Politische Publizistik, S. 182–186, hier S. 183.

30 Ernst Jünger, Das Sonderrecht des Nationalismus, in: Arminius vom 23. Januar 1927, zit. nach: Jünger, Politische Publizistik, S. 280–285, hier S. 281.

31 Moeller van den Bruck, Das Dritte Reich, S. 129 und 142.

32 Oswald Spengler, Der Untergang des Abendlandes. Umrisse einer Morphologie der Weltgeschichte (1918/22), München 1990 (Ausgabe in einem Band), S. 137 und 1194.

33 Oswald Spengler, Preußentum und Sozialismus (1919), München 1922, S. 31 f.

34 Edgar Julius Jung, Die Herrschaft der Minderwertigen. Ihr Zerfall und ihre Ablösung durch ein neues Reich (1927), 3. Auflage, Berlin 1930, S. 514 und 49.

35 Moeller van den Bruck, Das Dritte Reich, S. 97.

36 Jung, Herrschaft der Minderwertigen, S. 368 und 89.

37 Carl Schmitt, Die geistesgeschichtliche Lage des heutigen Parlamentarismus (1923/1926), Berlin 1991, S. 14. Ähnliche Auffassungen zur Demokratie vertrat Schmitt etwas gemäßigter formuliert in seinen verfassungsrechtlichen Schriften, vgl. z. B. Carl Schmitt, Verfassungslehre (1928), Berlin 1993, S. 234.

38 Ernst Jünger, Der Nationalismus, in: Standarte vom 1. April 1926, zit. nach: Jünger, Politische Publizistik, S. 186–190, hier S. 187.

39 Ernst Jünger, Zum Jahreswechsel, in: Der Vormarsch vom Januar 1928, zit. nach: Jünger, Politische Publizistik, S 409–413, hier S. 409.

40 Vgl. Ernst Jünger, Vorwort, in: Ernst Jünger (Hrsg.), Der Kampf um das Reich, Essen 1929, in: Jünger, Politische Publizistik, S. 527–536, hier S. 535 f.

41 Jung, Herrschaft der Minderwertigen, S. 82 und 91.

42 Oswald Spengler, Jahre der Entscheidung. 1. Teil: Deutschland und die weltgeschichtliche Entwicklung, München 1933, S. 66

43 Schmitt, Die geistesgeschichtliche Grundlage des heutigen Parlamentarismus, S. 22.

44 Spengler, Jahre der Entscheidung, S. 133–135.

45 Edgar Julius Jung, Neubelebung von Weimar?, in: Deutsche Rundschau, Band 59, Juni 1932, S. 153–162, hier S. 158 f.

46 Dies erklärt auch die folgende Einschätzung in einer früheren Publikation zum Thema bereits im Titel: Kurt Sontheimer, Antidemokratisches Denken in der Weimarer Republik. Die politischen Ideen des deut-

schen Nationalismus zwischen 1918 und 1933, München 1983.

47 Vgl. Wilhelm G. Jacobs, Johann Gottlieb Fichte, Reinbek 1984; Peter Rohs, Johann Gottlieb Fichte, München 1991.

48 Johann Gottlieb Fichte, Reden an die Deutsche Nation (1808), Hamburg 1978, S. 121.

49 Vgl. Volker Gerhard, Friedrich Nietzsche, München 1992; Werner Ross, Der ängstliche Adler. Friedrich Nietzsches Leben, Stuttgart 1980.

50 Vgl. Armin Pfahl-Traughber, Friedrich Nietzsche – ein ideologischer Wegbereiter des Hitler-Regimes? Zu den politischen Auffassungen des Philosophen und deren Gemeinsamkeiten mit denen des Nationalsozialismus, in: Aufklärung und Kritik, Sonderheft 4/2000, S. 14–27; Armin Pfahl-Traughber, Friedrich Nietzsche – ein anti-antisemitischer Freund der Juden oder ein geistiger Wegbereiter des Holocaust?, in: Aufklärung und Kritik, 10. Jg., Nr. 1/2000, S. 208–221.

51 Vgl. Friedrich Nietzsche, Der Antichrist. Fluch auf das Christentum (1895), in: Friedrich Nietzsche, Werke in sechs Bänden, München 1980, Bd. IV, S. 1161–1231. In folgendem Aufsatz wurde die formulierte Einschätzung näher begründet: Armin Pfahl-Traughber, Friedrich Nietzsche »Der Antichrist« – eine programmatische Schrift des Atheismus? Zu den Motiven der Kritik am Christentum im Werk des Philosophen, in: Aufklärung und Kritik, Sonderheft Nr. 4/2000, S. 38–51.

52 Vgl. Rüdiger Safranski, Ein Meister aus Deutschland. Heidegger und seine Zeit, Frankfurt/M. 1994; Dieter Thomä (Hrsg.), Heidegger-Handbuch. Leben – Werk – Wirkung, Stuttgart 2003.

53 Martin Heidegger, Sein und Zeit (1927), Tübingen 2006.

54 Vgl. Emmauel Fay, Heidegger. Die Einführung des Nationalsozialismus in die Philosophie, Berlin 2005; Johannes Fritsche, Geschichtlichkeit und Nationalsozialismus in Heideggers *Sein und Zeit*, Baden-Baden 2014; vgl. zur Deutung von Heidegger in der Neuen Rechten auch: Martin Sellner/Walter Spatz, Gelassen in den Widerstand. Ein Gespräch über Heidegger, Schnellroda 2015, kritisch dazu: Micha Brumlik, Martin Heidegger. Vom wahren Sein zur Volksgemeinschaft, in: Zentrum Liberale Moderne (Hrsg.), Das alte Denken der neuen Rechte. Die langen Linien der antiliberalen Revolte, Berlin 2009, S. 31–37, hier S. 35–37.

55 Vgl. Eltore A. Albertoni, Mosca and the Theory of Elitism, Oxford 1987; James Hans Meisel, Der Mythus der herrschenden Klasse. Gaetano Mosca und die Elite, Düsseldorf 1962.

56 Gaetano Mosca, Die Politische Klasse. Elemente der politischen Wissenschaft (1896), zwei Bände, Berlin 2020.

57 Vgl. Maurizio Bach, Jenseits des rationalen Handelns. Zur Soziologie Vilfredo Paretos, Wiesbaden 2004; Gottfried Eisermann, Vilfredo Pareto. Ein Klassiker der Soziologie, Tübingen 1987.

58 Vgl. Frank R. Pfetsch, Die Entwicklung zum faschistischen Führerstaat in der politischen Philosophie von Robert Michels, Heidelberg 1964; Wilfried Röhrich, Robert Michels. Vom sozialistisch-syndikalistischen zum faschistischen Credo, Berlin 1972.

59 Robert Michels, Zur Soziologie des Parteiwesens in der modernen Demokratie. Untersuchungen über die oligarchischen Tendenzen des Gruppenlebens (1911), Stuttgart 1989.

60 Vgl. die Beiträge in folgendem Sammelband: Robert Michels, Masse, Führer, Intellektuelle. Politisch-soziologische Aufsätze 1906–1933, Frankfurt/M. 1987.

61 Vgl. Michael Pittwald, Ernst Niekisch. Völkischer Sozialismus, nationale Revolution, deutsches Endimperium, Köln 2002;

Birgit Rätsch-Langejürgen, Das Prinzip Widerstand. Leben und Wirken von Ernst Niekisch, Bonn 1997.

62 Vgl. Louis Dupeux, »Nationalbolschewismus« in Deutschland 1919-1933. Kommunistische Strategie und konservative Dynamik, München 1985; Otto-Ernst Schüddekopf, Linke Leute von rechts. Die nationalrevolutionären Minderheiten und der Kommunismus in der Weimarer Republik, Stuttgart 1960.

63 Vgl. Martin Pugh, »Hurrah for the Blackshirts!« Fascists and Faschism in Britain between the Wars, London 2005; Richard Thurlow, Fascism in Britain. A History, 1918–1985, Oxford 1987. Die europapolitischen Auffassungen finden sich in: Oswald Mosley, Ich glaube an Europa. Ein Weg aus der Krise. Eine Einführung in das europäische Denken, Lippoldsberg 1962. Auch die Autobiographie hat einen derartigen Bezug im Titel: Oswald Mosley, Weg und Wagnis. Ein Leben für Europa, Leoni 1973.

64 Vgl. Robert Soucy, Fascist Intellectual: Drieu la Rochelle, Berkeley 1979; Margarete Zimmermann, Die Literatur des französischen Faschismus. Untersuchungen zum Werk Pierre Drieu la Rochelles 1917–1942, München 1979. Folgende Darstellung stammt aus der Neuen Rechten: Benedikt Kaiser, Eurofaschismus und bürgerliche Dekadenz. Europakonzeption und Gesellschaftskritik bei Pierre Drieu la Rochelle, Kiel 2011.

65 Vgl. Gerd-Klaus Kaltenbrunner, Europa. Seine geistigen Quellen in Porträts aus zwei Jahrtausenden, Bd. II, Heroldsberg 1982, S. 405–413; Pfahl-Traughber, Konservative Revolution und Neue Rechte, S. 117–122.

66 Einige dieser Bücher wurden von esoterischen oder rechtsextremistischen Kreisen wieder neu herausgegeben, andere eindeutig faschistische Texte nicht mehr, vgl.: Julius Evola, Heidnischer Imperialismus (1928), Leipzig 1933; Julius Evola, Revolte gegen die moderne Welt (1934), Vilsbiburg 1993; Julius Evola, Grundrisse der faschistischen Rassenlehre, Berlin 1942; Julius Evola, Den Tiger reiten (1961), Leisnig 2019.

67 Vgl. Hartmut Remmers, Hans Freyer: Heros und Industriegesellschaft, Opladen 1994; Elfriede Üner, Soziologie als »geistige Bewegung«. Hans Freyers System der Soziologie und die »Leipziger Schule«, Weinheim 1992.

68 Hans Freyer, Pallas Athene. Ethik des politischen Volkes, Jena 1935.

69 Vgl. Christian Theis, Gehlen zur Einführung, Hamburg 2007; Patrick Wöhrle, Metamorphosen des Mängelwesens. Zu Werk und Wirkung Arnold Gehlens, Frankfurt/M. 2010.

70 Arnold Gehlen, Der Mensch, seine Natur und seine Stellung in der Welt, Berlin 1940.

71 Vgl. Alexander Gallus (Hrsg.), Helmut Schelsky – der politische Anti-Soziologe. Eine Neurezeption, Göttingen 2013; Thomas Gutmann/Christoph Weischer/Fabian Wittreck (Hrsg.), Helmut Schelsky. Ein deutscher Soziologe im zeitgeschichtlichen, institutionellen und disziplinären Kontext, Berlin 2017.

72 Helmut Schelsky, Die Arbeit tun die anderen. Klassenkampf und Priesterherrschaft der Intellektuellen, Opladen 1975.

73 Arnold Gehlen, Moral und Hypermoral. Eine pluralistische Ethik, Frankfurt/M. 1969.

74 Vgl. Margret Feit, Die »Neue Rechte« in der Bundesrepublik. Organisation – Ideologie – Strategie, Frankfurt/M. 1987, S. 33–40, 48–62 und 70–75; Benedikt Sepp, Linke Leute von rechts? Die nationalrevolutionäre Bewegung in der Bundesrepublik, Marburg 2013, S. 22–34.

75 Gert Waldmann, Von der Linken lernen. Respektlose Gedanken eines jungen Nationalisten, in: Nation Europa, 19. Jg., Nr. 8/August 1969, S. 23 f.

76 Vgl. Eckhard Jesse, Zeitschriftenporträt »Wir selbst«, in: Uwe Backes/Eckhard Jesse (Hrsg.), Jahrbuch Extremismus & Demokratie, Bd. 11, Baden-Baden 1999, S. 239–253; Armin Pfahl-Traughber, Rechtsextremismus. Eine kritische Bestandsaufnahme nach der Wiedervereinigung, 2. Auflage, Bonn 1995, S. 137 f.

77 Vgl. Alain de Benoist, Vorwort, in: Dominique Venner, Was ist Nationalismus? (1963), Dresden 2019, S. 9–29; Benedikt Kaiser, Wer war Dominique Venner?, in: Dominique Venner, Für eine positive Kritik (1962), Dresden 2017, S. 7–14. Es handelt sich um affirmative, aber auch informative Darstellungen.

78 Vgl. Venner, Für eine positive Kritik, S. 28, 34, 36, 64 und 67, auf S. 36 findet sich das Zitat.

79 Vgl. Eva Hesse, Ezra Pound. Von Sinn und Wahnsinn, München 1978; Hans-Christian Kirsch, Ezra Pound, Reinbek 1992.

80 Vgl. Fritz J. Raddatz, Sterben ist Kultur. Porträt des japanischen Exzentrikers, Selbstmörders und Dichters Yukio Mishima (23. November 2000) in: www.zeit.de; Henry Scott-Stokes, Yukio Mishima. Leben und Tod, München 1986; vgl. zur Kommentierung durch die Neue Rechte: Armin Pfahl-Traughber, Der japanische Schriftsteller Mishima als Vorbild für den neueren Rechtsextremismus (25. November 2020), in: www.bnr.de.

81 Vgl. Hans Barth, Masse und Mythos. Die ideologische Krise an der Wende zum 20. Jahrhundert und die Theorie der Gewalt. Georges Sorel, Reinbek 1959; Helmut Berding, Rationalismus und Mythos. Geschichtsauffassung und politische Theorie bei Georges Sorel, München 1969.

82 Vgl. Dieter Stein, Phantom »Neue Rechte«. Die Geschichte eines politischen Begriffs und sein Mißbrauch durch den Verfassungsschutz, Berlin 2005, S. 67.

83 Gegen diese Einschätzung spricht auch nicht Erik Lehnert/Karlheinz Weißmann (Hrsg.), Staatspolitisches Handbuch. Bd. 3: Vordenker, Schnellroda, 2012, welches als Nachschlagewerk für die Neue Rechte dient. Darin sind auch einige Beiträge über konservative Demokraten und einzelne liberale Denker enthalten. Gleichwohl nimmt man nur isolierte Bestandteile von deren politischen Deutungen für die eigenen Positionen wahr. Dass etwa Hannah Arendt, die gleich zu Beginn entsprechende Erwähnung findet, für die Neue Rechte eine Vordenkerin sei, kann nur als absonderliche Vermessenheit wahrgenommen werden.

84 Ein bedeutsamer Akteur dieser Richtung war Juan Donos Cortés (1809–1853), der den einflussreichen »Essay über den Katholizismus, den Liberalismus und den Sozialismus« (1852), Weinheim 1989 veröffentlichte. Vgl. José Maria Beneyto, Apokalypse der Moderne. Die Diktaturtheorie von Donoso Cortés, Stuttgart 1988; Arias Hernándes/Rafael José, Donoso Cortés und Carl Schmitt. Eine Untersuchung über die staats- und rechtsphilosophische Bedeutung von Donoso Cortés im Werk von Carl Schmitts, Paderborn 1998.

85 Vgl. Petra Müller, Armin Mohler – ein nonkonformistischer Publizist von rechts, unveröffentlichte sozialwissenschaftliche Diplom-Arbeit, Duisburg 1989; Rolf Walkenhaus, Armin Mohlers Denkstil, in: Uwe Backes/Eckhard Jesse (Hrsg.), Jahrbuch Extremismus & Demokratie. Bd. 9, Baden-Baden 1997, S. 97–116.

86 Armin Mohler »Ich bin ein Faschist« (Interview), in: Leipziger Volkszeitung vom 25./26. November 1995. Vgl. Armin Pfahl-Traughber, Armin Mohlers offenes Bekenntnis »Ich bin ein Faschist«, in: Blick nach rechts, 13. Jg., Nr. 13/26. Juni 1996, S. 4 f.

87 Vgl. Lorenz Jäger, Gelehrter ohne Amt. Kriegstheorie: Zum sechzigsten Geburtstag von Günter Maschke, in: Frankfurter Allgemeine Zeitung vom 15. Januar 2003, S. 35; Pfahl-Traughber, Konservative Revolution und Neue Rechte, S. 211–213.

88 Günter Maschke, »Der Raum der geistigen Freiheit ist geradezu verdampft« (Interview), in: Junge Freiheit, Nr. 6/Juni 1991, S. 3.

89 Vgl. Carl Schmitt, Staat – Großraum – Nomos. Arbeiten von Carl Schmitt aus den Jahren 1916–1969, hrsg. von Günter Maschke, Berlin 1995.

90 Vgl. Ellen Daniel, Alain de Benoist. Nouvelle Droite – Antikapitalismus von rechts, in: Zentrum Liberale Moderne, Das alte Denken der neuen Rechten, S. 101–107; Pfahl-Traughber, Konservative Revolution und Neue Rechte, S. 130–143.

91 Alain de Benoist, Aus rechter Sicht. Eine kritische Anthologie zeitgenössischer Ideen, Bd. I, Tübingen 1983, Band II, Tübingen 1984. Die Bücher erschienen bei Grabert, einem bekannten rechtextremistischen Verlag.

92 Vgl. Alain de Benoist, Abschied vom Wachstum. Für eine Kultur des Maßhaltens, Berlin 2009; Alain de Benoist, Am Rande des Abgrunds. Eine Kritik der Herrschaft des Geldes, Berlin 2012. Diese Bücher erschienen im Junge Freiheit-Verlag.

93 Vgl. Alain de Benoist, Kritik der Menschenrechte. Warum Universalismus und Globalisierung die Freiheit bedrohen, Berlin 2004. Auch dieses Buch erschien im Junge Freiheit-Verlag.

94 Vgl. Pfahl-Traughber, Konservative Revolution und Neue Rechte, S. 173–179; Niklas Weber, Rückruf aus den Neunzigern, in: Merkur, 74 Jg., Nr. 12/2020, S. 18–31.

95 Karlheinz Weißmann, Unsere Zeit kommt. Gespräch mit Götz Kubitschek, Schnellroda 2006, S. 34.

96 Karlheinz Weißmann, Rückruf in die Geschichte. Die deutsche Herausforderung. Alte Gefahren neue Chancen, Frankfurt/M. – Berlin 1992, vgl. ausführlicher dazu: Pfahl-Traughber, Konservative Revolution und Neue Rechte, S. 199 f.

97 Vgl. Helmut Kellershohn, Götz Kubitschek und das Institut für Staatspolitik, in: Helmut Kellershohn/Wolfgang Kastrup (Hrsg.), Kulturkampf von rechts. AfD, Pegida und die Neue Rechte, Münster 2016, S. 92–106; Wagner, Die Angstmacher, S. 80–83, 146–153 und 261–272.

98 Vgl. Götz Kubitschek (Hrsg.), 20 Jahre Junge Freiheit. Idee und Geschichte einer Zeitung, Schnellroda 2006.

99 Götz Kubitschek, Die Spurbreite des schmalen Grats. 2000–2016, Schnellroda 2016, Buchrücken.

100 Vgl. Stephan Braun/Anton Maegerle, Rechtsanwälte der extremen Rechten, in: Stephan Braun/Alexander Geisler/Martin Gerster (Hrsg.), Strategien der extremen Rechten. Hintergründe – Analysen – Antworten, Wiesbaden 2009, S. 378–403, hier S. 382–384; Armin Pfahl-Traughber, Liberalismus als Hauptfeind (27. November 2017), in: www.bnr.de.

101 Vgl. Eintrag in Kurzbiographien, in: Alexander Nym (Hrsg.), Schillerndes Dunkel. Geschichte, Entwicklung und Themen der Gothic-Szene, Leipzig 2010, S. 425; Fabian Peitsch/Ralf Niemczyk, Soundtrack eines rechten Gefühls (6. August 2016), in: www.welt.de.

102 Martin Lichtmesz, notfall-libertär, in: Sezession, 19. Jg., Nr. 103/August 2021, S. 16–19, hier S. 17.

103 Martin Lichtmesz, Die Verteidigung des Eigenen. Fünf Traktate, Schnellroda 2011, S. 21.

104 Martin Lichtmesz, Kirche und Migration. Jetzt heiß ich Rom, dann heiß ich Menschheit, in: Neue Ordnung, Nr. 1/2015, S. 26–33, hier S. 27.

105 Martin Lichtmesz/Caroline Sommerfeld, Mit Linken leben, Schnellroda 2017.

106 Vgl. Alain de Benoist, Carl Schmitts »Land und Meer«, Schnellroda 2019; Guillaume Faye, Ein Tag im Leben des Dimitri Leonidowitsch Oblomow. Eine Chronik aus dem Zeitalter des Archäofuturismus, Dresden 2020; Renaud Camus, Revolte gegen den großen Austausch, Schnellroda 2016; Jean Raspail, Das Heerlager der Heiligen, Schnellroda 2015.

107 Vgl. Armin Pfahl-Traughber, Benedikt Kaiser: »Lernen von links«. Eine Analyse zur Produktpiraterie als Strategie, in: Hendrik Hansen/Armin Pfahl-Traughber (Hrsg.), Jahrbuch für Extremismus- und Terrorismusforschung 2021/22 (I), Brühl 2022, i. E.; Wagner, Die Angstmacher, S. 255–261.

108 Benedikt Kaiser, rechts-(Mitte-)links, in: Götz Kubitschek/Erik Lehnert (Hrsg.), Lagedenken. 20 Jahre Institut für Staatspolitik, Schnellroda 2020, S. 31–45, hier S. 41.

109 Vgl. Benedikt Kaiser, Querfront, Schnellroda 2017.

110 Vgl. Benedikt Kaiser (Hrsg.), Marx von rechts, Dresden 2018.

111 Kaiser, Eurofaschismus und bürgerliche Dekadenz.

112 Dies gilt auch für faschistische Bewegungen im englischsprachigen Raum, vgl.: Eric Fröhlich/Benedikt Kaiser, Phänomen Inselfaschismus. Blackshirts, Blueshirts und weitere autoritäre Bewegungen in Großbritannien und Irland 1918–1945, Kiel 2013.

113 Pierre Drieu la Rochelle, Die Unzulänglichen, Dresden 2017.

114 Vgl. Markus Linden, Revolutionärer Konservatismus. Der rechte Angriff auf Freiheit und Demokratie, in: Blätter für deutsche und internationale Politik, 66. Jg., Nr. 1/ Januar 2021, S. 62–72; Markus Linden, Apologeten der Diktatur. Die Liberalismus- und Demokratiekritik des neuen europäischen Nationalkonservatismus am Beispiel von Ryszard Legutko und David Engels, in: Zeitschrift für Politik, 68. Jg., Nr. 1/Januar 2021, S. 26–47.

115 David Engels, Was tun? Leben mit dem Niedergang Europas, Bad Schiedeberg 2020, S. 55, 62, 192, 218 und 227.

116 Karlheinz Weißmann, Das konservative Minimum, Schnellroda 2007, S. 27, 29 und 90 f.

117 Vgl. Sebastian Dittrich, Zeitschriftenporträt: Criticon, in: Uwe Backes/Eckhard Jesse (Hrsg.), Jahrbuch Extremismus & Demokratie. Bd. 19, Baden-Baden 2007, S. 300–323; Anton Maegerle, Criticon: Die Junge Freiheit im Zeitschriftenformat. Ein rechtsintellektuelles Strategieorgan, in: Helmut Kellershohn (Hrsg.), Das Plagiat. Der Völkische Nationalismus der »Jungen Freiheit«, Duisburg 1994, S. 117–131.

118 Vgl. AK Neue Rechte (Hrsg.), Thule-Seminar. Spinne im Netz der Neuen Rechten, Kassel 1990; Artikel: Thule-Seminar – Forschungs- und Lehrgemeinschaft für die indoeuropäische Kultur e. V., in: Thomas Grumke/Bernd Wagner (Hrsg.), Handbuch Rechtsradikalismus. Personen – Organisationen – Netzwerke vom Neonazismus bis in die Mitte der Gesellschaft, Opladen 2002, S. 433–436.

119 Vgl. Pierre Krebs (Hrsg.), Das unvergängliche Erbe. Alternativen zum Prinzip der Gleichheit, Tübingen 1981.

120 Vgl. Pierre Krebs (Hrsg.), Mut zur Identität. Alternativen zum Prinzip der Gleichheit, Struckum 1988.

121 Vgl. Stephan Braun/Ute Voigt (Hrsg.), Die Wochenzeitung »Junge Freiheit«. Kritische Analysen zu Programmatik, Inhalten, Autoren und Kunden, Wiesbaden 2007; Helmut Kellershohn (Hrsg.), Die »Deutsche Stimme« der »Jungen Freiheit«. Lesarten des völkischen Nationalismus in zentralen Publikationen der extremen Rechten, Münster 2013.

122 Vgl. Matthias Kamann, Warum so verbittert? Die Zeitschrift »Cato« bietet der Neuen Rechten eine Plattform, in: Welt am Sonntag vom 11. März 2018, S. 6; Christoph Schröder, Römisches Rechtsaußen (8. September 2017), in: www.zeit.de.

123 Vgl. z. B. David Engels, Der Wille der Bürger, in: Cato, Nr. 2/März 2020, S. 46–50, hier S. 47 und 50.

124 Vgl. Helmut Kellershohn, »Es geht um Einfluss auf die Köpfe« – Das Institut für Staatspolitik (7. Juli 2016), in: www.bpb.de; Armin Pfahl-Traughber, Der Extremismus der Neuen Rechten. Eine Analyse aus politikwissenschaftlicher Sicht, Wiesbaden 2019. An ausführlichen Monografien zum Thema mangelt es. Die Beiträge in folgendem Sammelband sind eher oberflächlich, polemisch und veraltet: der rechte rand. Das antifaschistische Magazin (Hrsg.), Das IfS. Faschist*innen des 21. Jahrhunderts. Einblicke in 20 Jahre »Institut für Staatspolitik«, Hamburg 2021. Anlässlich eines Jubiläums erschien die Selbstdarstellung: Kubitschek/Lehnert (Hrsg.), Lagedenken. Beachtenswert ist eine Art Aussteigerbericht: Harald Seubert, Der Frühling des Missvergnügens. Eine Intervention, Baden-Baden 2018, S. 17–35. Der Autor bewegte sich als konservativer Philosoph zeitweise in diesen organisatorischen und politischen Zusammenhängen. Er berichtet in dem erwähnten Band von internen Entwicklungen und Gegebenheiten, die einen interessanten Blick hinter die Kulissen erlauben.

125 Vgl. dazu die folgende treffende Darstellung und Kommentierung: Charles Paresse, Rechte Homestory, in: der rechte rand, Das IfS, S. 133–137

126 Vgl. Armin Pfahl-Traughber, Zeitschriftenporträt: Sezession, in: Uwe Backes/Alexander Gallus/Eckhard Jesse (Hrsg.), Jahrbuch Extremismus & Demokratie. Bd. 29, Baden-Baden 2017, S. 216–230. Ansonsten mangelt es an detaillierten Analysen zu dem genannten Publikationsorgan. Die darin enthaltenen Auffassungen werden hier in späteren Kapiteln ausführlicher behandelt.

127 Vgl. Michael Böhm, Alain de Benoist. Denker der Nouvelle Droite, Bad Vilbel 2000; Karlheinz Weißmann, Arnold Gehlen. Vordenker eines neuen Realismus, Bad Vilbel 2000; Armin Mohler, Georges Sorel. Erzvater der Konservativen Revolution, Bad Vilbel 2000.

128 Vgl. Erik Lehnert/Karlheinz Weißmann (Hrsg.), Staatspolitisches Handbuch. Bd. 1: Leitbegriffe, Schnellroda 2009; Erik Lehnert/Karlheinz Weißmann (Hrsg.), Staatspolitisches Handbuch. Bd. 2: Schlüsselwerke, Schnellroda 2010; Lehnert/Weißmann (Hrsg.), Staatspolitisches Handbuch. Bd. 3: Vordenker; Erik Lehnert/Karlheinz Weißmann (Hrsg.), Staatspolitisches Handbuch. Bd. 4: Deutsche Orte, Schnellroda 2014; Erik Lehnert (Hrsg.), Staatspolitisches Handbuch. Bd. 5: Deutsche Daten, Schnellroda 2017.

129 Vgl. Kubitschek, Die Spurbreite des schmalen Grats; Renaud Camus, Revolte gegen den großen Austausch, Schnellroda 2016; Mario Alexander Müller, Kontra Kultur Schnellroda Schnellroda 2017; Martin Sellner, Identitär! Geschichte eines Aufbruchs, Schnellroda 2017; Akif Pirincci, Der Übergang. Bericht aus einem verlorenen Land, Schnellroda 2017; Thor von Waldstein, Die entfesselte Freiheit. Vorträge und Aufsätze wider die liberalistische Lagevergessenheit, Schnellroda 2017.

130 Vgl. z.B. Armin Mohler, Gegen die Liberalen (1988), Schnellroda 2013; Gerd-Klaus Kaltenbrunner, Elite. Erziehung für den Ernstfall (1984), Schnellroda 2008; Bernhard Willms, Identität und Widerstand. Rede aus dem deutschen Elend (1986), Schnellroda 2013.

131 Vgl. Alexander Gauland, Nation, Populismus, Nachhaltigkeit. Drei Vorträge,

Schnellroda 2019; António de Oliveira Salazar, Nationale Revolution und autoritärer Staat. Drei Reden, Schnellroda 2020.

132 Vgl. Martin Lichtmesz, Rassismus. Ein amerikanischer Albtraum, Schnellroda 2020; Benedikt Kaiser, Blick nach links oder: Die konformistische Rebellion, Schnellroda 2019.

133 Vgl. Stefan Scheil, Präventivkrieg Barbarossa. Fragen und Antworten, Schnellroda 2011; Stefan Scheil, Polen 1939. Kriegskalkül, Vorbereitungen, Vollzug, Schnellrode 2013.

134 Vgl. Bernd Rabehl, Raumrevolution. Das Kapital und die Flüchtlingskrise, Schnellroda 2018; Eberhard Straub, Republik und Demokratie, Schnellroda 2019, auf S. 39 findet sich das Zitat; Rolf Peter Sieferle, Finis Germania, Schnellroda 2017; kritisch zum Inhalt: Armin Pfahl-Traughber, Auf der Sachbuch-Bestsellerliste (26. Juli 2017), in: www.bnr.de

135 Vgl. Daniel Erk, Die Bundesbrüder (9. März 2017), in: www.zeit.de; Matthias Kamann/Annelie Naumann, AfD lädt völkischen Strategen in den Bundestag ein (4. Juli 2018), in: www.welt.de.

136 Vgl. Robert Brasillach/Henri Massis, Die Kadetten von Alcazar, Dresden 2017; Drieu la Rochelle, Die Unzulänglichen.

137 Vgl. Benoist, Kulturrevolution von rechts; Venner, für eine positive Kritik; Venner, Was ist Nationalismus?

138 Alain de Benoist, Gegen den Liberalismus. Die Gesellschaft ist kein Markt, Dresden 2021, S. 7.

139 Karlheinz Weißmann, Editorial, in: Sezession 9. Jg., Nr. 44/Oktober 2011, S. 3.

140 Götz Kubitschek, Die Strahlkraft der KR, in: Sezession, 9 Jg., Nr. 44/Oktober 2011, S. 8–13, hier S. 9,10 und 13.

141 Vgl. Erik Lehnert, Lebensreform und Politik, in: Sezession, 9. Jg., Nr. 44/Oktober 2011, S. 14–16, hier S. 16.

142 Thor von Waldstein, Sechzig verweht, in: Junge Freiheit, Nr. 10/Oktober 1992, S. 17.

143 Karlheinz Weißmann, Editorial, in: Sezession, 9. Jg., Nr. 42/Juni 2011, S. 1.

144 Götz Kubitschek, 1932, 1933, 1936, in: Sezession, 9 Jg., Nr. 42/Juni 2011, S. 2–6, hier S. 3

145 Alain de Benoist, Die Aktualität Carl Schmitts, in: Sezession, 9. Jg., Nr. 42/Juni 2011, S. 14–17, hier S. 16.

146 Thor von Waldstein, Schmitt lesen, in: Sezession, 9. Jg., Nr. 42/Juni 2011, S. 8–13, hier S. 12.

147 Vgl. Schmitt, Die geistesgeschichtliche Lage des heutigen Parlamentarismus, S. 14–21.

148 Der folgende Band arbeitet mit dieser Bezeichnung, ohne die Angemessenheit einer solchen Einschätzung zu thematisieren: der rechte rand, Das IfS.

149 Vgl. folgenden Nachdruck: Armin Mohler, Der faschistische Stil (1973), Schnellroda 2020, S. 17 und 64.

150 Karlheinz Weißmann, Editorial, in: Sezession, 8. Jg., Nr. 34/Februar 2010, S. 1.

151 Martin Lichtmesz, Casa Pound, in: Sezession, 8. Jg., Nr. 34/Februar 2010, S. 22–26, hier S. 25.

152 Karlheinz Weißmann, Faschismus. Eine Klarstellung, Schnellroda 2009, S. 80.

153 Götz Kubitschek, Briefwechsel mit Armin Nassehi, März bis Juni 2014, in: Götz Kubitschek, Nassehi, ich und Leggewie. Zwei Briefwechsel, Schnellroda 2021, S. 6–53, hier S. 36.

154 Ellen Kositza/Götz Kubitschek/Thomas Wagner, Ein Gespräch über den Ethnopluralismus, in: Wagner, Die Angstmacher, S. 80–83, hier S. 81

155 Karlheinz Weißmann, Nation. Eine Begründung (2001), Schnellroda 2020, S. 10, 28 und 112.

156 Ebenda, S. 184, die Ausführungen mit der Berufung auf Spengler finden sich auf S. 190.

157 Vgl. Thor von Waldstein, Thesen zum Kapitalismus, in: Waldstein, Die entfesselte Freiheit, S. 184–187. Zuvor erschien der Beitrag in gleich drei rechtsextremistischen Publikationsorganen: »Deutschland in Geschichte und Gegenwart«, »Nation und Europa« und »Staatsbriefe«, jeweils 1998.

158 Benedikt Kaiser, Solidarischer Patriotismus. Die soziale Frage von rechts, Schnellroda 2020, S. 10 und 265.

159 Martin Lichtmesz, Ethnopluralismus. Kritik und Verteidigung, Schnellroda 2020, S. 13.

160 Vgl. Patrick Moreau, Die neue Religion der Rasse. Der Biologismus und die kollektive Ethik der Neuen Rechten in Frankreich und Deutschland, in: Iring Fetscher (Hrsg), Neokonservative und »Neue Rechte«. Der Angriff gegen Sozialstaat und liberale Demokratie in den Vereinigten Staaten, Westeuropa und der Bundesrepublik München 1983, S. 122–162; Armin Pfahl-Traughber, Vom »Rassegedanken« zum »Ethnopluralismus«. Nationalrevolutionäre Intellektuelle der 1970er Jahre und die Entwicklung des Rassismus-Verständnisses im deutschen Rechtextremismus, in: Henrik Hansen/Armin Pfahl-Traughber (Hrsg.), Jahrbuch für Extremismus- und Terrorismusforschung 2019/2020 (I), Brühl 2021, S. 199–221.

161 Vgl. Henning Eichberg, Ethnopluralismus. Eine Kritik des naiven Ethnozentrismus und der Entwicklungshilfe, in: Junges Forum, Nr. 5/1973, S. 3–12.

162 Vgl. Alain de Benoist, Wider den Rassismus, in: Benoist, Kulturrevolution von rechts, S. 83–104.

163 Vgl. Lichtmesz, Ethnopluralismus, S. 290.

164 Ebenda, S. 14.

165 Vgl. ebenda, S. 35 f.

166 Renaud Camus, Revoltiert, in: Camus, Revolte gegen den Großen Austausch, S. 161–188, hier S. 161.

167 Renaud Camus, Der Große Austausch oder: die Auflösung der Völker, in: ebenda, S. 44–136.

168 Götz Kubitschek, Eingang, in: Götz Kubitschek, Die Spurbreite des schmalen Grats 2000–2016, Schnellroda 2016, S. 7–10, hier S. 9.

169 Martin Lichtmesz, Soll die AfD eine multiethnische Partei werden? (1) (26. November 2020), in: www.sezession.de.

170 Caroline Sommerfeld, Sind wir Teil des Plans?, in: Sezession, 18. Jg., Nr. 99/Dezember 2020, S. 22–25, hier S. 22.

171 Thor von Waldstein, Zehn Thesen zum politischen Widerstandsrecht, in: Sezession, 14. Jg., Nr. 70/Februar 2016, S. 30–32, hier S. 31 f.

172 Benedikt Kaiser, Der Staat auf dem Prüfstand – ein Plädoyer, neun Thesen, in: Sezession, 19. Jg., Nr. 103/August 2021, S. 20–25, hier S. 21.

173 Ebenda, S. 24.

174 Karlheinz Weißmann, Staat, in: Lehnert/Weißmann (Hrsg.), Staatspolitisches Handbuch. Band 1, S. 138 f., hier S. 139.

175 Vgl. Luciano Gruppi, Gramsci. Philosophie der Praxis und die Hegemonie des Proletariats, Hamburg 1977; Sabine Kebir, Gramscis Zivilgesellschaft. Alltag, Ökonomie, Kultur, Politik, Hamburg 1991.

176 Benoist, Kulturrevolution von rechts. Antonio Gramsci und die Nouvelle Droite erschien erstmals in Krefeld 1985. Die Neuausgabe in Dresden 2017, woraus hier zitiert wird, enthielt diesen Untertitel nicht mehr.

177 Alain de Benoist, Die alte und die neue Rechte, in: ebenda, S. 29–64, hier S. 38; Alain de Benoist, Die kulturelle Macht, in: ebenda, S. 65–81, hier S. 75.

178 Thor von Waldstein, Metapolitik. Theorie – Lage – Aktion, Schnellroda 2015, S.14, 37 und 54.

179 Benoist, Die alte und die neue Rechte, S.37f.

180 Vgl. Benoist, Aus rechter Sicht.

181 Von Waldstein, Metapolitik, S.42.

182 Ebenda, S.47.

183 Karlheinz Weißmann, Vorwort, in: Lehnert/Weißmann (Hrsg.) Staatspolitisches Handbuch, Bd.1, S.7–9, hier S.7.

184 Klaus Kunze, Wege aus der Systemkrise, in: Andreas Molau (Hrsg.), Opposition für Deutschland. Widerspruch und Erneuerung, Berg 1995, S.202–223, hier S.215–220.

185 Karlheinz Weißmann, Neo-Konservatismus in der Bundesrepublik. Eine Bestandsaufnahme, in: Criticon, 16.Jg., Nr.96/1986, S.176–178, hier S.178.

186 Götz Kubitschek, Provokation, Schnellroda 2007, S.48.

187 Vgl. Carl Schmitt, Der Begriff des Politischen. Text von 1932 mit einem Vorwort und drei Corollarien, 3.Auflage, Berlin 2015. Dazu erschien als besonderer Band der »kaplaken«-Reihe: Konstantin Fechter, Feindschaft. Eine Klärung, Schnellroda 2021. Auch jüngere Exponenten der Neuen Rechten versuchen so, für ihr Politikverständnis dann Schmitt weiter zu denken.

188 Vgl. Alain de Benoist, Die entscheidenden Jahre. Zur Erkenntnis des Hauptfeindes, Tübingen 1982, kritisch dazu: Pfahl-Traughber, Konservative Revolution und Neue Rechte, S.136–138.

189 Kubitschek, Provokation, S.20 (Im Original sind die kursiv geschriebenen Passagen fett gedruckt.)

190 Ebenda, S.16.

191 Kubitschek, S.22–24 (Im Original sind die kursiv geschriebenen Passagen fett gedruckt).

192 Vgl. Helmut Kellershohn, Provokationselite von rechts: Die Konservativ-Subversive Aktion, in: Regina Wamper/Helmut Kellershohn/Martin Dietzsch (Hrsg.), Rechte Diskurspiraterien. Strategien der Aneignung linker Codes, Symbole und Aktionsformen, Münster 2010, S.224–240; Marc Felix Serrao, Der kalte Blick von rechts (17.Mai 2010), in: www.sueddeutsche.de.

193 Benedikt Kaiser, Revolutionäre Realpolitik von rechts?, in: Sezession, 15.Jg., Nr.81/Dezember 2017, S.10–14, hier S.11 und 13f.

194 Vgl. Hans-Jürgen Urban, Die Mosaik-Linke. Vom Aufbruch der Gewerkschaften zur Erneuerung der Bewegung, in: Blätter für deutsche und internationale Politik, 54.Jg., Nr.5/Mai 2009, S 71–78.

195 Benedikt Kaiser, Mosaik-Rechte und Jugendbewegung, in: Sezession, 15.Jg., Nr.77/April 2017, S.46f., hier S.47.

196 Benedikt Kaiser, Mosaik-Rechte. Eine Aktualisierung, in: Sezession, 17.Jg., Nr.93/Dezember 2019, S.34–37, hier S.35 und 37.

197 Götz Kubitschek, Wir selbst, das Wesentliche und das Magnetische, in: Sezession, 11.Jg., Nr.52/Februar 2013, S.8–10, hier S.9f.

198 Karlheinz Weißmann, Geduld! Lage und Möglichkeit der intellektuellen Rechten, in: Sezession, 11.Jg., Nr.55/August 2013, S.10–13, hier S.11–13.

199 Es dürfte dafür noch andere Gründe gegeben haben, etwa auch persönliche Einstellungen. Dazu lassen sich aufgrund des Agierens und Gehabes beider Personen aber nur Vermutungen anstellen.

200 Frank Lisson, Über die ethische Pflicht zur Fundamentalopposition, in: Sezession, 14.Jg., Nr.75/Dezember 2016, S.10–13, hier S.11 und 13.

201 Götz Kubitschek, Selbstverharmlosung, in: Sezession, 15.Jg., Nr.76/Februar 2017, S.26–28, hier S.26 und 28.

202 Vgl. Gereon Botsch, Die extreme Rechte in der Bundesrepublik 1949 bis heute, Darmstadt 2012; Pfahl-Traughber, Rechtsextremismus in Deutschland.

203 Vgl. Götz Kubitschek, »Respektlosigkeit als politische Waffe verwenden« (Interview), in: Deutsche Stimme, Nr. 1 vom Januar 2007, S. 3.

204 Vgl. Hans-Gerd Jaschke, Die Republikaner. Profile einer Rechtsaußen-Partei, Bonn 1993; Steffen Kailitz, Die Republikaner, in: Frank Decker/Viola Neu (Hrsg.), Handbuch der deutschen Parteien, 2. Auflage, Wiesbaden 2013, S. 375–391.

205 Vgl. Katja Bauer/Maria Fiedler, Die Methode AfD. Der Kampf der Rechten: im Parlament, auf der Straße – und gegen sich selbst, München 2021; Nicolai Boudahi/Alexander Leschik, Im Bann der AfD. Chats, Worte, Taten. Zwei Kronzeugen berichten, München 2021.

206 Vgl. Armin Pfahl-Traughber, Die AfD und der Rechtsextremismus. Eine Analyse aus politikwissenschaftlicher Sicht, Wiesbaden 2019; Michael Wildt, Volk, Volksgemeinschaft, AfD, Hamburg 2017.

207 Bernd Lucke, Systemausfall. Europa, Deutschland und die AfD. Warum wir von Krise zu Krise taumeln und wie wir den Problemstau lösen, München 2019, S. 156, 158 und 160.

208 Vgl. Matthias Hochstäter, AfD-Stiftung lehrt den Untergang des Abendlands – und will dafür Millionen abkassieren (26. Dezember 2021), in: www.focus.de; Arne Semsrott/Matthias Jakubowski, Desiderius-Erasmus-Stiftung. Politische Bildung von Rechtsaußen. Ein Projekt der Otto Brenner-Stiftung, Frankfurt/M. 2021.

209 Vgl. Paul Middelhoff, Womit hat er das verdient?, in: Die Zeit, Nr. 43/21. Oktober 2021, S. 4.

210 Vgl. dpa, AfD-nahe Stiftung trennt sich von Vorstandsmitglied Lehnert (26. Mai 2020), in: www.sueddeutsche.de.

211 Vgl. Pfahl-Traughber, Rechtsextremismus in Deutschland, S. 169–182; Andreas Speit (Hrsg.), Das Netzwerk der Identitären. Ideologie und Aktionen der Neuen Rechten, Berlin 2018.

212 Vgl. Lars Geiges/Stine Marg/Franz Walter, Pegida. Die schmutzige Seite der Zivilgesellschaft?, Bielefeld 2015; Armin Pfahl-Traughber, Pegida als neue Protestbewegung von »rechts«, in: Uwe Backes/Alexander Gallus/Eckhard Jesse (Hrsg.), Jahrbuch Extremismus & Demokratie. Bd. 27, Baden-Baden 2015, S. 154–171.

213 Vgl. LEGIDA-Kundgebung am 30. 01. 2015 in Leipzig. Rede von Götz Kubitschek auf dem Augustusplatz (3. Februar 2015), in: www.youtube.com; Götz Kubitschek, Pegida-Rede vom 10. April 2017 (19. April 2017), in: www.youtube.com.

214 Vgl. Michael Barthel/Anna-Lena Herkenhoff, Die Zeitschrift »Compact« und die Soziale Frage, in: Andrea Becker/Simon Eberhardt/Helmut Kellershohn (Hrsg.), Zwischen Neoliberalismus und völkischem »Antikapitalismus«. Sozial und wirtschaftspolitische Konzepte und Debatten innerhalb der AfD und Neuen Rechten, Münster 2019, S. 148–158; Felix Schilk, Souveränität statt Komplexität. Wie das Querfront-Magazin Compact die politische Legitimationskrise der Gegenwart bearbeitet, Münster 2017.

215 Vgl. Jürgen P. Lang, Biographisches Porträt: Jürgen Elsässer, in: Uwe Backes/Alexander Gallus/Eckhard Jesse (Hrsg.), Jahrbuch Extremismus & Demokratie. Bd. 28, Baden-Baden 2016, S. 225–240; Volkmar Wölk, Der (S)choc(k) des Monats. Oder: Wie Jürgen Elsässer zur extremen Rechten kam (7. Dezember 2006), in: www.hagalil.com.

216 Vgl. Christian Fuchs/Paul Middelhoff, Die Wutmacher. Wie der kleine Verein »Ein Prozent« versucht, radikal rechtes Gedankengut in die deutsche Gesellschaft zu mischen (13. März 2019), in: www.zeit.de; Andreas Speit, NGO für Rechte in Deutschland. Wie Greenpeace, nur rechts (22. Januar 2016), in: www.taz.de.

217 Vgl. Karl Albrecht Schachtschneider, Verfassungsbeschwerde gegen die Politik der Masseneinwanderung, in: Sezession, 14. Jg., Nr. 70/Februar 2016, S. 33–35. Diese Ausgabe hatte den Themenschwerpunkt »Widerstand«.

218 Vgl. Armin Pfahl-Traughber, Positionen gegen den demokratischen Staat (24. Juni 2020), in: www.bnr.de. Allgemein mangelt es an genaueren Analysen zu diesem »rechtslibertären« Komplex.

219 Eigentümlich frei, Meine Unabhängigkeitserklärung, in: www.ef-magazin.de.

220 André Lichtschlag, Für die libertär-konservative Sezession, in: Sezession, 1. Jg., Nr. 3/Oktober 2003, S. 36–40.

221 Götz Kubitschek, Verfügungsräume – Antwort auf Lichtschlags Angebot, in: Sezession, 1. Jg., Nr. 3/Oktober 2003, S. 42–45, hier S. 45

222 Thilo Sarrazin, Deutschland schafft sich ab. Wie wir unser Land aufs Spiel setzen, München 2010.

223 Vgl. Jürgen Beilers (Hrsg.), Zur Sache Sarrazin. Wissenschaft – Medien – Materialien, Berlin 2010; Naika Foroutan (Hrsg.), Sarrazins Thesen auf dem Prüfstand. Ein empirischer Gegenentwurf zu Thilo Sarrazins Thesen zu Muslimen in Deutschland, Berlin 2010.

224 Sezession, Sarrazin lesen. Was steht in Deutschland schafft sich ab?, Schnellroda 2010.

225 Institut für Staatspolitik (Hrsg.), Der Fall Sarrazin. Eine Analyse, Schnellroda 2010, S. 33–39.

226 Ebenda, S. 41.

227 Dokumentiert in folgender TV-Sendung: Exakt (MDR): Rechtsextremer Think Tank (13. Oktober 2021), in: www.youtube.com.

228 Ebenda.

229 Lehnert/Weißmann, Staatspolitisches Handbuch. Bd. I.

230 Vgl. Stein, Phantom »Neue Rechte«.

231 Institut für Staatspolitik (Hrsg.), Die »Neue Rechte«. Sinn und Grenze eines Begriffs, Schnellroda 2008, S. 33.

232 Kubitschek, Verfügungsräume – Antwort auf Lichtschlags Angebot, S. 43.

233 Jung, Herrschaft der Minderwertigen, S. 49.

234 Lichtmesz, Ethnopluralismus, S. 32, vgl. S. 30–37.

235 Vgl. Heiner Bielefeldt, Philosophie der Menschenrechte. Grundlagen eines weltweiten Freiheitsethos, Darmstadt 2005; Ludger Kühnhardt, Die Universalität der Menschenrechte. Studien zur ideengeschichtlichen Bestimmung eines politischen Schlüsselbegriffs, München 1987.

236 Benoist, Kritik der Menschenrechte, S. 29 und 80.

237 Vgl. Götz Kubitschek, Wiedervorlage (2): Volk und Homogenität (14. Oktober 2021), in: www.sezession.de.

238 Karlheinz Weißmann, Homogenität, in: Lehnert/Weißmann (Hrsg.), Staatspolitisches Handbuch. Bd. 1, S. 80f., hier S. 80.

239 Vgl. Ernst Fraenkel, Deutschland und die westlichen Demokratien (1964), Neuausgabe, Frankfurt/M. 1991.

240 Karlheinz Weißmann, Pluralismus, in: Lehnert/Weißmann (Hrsg.), Staatspolitisches Handbuch. Bd.1: Leitbegriffe, S.117f., hier S.118.

241 Vgl. Karlheinz Weißmann, Der nationale Sozialismus. Ideologie und Bewegung 1890–1933, München 1998.

242 Vgl. Karlheinz Weißmann, Der Weg in den Abgrund. Deutschland unter Hitler 1933 bis 1945, Berlin 1995. Vgl. als ausführliche kritische Besprechung dazu: Armin Pfahl-Traughber, Rezension, in: Zeitschrift für Politik, 44.Jg., Nr.3/1997, S.389–392.

243 Karlheinz Weißmann, Antisemitismus kommt von links, in: Cato, Nr.4/2021, S.40–44; vgl. kritisch dazu: Armin Pfahl-Traughber, Neue Rechte: Antisemitismus als angeblich linke Erfindung (29.Juni 2021), in: www.hagalil.com.

244 Vgl. Armin Pfahl-Traughber, Von »jüdischem Instinkt« und »zersetzender Wirkung«. Antisemitismus gab es auch bei den Intellektuellen der Konservativen Revolution in der Weimarer Republik (16.Februar 2021), in: www.hagalil.com; Armin Pfahl-Traughber, Antisemitismus bei den Denkern der Konservativen Revolution – das Fallbeispiel Ernst Jünger (2.März 2021), in: www.hagalil.com.

245 Lichtmesz, Die Verteidigung des Eigenen, S.14.

246 Michael Böhm, Die Geburt des Antisemitismus aus dem Memento der Shoah, in: Sezession, 5.Jg., Nr.21/Dezember 2007, S.40–41, hier S.41. Der Autor referiert affirmativ ein Buch von Sergio Romano.

247 Siegfried Gerlich, Was heißt »Antisemitismus«?, in: Sezession, Nr.37/August 2010, S.16–20, hier S 20.

248 Vgl. Vera Kosova/Wolfgang Fuhl/Arthur Abramovych (Hrsg.), Was Juden zur AfD treibt. Neues Judentum und neuer Konservatismus. Jüdische Stimmen aus Deutschland, Schussenried 2019, kritisch dazu: Armin Pfahl-Traughber, »Was Juden zur AfD treibt«. Die AfD instrumentalisiert Antisemitismus unter Muslimen in einem Sammelband zur Selbstbeweihräucherung (10.Januar 2020), in: www.hagalil.com.

249 Kubitschek, Provokation, S.30.

250 Ebenda, S.17.

251 Vgl. Marco Bertolaso, Der Attentäter und die Verschwörungstheorie vom »Großen Austausch« (18.März 2019), in: www.deutschlandfunk.de; Konrad Litschko, Das Fanal, in: taz vom 22.Juli 2020, S.5.

252 Kubitschek, Provokation, S.13 und 10 (Die hier kursive Bezeichnung »Vorbürgerkrieg« ist im Original fett).

253 Götz Kubitschek, Provokation!, in: Sezession, 4.Jg., Nr.12/Januar 2006, S.22–24, hier S.24.

254 Kubitschek, Verfügungsräume. Antwort auf Lichtschlags Angebot, S.45.

255 Weißmann, Geduld! Lage und Möglichkeit der intellektuellen Rechten, S.11.

ÜBER DEN AUTOR

Prof. Dr. phil. Armin Pfahl-Traughber, geboren 1963, Politikwissenschaftler und Soziologe, ist hauptamtlich Lehrender an der Hochschule des Bundes für öffentliche Verwaltung in Brühl und Lehrbeauftragter an der Universität Bonn. Seine Arbeitsschwerpunkte sind Antisemitismus, Extremismus, Ideengeschichte, Ideologiekritik, Islamismus, Populismus und Terrorismus. Er gibt zusammen mit Hendrik Hansen das »Jahrbuch für Extremismus- und Terrorismusforschung« heraus. Zuletzt erschienen von ihm: *Rechtsextremismus in Deutschland. Eine kritische Bestandsaufnahme*, Wiesbaden 2019; *Linksextremismus in Deutschland. Eine kritische Bestandsaufnahme*, 2. Auflage, Wiesbaden 2020; *Extremismus und Terrorismus in Deutschland. Die Feinde der offenen Gesellschaft*, Stuttgart 2021.